Wenn du einmal den Boden Afrikas betreten und die Magie des Kontinents gespürt hast, wirst du verändert sein.

Vera Peters

Impressum
Originalausgabe – 1. Auflage
ISBN: 978-3-946865-22-3

Eichholzer Straße 19, 51580 Reichshof

E-Mail: kontakt@highline-verlag.de
Herausgeberin: Dr. Judith Hoffrichter
Autorin: Vera Peters
Lektorat: Daniela Holler; Dr. Sophie Fendel
Umschlaggestaltung, Layout: Kerstin Möller
Satz: Buch-Werkstatt GmbH, Bad Aibling

Bildnachweise: siehe Seite 339

Printed in Europe

Bibliografische Information der Deutschen Nationalbibliothek
Die Deutsche Nationalbibliothek verzeichnet diese Publikation in der Deutschen Nationalbibliografie; detaillierte bibliografische Daten sind im Internet über http://dnb.d-nb.de abrufbar.

Weitere Infos unter:
www.highline-verlag.de

VERA PETERS

DIE SAFARI STRATEGIE

Mit afrikanischen Weisheiten zu neuen Perspektiven, innerer Stärke und Erfolg

highline Verlag

WIDMUNG

Für JAL S. MAJELLA
Weil Du mein Leben geprägt hast.

Für Dich
Damit auch Dein Leben prall gefüllt ist
mit unvergesslichen Erlebnissen und Abenteuern,
mit innerer Stille und Gelassenheit,
mit ausgelassener Freude und Dankbarkeit.

Denn in jedem von uns steckt etwas Wildes,
das nur darauf wartet, entdeckt zu werden
und unseren Lebenshunger zu stillen.
Vera Peters

Nakuona – I see you – Ich sehe dich.

Eine herzliche Begrüßung auf Suaheli, die in einigen Teilen Afrikas benutzt wird. Für mich macht diese Begrüßung direkt einen Unterschied. Sie bedeutet: »Ich sehe dich.«

Wir schauen uns an, nehmen uns Zeit, nehmen uns in unserer ganzen Persönlichkeit wahr. Von außen und von innen. In all der Fülle an Fähigkeiten und Möglichkeiten, die jeder von uns in sich trägt.

Mit diesem Gruß drücken wir nicht nur das physische Sehen aus, sondern auch unsere Anerkennung, unseren Respekt und unsere Wertschätzung für das Gegenüber. Darin stecken also gleichermaßen Verbundenheit und gegenseitige Achtung.

NAKUONA – I see you.

Inhalt

Ich kann mich an keinen Morgen in Afrika erinnern,
an dem ich aufgewacht bin und nicht glücklich war.

Ernest Hemingway

0.1 Vorwort

»Die Safari-Strategie«

Führung in der heutigen Welt verlangt mehr als Zahlen, Strategien und Tools. Sie verlangt Haltung und vor allem Mut. Mut, neue Wege zu gehen, oder besser gesagt: neue Pfade zu erkunden. Genau dazu lädt Vera Peters, eine meiner Kolleginnen aus dem Verband der Unternehmerinnen in Deutschland (VdU), mit ihrem Buch »Die Safari-Strategie« ein. Eine Einladung, die ich nicht nur gerne als Gründerin und Geschäftsführerin annehme, sondern die ich auch allen empfehle, die Leadership heute neu denken wollen.

Denn eines ist klar: Wir leben in einer Zeit, die mehr Fragen aufwirft, als sie beantwortet. Eine Zeit, in der KI, geopolitische Umbrüche und gesellschaftliche Spaltungen uns täglich fordern. Eine Zeit, in der klassische Führungsmodelle oft nicht mehr das erzielen, was sie sollen. Wer heute ein Unternehmen führt – oder Verantwortung für Menschen übernimmt –, muss bereit sein, umzudenken, umzulernen und auch sich selbst zu hinterfragen.

Vera schlägt dazu einen ungewöhnlichen, aber umso kraftvolleren Weg ein: Sie nimmt uns mit nach Afrika. In eine Welt voller Kontraste, natürlicher Gesetzmäßigkeiten und tiefer kultureller Weisheiten. Eine Welt, die wir in Europa allzu oft mit falschen Bildern betrachten – aber von der wir so viel lernen können. Denn nicht Afrika braucht uns. Wir brauchen Afrika. Für unser Führungsverständnis, unsere Resilienz und eine neue Form des Miteinanders.

»Die Safari-Strategie« ist ein praxisnahes, inspirierendes Leadership-Manifest, das zeigt, dass Führung bei uns selbst beginnt. Und sie gelingt nur, wenn wir bereit sind, unsere Komfortzonen zu verlassen – gedanklich wie emotional. Als Gründerin, Unternehmerin und Präsidentin des VdU glaube ich an genau diese Art von Leadership: mutig, menschlich, wertebasiert.

Ob »Leading by Ubuntu«, »Leading by Changing Perspectives« oder »Leading by Transformation« – jede dieser Strategien spiegelt wider, was ich auch tagtäglich erlebe: Wir brauchen Führung, die nicht kontrolliert, sondern verbindet. Die nicht verwaltet, sondern entfesselt. Und die nicht vorgibt, sondern ermöglicht.

Gerade in der heutigen Zeit brauchen wir diese Form der inneren Stärke. Vera verknüpft ihre Erfahrungen aus der afrikanischen Wildnis mit den Herausforderungen moderner Unternehmensführung – ein Brückenschlag, der aktueller kaum sein könnte. Die Safari wird dabei zur Metapher für das Leben und Arbeiten in einer Welt, in der nichts mehr planbar ist. Und gleichzeitig alles möglich.

Für mich ist dieses Buch deshalb nicht nur ein Impulsgeber für Führungskräfte, sondern auch ein Aufruf zu mehr Demut, mehr Empathie und mehr echter Verbindung. Mit uns selbst, mit anderen und mit unserer Umwelt. Denn genau daraus erwächst die Zukunftsfähigkeit unserer Unternehmen und unserer Gesellschaft.

Ich danke Vera für ihre Klarheit, ihre Perspektiven und ihren Mut. Dieses Buch ist ein Geschenk – an alle, die bereit sind, neu zu denken, anders zu handeln und mit offenem Blick durch diese Welt zu gehen.

Christina Diem-Puello
Geschäftsführerin Deutsche Dienstrad & Präsidentin des Verbands der Unternehmerinnen in Deutschland (VdU)

If I have seen magic, it has been in Africa.
John Hemingway

0.2 Einleitung

Was wir von der Wildnis und der Weisheit Afrikas lernen dürfen

Hier sind wir also, im südlichen Afrika. Es ist etwa sieben Uhr abends, und die Dämmerung setzt ein. Die Sonne geht hier recht schnell unter. Innerhalb weniger Minuten wird es stockfinster, als hätte jemand einen Schalter umgelegt. Vor uns flackert das Feuer, es knistert leise, während wir in gemütlicher Runde beisammensitzen. Der Tag hat sich bereits mit einem spektakulären Sonnenuntergang verabschiedet: eine riesige feuerrote Kugel am gelben Himmel, eingerahmt von den Schatten wilder Tiere, die ihre letzten Streifzüge durch die Abendlandschaft machen. Auch für sie geht ein ereignisreicher Tag zu Ende – wenn auch auf eine ganz andere Weise als für uns.

Nach lebhaften Erzählungen über die Abenteuer des Tages herrscht nun Stille. Wir sitzen im Kreis um das Lagerfeuer, spüren seine Wärme in der Dunkelheit. Der Duft von Mais und geröstetem Brot liegt in der Luft. Es ist ruhig geworden, nur in der Ferne hören wir das Rufen von Hyänen, das wie das Miauen junger Katzen klingt – für uns ungewohnte Laute in dieser wilden und doch gleichzeitig geborgenen Atmosphäre. Hier, Tausende Kilometer von zu Hause entfernt.

In diesem Moment der Ruhe beginnen wir, über unsere Werte zu sprechen. Wir sprechen über Wendepunkte im Leben, über verlorene Träume, mutige Entscheidungen und die Magie des Neuanfangs. Über Kindheitserinnerungen, die plötzlich lebendig werden – und über Menschen, die wir loslassen oder wiederfinden möchten. Für mich gibt es keinen besseren Ort für solche Gespräche als diesen hier, mitten in Afrika und ganz nah bei uns selbst. Wir sind bewegt, dankbar und inspiriert von den Erzählungen jedes Einzelnen. Unter einem endlosen Himmel voller funkelnder Sterne finden wir auch Zeit für stille Gespräche mit uns selbst. Ich liebe diese Abende mit meinen Weggefährten, diese beinahe magische Atmosphäre, die uns in eine andere Welt entführt: ins facettenreiche, magische Afrika. Sie schenkt uns ein Gefühl von Freiheit und Verbundenheit mit dem Universum und hält dabei all ihre Versprechen, denn plötzlich spüren wir: Wir sind gekommen, um uns selbst zu erkennen. Um Klarheit zu finden und das Gefühl, endlich wieder lebendig zu sein.

Dieser Kontinent strahlt eine besondere Ruhe aus, die uns auf einzigartige Weise zu uns selbst führt. Plötzlich sind wir sensibilisiert für unsere eigenen Bedürfnisse – etwas, das im hektischen Alltag Europas oft zu kurz kommt. Wenn wir von dieser inneren Ruhe erfüllt sind, öffnen wir ganz von selbst unsere Herzen.

Zwölf Tage, zwölf Nächte und noch viele Monate länger werden wir uns auf eine intensive gemeinsame Expedition begeben und unsere Erkenntnisse im anschließenden Implementierungsmentoring zu Hause umsetzen.

Wer wir sind und warum wir auf den afrikanischen Kontinent reisen

Wir sind Unternehmer und Führungskräfte, die untypisch, einzigartig, individuell reisen, mal hier und da im Schlamm stecken und uns mitten ins wirkliche Leben stürzen. Wir lernen von erfolgreichen Innovations-Unternehmen live vor Ort, facettenreicher zu denken und nachhaltiger zu wirtschaften. Ja, richtig gelesen! Hier auf dem afrikanischen Kontinent!

Unser Ziel ist es, die Abenteurer in uns zu wecken, unser Führungspotenzial zu erkennen, zu stärken und die Begeisterung für unser Unternehmertum neu zu entfachen.
Denn nur wer selbst für sein Unternehmen brennt, kann auch andere inspirieren, motivieren und mit Herzblut Projekte vorantreiben – kreativ, innovativ und voller Abenteuerlust.

Wie genau das aussieht? Wir begleiten Einheimische in ihrem Kampf gegen Wilderer und erfahren, wie sie den Bestand an Elefanten oder Geparden retten. Einige Tage wandern wir mit ihnen durch die Wildreservate und gehen wie Ranger auf Spurensuche. Dabei halten wir zugleich Ausschau nach unseren eigenen Spuren und planen, welche wirklich wichtigen Spuren wir in der Zukunft hinterlassen wollen. Wir verbringen Zeit in der Wildnis – mal im Allradfahrzeug, mal aus der Vogelperspektive im Helikopter, mal ganz nah an der Natur, auf dem Rücken eines Pferdes oder zu Fuß beim Bushwalk. Die Eindrücke und Erkenntnisse, die wir dabei sammeln, können unser Leben, unser Denken und unsere Gesellschaft nachhaltig prägen und unsere Abenteuerlust wecken.

Abenteuerlust – ein Wort voller Magie: Es steht für die Freude, Herausforderungen mit Begeisterung und einem tiefen Urvertrauen, dass alles gut wird, anzugehen. Dabei kann auch der Pioniergeist in uns erwachen, der von Kindesbeinen an in jedem von uns schlummert. Dieses Verlangen nach Freiheit, Abenteuer und Lebensfreude will entdeckt und ausgelebt werden. Viele erkennen es jedoch erst, wenn der Körper, das persönliche Umfeld oder das Unternehmen Signale senden, dass sie genau dies vernachlässigen. Sie stecken im Autopilot-Modus fest wie im Schlamm der Wildnis. Sie sind offroad im Leben unterwegs, von ihrer eigenen Straße abgekommen.

Die sogenannte VUCA-und-BANI-Welt fühlt sich für viele an wie ein wilder Tanz aus Unsicherheit und Geschwindigkeit, zu einem Takt, den wir nicht wirklich bestimmen können. VUCA und BANI – sie klingen wie exotische Wörter aus dem Dschungel. Sind sie jedoch gar nicht, denn wir alle stecken schon seit über zwei Jahrzehnten mittendrin. Vom Klingeln des Weckers bis zum abendlichen erschöpften Halbtot-ins-Bett-Fallen ist unser Alltag so durchgeplant und minutiös getaktet, dass Überraschungen und Abenteuer darin wie ein seltenes Einhorn wirken.
VUCA – Volatilität, Unsicherheit, Komplexität, Ambiguität
BANI – brüchig, ängstlich, nicht-linear, unbegreiflich

Wir sind auf Abenteuer nicht mehr vorbereitet.
Das erschwert nicht nur das Leben, sondern kann auch zur existenziellen Bedrohung werden.

Glaubst du nicht auch, dass »Höher, schneller, weiter« ausgedient hat? Wir brauchen anderes Wissen und andere Kompetenzen als bisher. Gerade als Unternehmer sollten wir täglich bereit sein, uns auf unerwartete Ereignisse einzustellen und Probleme zu lösen. Mehr denn je brauchen wir heute Leader, die mutig voranschreiten, blitzschnelle und passgenaue Entscheidungen treffen und die Situationen richtig einschätzen können. Genau wie die Einwohner und Tiere in der Wildnis Afrikas.

»Überleben in der heutigen VUCA- und BANI-Welt funktioniert nur, wenn wir bekannte Wege verlassen.«

Mehr denn je brauchen wir heute Frauen und Männer, die sich selbst führen können, die ihre eigenen Fähigkeiten und die anderer realistisch einschätzen können. Frauen und Männer, die Wert auf echte Beziehungen legen, den gemeinsamen Projekten Sinn verleihen und dabei vertrauen können – sich selbst und anderen. Wir laufen sonst Gefahr, die Verbindung zu anderen Menschen und die Freude am Leben zu verlieren.

Wo ist uns Erwachsenen, Beschäftigten, Managern und Leadern die Leichtigkeit im Leben verloren gegangen, die Abenteuerlust? Wo ist unser Lachen geblieben? Die Begeisterung vom ersten Tag, die Freude am eigenständigen Tun und Gestalten? In unserem durchstrukturierten Alltag räumen wir Spontanem keinen Platz ein und wundern uns dann, dass unvorhersehbare Dinge sich den Platz einfach nehmen, unser Leben durcheinanderwirbeln und uns aus der Spur werfen.

Mein Team und ich begleiten Menschen auf der Suche nach festem Boden unter den Füßen und unter den Rädern – für alle Geländebeschaffenheiten im Leben.

Denn unsere Erlebnisse und Erfahrungen von heute prägen unsere Entscheidungen von morgen

Wir lernen von großen und kleinen Tieren, von den Big Five und den Little Five. Sie nutzen Überlebensstrategien, die uns Menschen zugutekommen. Sie regen uns an, unsere eigenen Denk- und Verhaltensmuster zu reflektieren, lehren uns den Umgang mit Stress und Ängsten. Von der Weite der Landschaften haben wir uns inspirieren lassen, einen optimistischen, motivierenden und vertrauensvollen Führungsstil zu entwickeln. Dabei arbeiten wir nicht theoretisch, sondern erleben und testen selbst, was wir von unseren Mitarbeitern in der Zukunft erwarten. Wir probieren aus und setzen um – als agiles, selbstorganisiertes Team.

Die afrikanische Wildnis ist eine unerschöpfliche Quelle der Inspiration. Ihre atemberaubende Schönheit und Vielfalt, ihre zahlreichen Kontraste laden uns ein, unsere Stärken neu zu entdecken, andere Perspektiven zuzulassen und unser persönliches Wachstum voranzutreiben. Sie fordert uns auf, unsere Sinne zu schärfen, die kleinen Wunder am Wegesrand wahrzunehmen und den Moment zu genießen. Gleichzeitig zeigt sie uns, wie wertvoll das Einfache sein kann. Der Kontakt mit Natur, Menschen und Tieren setzt unsere Kreativität frei, und wir wagen es, die Bequemlichkeitszonen zu verlassen und in »Komm-vor-Zonen« zu verwandeln, indem wir die Welt mit neuen Augen betrachten.

Wir nennen unsere Expeditionen, unsere Erkenntnis-Touren, LIFE Safari®, weil sie weit mehr als ein Abenteuer oder eine touristische Safari sind. Die LIFE Safari® ist eine tiefgehende Begegnung mit uns selbst. Sie erweitert nicht nur unsere physischen und mentalen Grenzen, sondern transformiert uns auf einer grundlegenden Ebene. Diese Transformation betrifft nicht nur unsere Selbstwahrnehmung: Sie beeinflusst auch, wie wir arbeiten, wie wir Beziehungen gestalten und wie wir mit anderen in Kontakt treten.

All dies und mehr lehrt uns der riesige Kontinent Afrika. Er eröffnet uns neue Dimensionen des Lernens und der Fülle. Auf unserer LIFE Safari® geht es nicht darum, Lehrbücher auswendig zu lernen, sondern Erlebtes über positive Erfahrungen für die Ewigkeit zu verankern. Ganz leicht, ganz nebenbei, für ein Leben und Generationen. Wir lernen, wie es Kinder tun, mit allen Sinnen: anfassen, begreifen, schmecken und erleben. Atemberaubende Gänsehautmomente und körperliche Erfahrungen ermöglichen es, Gelerntes besser abzuspeichern. Ein emotionaler Lernprozess, für den es weder Stift noch Block braucht, und Learnings, an die man sich ein Leben lang erinnern wird.

Deshalb bewegen wir uns auf besonderen Pfaden zwischen Löwen und Erdmännchen, zwischen erfolgreichen Plänen und hinderlichen Glaubenssätzen. Ängsten und Sorgen geben wir Raum, aber keinen Nährboden, um weiter zu gedeihen. Im Austausch mit anderen Wegbegleitern finden wir stattdessen neue Lösungen, um auch in unsicheren Zeiten Vertrauen, Zuversicht und Mut zu bewahren. Wir lernen, Schwierigkeiten zu meistern und effektive Lösungen zu entwickeln – und zwar unmittelbar und praktisch, durch unsere täglichen Erlebnisse in der Natur. Die afrikanische Wildnis ist eine hervorragende Lehrerin, die weit mehr zu bieten hat als trockene Theorie.

Wir sind Business-Pioniere und Abenteurer, Menschen wie du und ich, unterwegs auf Reisen. »Reise«, das bedeutet »Safari« auf Suaheli. Wir sind auf einer persönlichen Reise zu uns selbst und zu einem erfolgreichen Business, ganz bodenständig und geerdet.

Seit drei Jahrzehnten bereise ich den afrikanischen Kontinent – von Ägypten bis Südafrika, von Marokko, Westsahara, Mauretanien bis in den Senegal und von Nigeria bis nach Tansania, Kenia, Uganda, Botswana, Simbabwe und Namibia. Mehr als 52.000 gefahrene Kilometer. Atemberaubende Landschaften, erfolgreiche Unternehmen und tief berührende Begegnungen mit Menschen und Tieren. All das hat mich mitten in mein Herz getroffen, mein Leben beruflich und privat auf den Kopf gestellt und mich unternehmerisch geprägt und stark gemacht.

0.2.1 Müssen wir dafür nach Afrika reisen?

Diese berechtigte Frage stellt sich mir jeden Tag aufs Neue. Können wir nicht ähnliche Erfahrungen in unserer Nähe machen, in Europa? Sollen wir nur mit einem interkontinentalen Flug bei uns selbst ankommen können?

Natürlich brauchen wir nicht mit dem Allrad durch die Welt zu fahren. Abenteuer können wir auch zu Hause erleben. Aber ein Tapetenwechsel hilft, Kontraste sichtbar zu machen. Reisen lässt uns demütig werden, Dankbarkeit spüren und die eigene Lebenssituation aus der Satellitenperspektive zu betrachten. An meinen eigenen Kindern, die mittlerweile junge Erwachsene sind, merke ich, dass das Reisen unser aller Leben verändert und unser Weltbild in einen größeren Zusammenhang gesetzt hat. Daran hat sich auch nach vielen Jahren nichts verändert. Jede Reise ist einzigartig, voller Lernlandschaften und nachhaltiger Begegnungen.

Von klein auf fasziniert von der Wildnis Afrikas: unsere Söhne, Justus und Lorenz, hier 2008 in Kenia.

Für mich liegt die klare Antwort im facettenreichen, wilden, pulsierenden Kontinent Afrika selbst. Ich erlebe Afrika als eine unvergleichlich magische, energiereiche Umgebung. In verschiedenen afrikanischen Ländern habe ich die heilsamsten Erfahrungen mit mir selbst gemacht. Solche Begegnungen mit unserem Wesenskern sind essenziell, sie setzen in Bewegung, was anderswo gar nicht erst in Schwingung gerät. Vielleicht auch deshalb, weil der afrikanische Kontinent die Wiege der Menschheit zu sein scheint, wo die Geburtsstunde der ersten menschlichen Zellen stattfand. Mit allem, was wir sind, kehren wir zurück zu unseren menschlichen Ursprüngen. *Back to the roots and forward.*

Unsere Erlebnisse von heute prägen unser Zusammenleben von morgen

Was wir dort und in anderen Regionen Afrikas finden, hilft uns dabei, unsere Existenz und unser Handeln aus der Perspektive eines weltumspannenden Ganzen zu betrachten. Wir brauchen den persönlichen Austausch, die Weisheit der Kulturen und verschiedensten Völker, die Erfahrungen der Ältesten dieses Kontinents, um für unsere Zukunft zu lernen.

Dazu möchte ich ein bewegendes Beispiel vom facettenreichen Afrika erzählen.

0.2.2 Was dein Herz einmal gesehen hat, vergisst es nie

Vor vielen Jahren war ich mit einer Gruppe von Führungskräften beruflich in Nigeria unterwegs. Müde, aber dennoch gut gelaunt saßen wir im Auto auf dem Weg zum Flughafen Murtala Mohammed International Airport, um nach Hause zu fliegen. Unsere Route führte uns durch die Millionenstadt Lagos – ein echt heißes Pflaster. Überfüllt, staubig und laut.

Kinder saßen dicht am Straßenrand, mit ihren Füßchen in der Fahrrinne, in der Hoffnung, dass irgendwo eine Mahlzeit für sie abfallen oder jemand etwas aus dem Autos werfen würde. Im Verkehrschaos zwischen Autos, Mopeds, Fahrrädern und Fußgängern kamen wir nur schleichend voran. Ich schaute nach links und sah Haushaltsartikel, Bettgestelle und Öfen mit gebratenen Maiskolben. Ich schaute nach rechts und sah übereinandergestapelte Obst- und Gemüsekisten. Wir fuhren weiter. Ich schaute wieder nach links und ... mir stockte der Atem. »Da liegen Tote am Straßenrand!«

Vier Körper. Männer, Frauen, vielleicht war auch ein Kind dabei. Sie lagen einfach da. Ich konnte es kaum ertragen, hinzuschauen, konnte aber gleichzeitig nicht wegsehen.

Sie lagen einfach da, am Straßenrand. Und dort war kein Kriegsgebiet.

Ein Bild, das wir uns in Europa nicht vorstellen können. Ein Bild, das mich bis heute nicht loslässt. Ich denke an meine Familie, meinen Mann und unsere zwei Jungs. Daran, wie sicher und sorgenfrei wir leben. Damals fragte ich meinen einheimischen Arbeitskollegen: »Wieso bleiben hier die Toten unbeachtet am Straßenrand liegen?« Ruhig und klar antwortete er mir: »Sobald jemand den Mut aufbringt, sich um die Toten zu kümmern, ist er auch für das Begräbnis verantwortlich. Und das kann sich hier keiner leisten!«

Diese Menschen können es sich nicht leisten, Verantwortung zu übernehmen.
Und wir?
Können wir es uns leisten, einfach wegzuschauen?

Es sind genau diese anderen Perspektiven auf die Welt und diese wertvollen Begegnungen mit liebevollen Menschen, deretwegen ich mich selbst immer wieder auf Reisen begebe. Aber keine Sorge, wir brauchen nicht solch drastische Bilder, um eine tiefgehende Veränderung anzustoßen. Auf unseren LIFE-Safari®-Erkenntnisreisen entdecken wir ein authentisches Afrika und gleichzeitig das Afrika überwältigender Schönheit und Fülle. Wir kommen gewiss nicht traumatisiert zurück. Ganz im Gegenteil: Wir erleben die Welt nicht mehr wie Zuschauer eines Spielfilms.

Wir werden von Statisten zu Akteuren.
Im persönlichen Austausch mit Einheimischen lernen wir unterm Ahnenbaum, wie wir mit mehr Respekt, mit anderen Sichtweisen und veränderter Kommunikation Generationskonflikte lösen können. Beim Kolonnefahren lernen wir, achtsamer miteinander umzugehen und dadurch unsere Teams erfolgreicher zu machen. Selbst beim Beobachten von Geparden bekommen wir Lektionen, wie wir knallhart unser Business voranbringen können.

Wir dürfen die Stille genießen und uns Raum und Zeit für unsere tiefsten Sehnsüchte und schönsten Zukunftsvisionen nehmen. Oder einfach nur dasitzen, im Hier und Jetzt.

Die Natur plant nicht – sie nutzt all das, was genau in diesem Moment zur Verfügung steht. Und sie macht immer das Beste daraus!

Das Leben ist ein Kontrastprogramm, und das sind unsere Touren auch. Wir erfreuen uns am Hin und Her zwischen Luxus und Einfachheit, schlafen mal sicher im Dachzelt unseres Allradfahrzeugs, mal unter freiem Himmel, mal in einer Luxus-Lodge. Danach können wir alle selbst spüren, welche Träume und Sehnsüchte wir haben und was wir wirklich brauchen.

Denn unsere Erfahrungen von heute prägen unser Leben von morgen – beruflich und privat!

Dieses Buch ist kein Reiseführer, kein Ratgeber und keine Checkliste, welche Orte du besuchen solltest. Dieses Buch ist eine Einladung an dich, deine aktuelle Lebenssituation zu betrachten und in einen größeren Zusammenhang einzuordnen.

Es ist für alle gedacht, die etwas in ihrem Leben verändern möchten: Unternehmer, Geschäftsführer, Führungskräfte, Mitarbeiter, Eltern – und auch für jeden, der neue, bewusste Wege in der Zukunft gehen will.

Die **Safari-Strategie** vermittelt dir in klaren Schritten, wie du dein privates und berufliches Leben zufrieden, generationsverantwortlich und erfüllt führen kannst.

Das Besondere: Dieses Buch zeigt auch, wie du dein Unternehmen und dein Unternehmerleben wieder lieben lernst. Es bietet dir Inspiration, um aus deinem Unternehmen ein »Best Place to Work« zu machen und ein High-Performance-Team aufzubauen: ein Team, das dich wirklich unterstützt, mit Mitarbeitern, die zu engagierten Co-Unternehmern werden, die mit dir gemeinsam an einem Strang ziehen und durch dick und dünn gehen.

Dieses Buch ist für dich gedacht:

- zum Innehalten, Stille-Erleben und Innere-Ruhe-Finden,
- zum Perspektiven- und Paradigmenwechsel,
- zum Arbeiten an konkreten Neuausrichtungen,
- um über dich, deine Familie und über unsere Generationen, über dein Unternehmen, deine Kunden und deine Mitarbeiter unendlich viel zu lernen,
- um Klarheit zu erhalten,
- um Mut zu entwickeln,
- um zum charismatischen Leader und zu liebevollen Eltern zu werden,
- um leicht High-Performance-Teams zu entwickeln,
- um pragmatisch ins Tun zu kommen.

In diesem Buch teile ich persönliche Geschichten, Erfahrungen und Perspektiven, sowohl meine eigenen als auch die meiner Wegbegleiter und Teilnehmer unserer LIFE Safaris®. Es beruht auf meinen (Arbeits-)Erfahrungen, Gedanken und Begegnungen mit Einheimischen, die ich auf meinen vielen Reisen auf dem afrikanischen Kontinent im Laufe von 35 Jahren gesammelt habe. 35 Jahre und über 50.000 Kilometer Wegstrecke.

Ich lege großen Wert darauf, die Ereignisse so authentisch wie möglich darzustellen. Um meine Erkenntnisse verständlicher zu machen, habe ich einige Geschichten jedoch zusammengefasst oder gekürzt. Die beschriebenen Orte existieren tatsächlich, jedoch entspricht die Abfolge der Stationen der Einfachheit halber nicht immer der tatsächlichen Reiseroute der jeweiligen Abenteuerreisen.

Jede Reise verläuft anders. Jedes Mal sind ganz unterschiedliche Persönlichkeiten und Charaktere dabei, was das Ganze auch für mich und mein Team immer wieder zu einem ganz besonders einzigartigen Abenteuer macht. Aus Respekt vor der Privatsphäre der beteiligten Personen habe ich Namen und Charakterzüge verändert. Ähnlichkeiten mit realen Personen sind daher keineswegs beabsichtigt.

Begleite mich nun also auf eine Reise quer durch einen magischen Kontinent, und stelle dir folgende Fragen:

Warum hast du dieses Buch aufgeschlagen? Was, glaubst du, kannst du Neues lernen?

Spürst du in deinem Leben den Wunsch oder die Notwendigkeit zur Veränderung?

Ich lade dich ein, mit mir hier gedanklich zu reisen und Afrika mit allen Sinnen zu erleben. Halte ruhig ab und zu bei einem Foto oder Bild inne, um es zu genießen oder ins Träumen zu kommen – und dann deinen Spirit, dein Feuer, deine Kräfte, deine Freude neu zu entfachen.

Alte Vorgehensweisen haben vielleicht ausgedient. Wir brauchen andere Weisheiten, andere Wege, ein anderes Handeln!

Ich wünsche dir inspirierende Impulse. Und ich wünsche dir, dass du auf diesen Seiten die Weisheiten und Geschenke Afrikas für dich entdeckst, die unser Leben so reichhaltig verändern können.

»Die Safari-Strategie« ist in 7 plus ein 7^2-Kapitel unterteilt.

Alle Prinzipien, Tipps und Werkzeuge sind von mir selbst, von vielen unserer Kunden, Managern und meinen Teams in der Businesswelt getestet worden und über Jahre hinweg im Alltag erprobt. Deshalb gebe ich sie von Herzen gern und mit Freude an dich weiter. Probiere sie aus und lasse mich wissen, welche deine Favoriten sind.

Die letzte Strategie ist die, die über allem steht und alles in seiner Kraft potenziert. Daher nenne ich sie »7 hoch 2«. Es handelt sich um die Kraft des Tuns.

**Menschen folgen charismatischen Persönlichkeiten,
die begeisternd sind und ihre Begeisterung in Taten umsetzen!**

Sicherlich wirst du beim Implementieren – ähnlich wie ein Allradfahrzeug auf afrikanischen Wegen – hier und da stecken bleiben oder mal nur langsam weiterkommen. Im nächsten Moment wirst du aber womöglich, vielleicht mit Hilfe anderer, plötzlich rapide an Geschwindigkeit zulegen. Sei nicht zu streng mit dir. Veränderungen brauchen Zeit und Training, möglichst jeden Tag.

Um den größtmöglichen Nutzen aus diesem Buch zu ziehen, empfehle ich dir, die Reflexionsfragen oder Übungen direkt zu beantworten oder auszuprobieren.

Weitere wirksame Tools, die wir während der LIFE Safari® ebenfalls praktisch anwenden, habe ich dir in einem Workbook zusammengefasst, das du auf meiner Website unter dem QR-Code herunterladen kannst. Nutze es! Mache es zu deinem täglichen oder wöchentlichen Ritual, noch tiefer in die Strategien einzutauchen.

Deine Abenteuer- und Erkenntnisreise wartet auf dich!

Ich wünsche dir viel Freude beim Lesen und Umsetzen (!) der Impulse für dein Leben und Unternehmen. Und vielleicht sehen wir uns einmal live auf einer LIFE Safari®?

Mit allen guten Wünschen für dich,
hakuna matata (frei übersetzt aus dem Suaheli: »Es gibt keine Probleme, nur Lösungen«)

Deine Vera Peters

0.3 Moyo Moto

Zwischen Daktari und Raumschiff Enterprise

Als Kind hatte ich einen Traum: Ich wollte dorthin reisen, wo meine Helden zu Hause sind. Mein Herz träumte von »Daktari«: von Tierarzt Dr. Tracy, von Clarence, dem schielenden Löwen, und Judy, der witzigen Schimpansin in Kenia. »Daktari« ist Suaheli und bedeutet »Doktor«. Tief in der Wildnis Afrikas lebte Dr. Tracy mit seiner Tochter und seinem Team, um verletzte wilde Tiere zu heilen. Dabei erlebten sie viele Abenteuer und brachten auch ganz nebenbei Menschen wieder auf ihre richtige Spur im Leben. Den ganzen Samstag fieberte ich als Kind darauf hin, am frühen Abend meine Lieblingsserie im Fernsehen zu sehen.
Sonntagabends wiederum durften meine Geschwister und ich bei »Raumschiff Enterprise« miterleben, wie sich Captain Kirk und sein großartiges Führungsteam auf ihren Weg in die unendlichen Weiten des Universums machten. Schon damals war ich begeistert von dem charismatischen Kommandanten und von seiner Führungsstärke, die er durch schnelle Entscheidungen, Mut und Entschlossenheit zeigte. Gemeinsam mit seiner Crew fand er immer diplomatische Lösungen in kritischen Situationen, egal wie fremd und merkwürdig andere Wesen oder Außerirdische auch waren.
Diese Welt hat mich wohl so fasziniert, dass mein Wunsch geboren wurde, Luft- und Raumfahrttechnik zu studieren. Ich wollte alles darüber wissen, wie Menschen, Technologien, Wünsche und Sehnsüchte zusammenpassen. Meine eigene Sehnsucht nach Neuem, nach Weite, nach dem »Was gibt es noch?« hat sich also schon bei mir als kleinem Mädchen in den 1970er-Jahren gezeigt.

Ich erinnere mich an einen Tag im Sommer im Jahr 1977 in Schmallenberg im Sauerland. Das ist das kleine Städtchen, in dem ich geboren und aufgewachsen bin. In der Nachbarschaft und im Familien- und Freundeskreis bin ich als lachendes blondes Mädchen mit Zöpfen bekannt, die Jüngste von vier Kindern, die fröhlich durch die Welt hüpft und springt. Mit elf Jahren liege ich im Garten meiner Eltern, unter mir nichts als kräftiges grünes Gras, das intensiv duftet und mich an den nackten Stellen meiner Haut kitzelt. Die Arme hinter dem Kopf verschränkt, blinzle ich rücklings liegend nach oben in den beinahe wolkenlosen hellblauen Himmel. Mein Blick heftet sich an die Kondensstreifen, die das leuchtende Blau des Himmels zerschneiden wie Linien auf einem Stück Papier. Vorn lässt sich klein, aber dennoch deutlich zu sehen, die weiß schimmernde Silhouette eines Passagierflugzeugs erkennen, das die Streifen wie weiße Luftschlangen hinter sich herzieht. Wie winzig klein es wirkt. Wo wird dieses Flugzeug wohl hinfliegen – bis ins Universum zu Raumschiff Enterprise? Oder wie weit kommt man mit einer Tankfüllung? Wie ist es eigentlich möglich, dass so viele Tonnen Metall fliegen können?

Je länger ich nachdenke, desto mehr Fragen fallen mir ein, schießen wie Blitze durch meinen Kopf. Ich fühle ein unbändiges Verlangen, mehr über die Raumfahrt und Technik von Flugzeugen zu erfahren und über die fremden Länder, in denen sie starten und landen. Sieben Jahre später, nach dem Abitur, finde ich mich im Hörsaal für Luft- und Raumfahrttechnik in Aachen wieder. Zwischen 250 Männern sitze ich hier als einzige Frau. Ihre Blicke zeigen mir, dass sie sich fragen, ob ich mich im Gebäude geirrt habe. Nach außen tough und selbstbewusst – doch innerlich höre ich mich selbst einige Male fragen, ob ich gut genug bin und ob ich den Anforderungen, die ein so hochwissenschaftliches Studium mit sich bringt, gewachsen sein werde. Und dann kommt meine innere Antwort: Ja! Klar! Und sogar mit Freude und Leichtigkeit! Denn jeder fragende Blick bestärkt mich mehr und mehr, weiterzumachen, meinen Wissensdurst zu stillen und es allen Zweiflern zu zeigen, dass ich es schaffe – einschließlich mir!

Zwei wichtige Lektionen lerne ich während dieses ersten Studiums:

Überall auf der Welt – und auch im Universum – wird nur mit Wasser gekocht!
Hab also keine Angst vor großen Herausforderungen. Wir können alles lernen.

Alles, wovon wir begeistert sind und in das wir unser Herzblut hineingeben, wird wundervoll und erfolgreich.

Mit dieser Gewissheit wurde für mich so mancher vorerst unerreichbare Stern, den ich am Himmel sah, greifbar nah, und mein Wissensdurst führte mich weiter, bis zur Luft- und Raumfahrtingenieurin, zur Wirtschaftsingenieurin, zur Betriebspsychologin und schließlich bis zur Mastermediatorin in Konfliktfällen.

Die unendlichen Weiten des Universums unterstützen mich heute noch immer. Sie sind sozusagen zu meinem beruflichen Thema geworden: Die notwendige Distanz zu wichtigen Themen einzunehmen, unser Leben aus der Satellitenperspektive zu betrachten, um dann tiefer und tiefer ins Detail zu zoomen, bewirkt oft wahre Wunder. Heute nutze ich diesen Perspektivenwechsel gern in meinen Beratungen und Workshops als Unterstützung für Unternehmer und Führungskräfte, die sich und ihre Teams weiterentwickeln und Höchstleistungen erreichen wollen.

0.3.1 Wie Joes Blick mein Leben prägte

Während meiner Führungsverantwortung bei der Lufthansa betreute ich unter anderem verschiedene Auslandsprojekte, auch für Kunden, die unsere Maintenance und Dienstleistungsangebote in Afrika wünschten. Meine Lernerfahrungen durch interkulturelle Begegnungen und aufgrund der Zusammenarbeit mit unseren nigerianischen Kollegen und Kolleginnen war riesig. Aber auch die Führung und Unterstützung der eigenen Mannschaft in der Ferne, mit einem nicht immer gut funktionierenden Internet, war 2006 noch sehr herausfordernd. Zusätzlich war und ist die politische Lage in Nigeria bis heute sehr instabil und nicht einschätzbar, sodass ich für unsere Kollegen 24 Stunden am Tag online oder per Mobiltelefon zur Verfügung stand, um ihnen in Krisenzeiten oder Gefahrensituationen schnell Unterstützung geben zu können – und das zu einer Zeit, in der Remote Leadership noch nicht in aller Munde war.

Besonders beeindruckend war dann immer die Zeit, wenn ich selbst vor Ort in Nigeria sein konnte, um unsere Teams persönlich zu treffen und Kundengespräche oder Vertragsverhandlungen zu führen. Dabei ist mir bis heute eine persönliche Begegnung und Geschichte tief im Gedächtnis geblieben:

Wieder einmal geht ein heißer Tag mit enorm hoher Luftfeuchtigkeit zu Ende. Nach einem langen Arbeitstag freue ich mich jetzt richtig auf den »afrikanischen Feierabend«, der mit außergewöhnlichem Barbecue und natürlich afrikanischer Musik am Hotelpool enden soll. Der Montagabend ist für gegrillten Lobster, Shrimps und richtige »Männer-Steaks« über alle Grenzen hinweg bekannt, denn hier im Hotel sind immer viele interessante Menschen, Flight Crews und Technik-Teams anderer, weltweit agierender Fluggesellschaften untergebracht. Da Lagos mit einer Einwohnerzahl von fast 15 Millionen Menschen ein echt pulsierender urbaner Dschungel ist, sind nur wenige Hotels von unseren deutschen Sicherheitsbehörden und auch von unserer eigenen Fluggesellschaft als sicher und geschützt eingestuft.

Aufgrund der Äquatornähe ist die tiefschwarze Nacht schon um 19 Uhr angebrochen. Ab jetzt wird es höchste Zeit, von unserer Arbeitsstätte im Flugzeug-Hangar am International Airport Lagos ins Hotel zu fahren beziehungsweise uns unter bewaffneter Begleitung – eingekesselt von zwei mit eingeschaltetem Blaulicht bestückten schwarzen Vans vorweg und hinter uns mit entsprechenden Sicherheitsteams – eskortieren zu lassen. Unser schwarzer Van in der Mitte, der von einem Fahrer des Sicherheitsteams gesteuert wird, besitzt selbstverständlich getönte Scheiben, sodass wir nicht als »Menschen aus der reichen Welt« erkannt werden. Denn hier ist das einzelne Leben schon lange keinen Cent mehr wert – in Form von Lösegeld jedoch schon.

Trotz unseres eigenen mehrtätigen Sicherheitstrainings, welches jeder von uns absolviert hat, sind wir jedes Mal wieder froh, gesund und munter im gesicherten Hotel anzukommen.

Nach einigen Kilometern sehe ich am Straßenrand einen meiner nigerianischen Kollegen laufen. Ich weiß aus vorherigen Gesprächen, dass er in einer der nahe gelegenen Vorstädte lebt. Wir halten an, nicht ganz »sicherheitsregularienkonform«, und fragen, ob wir ihn ein Stück mitnehmen können, damit er schneller bei seiner Familie ist. So lerne ich Little Joe kennen, seinen Neffen, der in einem der Slums in Nigeria lebt. Das feudale Barbecue im Hotel ist damit sofort vergessen.

Alltag im Township

Little Joe ist 13 Jahre alt. Ich treffe ihn in einer Behausung aus Pappkartons und Wellblechstücken an. Nicht einmal 15 Quadratmeter groß: ein Bett, ein Kühlschrank, eine Mikrowelle, ein Fernseher – das Zuhause einer achtköpfigen Familie auf 15 Quadratmetern. Little Joe sitzt vor dem Fernseher und schaut sich eine amerikanische Familien-Soap an. Eigentlich hätte er heute in der Schule gewesen sein sollen, aber es ist niemand da, der ihn ermutigt, dorthin zu gehen. Als er mich sieht, lächelt er, und ich sehe sein hübsches, junges Gesicht, aber seine Augen wirken tot. Grau, leblos, leer. Hoffnungslosigkeit lese ich darin.

Sein Leben scheint zu Ende zu sein, bevor es richtig begonnen hat.

Little Joe lebt in einer Umgebung von Gewalt, Hunger, Arbeitslosigkeit und Angst. Seine 6 Jahre alte Schwester wurde vor seinen und den Augen der Eltern vergewaltigt, als vor einigen Monaten eine Gruppe von Halbstarken in ihre Behausung eingedrungen ist. Schweigen und Verdrängen von negativen Erlebnissen scheint der einzige Weg zu sein, hier zu überleben.

Ich erinnere mich jedenfalls noch genau daran, wie ich nach dieser Begegnung mit Little Joe in Nigeria nach Deutschland zurückkam und in die Augen meiner beiden damals ebenfalls pubertierenden Jungs schaute. Chillen und untätig den Nachmittag nach der Schule auf dem Sofa herumhängen, was mich oft genug an meine Geduldsgrenzen brachte, kannte ich natürlich auch von unseren Jungs. Aber in ihren Augen war immer die pure Lebensenergie zu sehen und das tiefe Vertrauen, dass das Leben es gut mit ihnen meint. Little Joe dagegen hat diese Gefühle von Sorgenfreiheit und Optimismus sicherlich noch nie erlebt.

Und worüber regen wir uns im Alltag auf? Wir beklagen uns schon bei kleinsten Unannehmlichkeiten in unserem Leben, beispielsweise über das »schlechte«, regenreiche Wetter, und realisieren dabei nicht, dass uns die Macht über das Wasser in der Zukunft sicherlich noch viele blutreiche Kriege auf der Welt bescheren wird.

Mich lassen diese emotionalen Begegnungen und herzzerreißenden Erlebnisberichte nicht mehr los. Sie machen mich manchmal sprachlos, traurig und wütend zugleich. Sie machen mich aber auch wortstark, lassen mich meine Stimme erheben und immer häufiger als Speakerin auf die Bühne wagen!

Denn immer wieder spüre ich tiefe Demut und Dankbarkeit dafür, selbst einen positiven Start im Leben geschenkt bekommen zu haben. Womit habe ich denn mein Glück, in Sicherheit und Reichtum zu leben, verdient?

0.3.2 Emotionen, die dein Leben verändern

Im Gegensatz zu Little Joe bin ich wohlbehütet in einem mittelständischen Familienunternehmen aufgewachsen. Um meine tiefsten Motive und Sehnsüchte im Leben verstehen zu können, erzähle ich gern von meinem Vater, der mich als Vollblut-Unternehmer, Visionär, Patent-Entwickler und »hands-on Man« sehr geprägt hat. Denn schon frühzeitig hat er uns vier Kinder in seine Sicht auf ein positives Unternehmertum einbezogen, uns wirtschaftliche und technische Zusammenhänge erklärt und uns ermutigt, auch hier und da unangenehme Hindernisse zielstrebig aus dem Weg zu räumen. Meine Mutter hat ihn dabei in der Geschäftsführung in allen administrativen und Familienaufgaben bestens unterstützt und ihm den Rücken freigehalten. So haben wir alle die Aufs und Abs während der Existenzgründung genauso intensiv durchlebt wie später ihre gemeinsamen Erfolge.

Viel zu früh saß ich dann im Jahr 2000 zu Hause an seinem Sterbebett, um mich von ihm und seinem Leben zu verabschieden. Wir sprachen über sein Leben, und ich fragte ihn: »Papa, was würdest du ändern, wenn du die Chance auf ein zweites Leben hättest?« Schon völlig geschwächt, fiel es ihm sichtlich schwer, zu sprechen. Dennoch schien es ihm wichtig zu sein, mir diese Frage zu beantworten und mir gleichzeitig damit einen letzten, entscheidenden Herzensrat mit auf den Weg zu geben. »Vera, ich würde mein Leben genau so noch einmal leben wollen!«

Ich schluckte, war sprachlos und zutiefst berührt. Für mich war sofort klar: Das will ich auch an meinem letzten Tag sagen können.

Seine Worte und die Gewissheit, ein erfülltes Leben geführt zu haben, haben mich seit diesem Moment so berührt, dass sie auch heute, nach über zwei Jahrzehnten, noch enorm stark wirken. Die Sehnsucht in mir, selbst auch einmal diese Worte im Alter aussprechen zu können, alles im Leben so getan zu haben, dass ich im Nachhinein nichts bereue und eines Tages auf ein erfülltes Leben zurückblicken kann, ist meine persönliche Lebensausrichtung.

Mit Begeisterung, Herzblut und Tun wird Unternehmertum zur Erfolgsstory.

Seit diesen kraftvollen Worten meines Vaters vor vielen Jahren, seit dieser Begegnung mit Little Joe in den Slums Nigerias und Südafrikas, den Begegnungen mit vielen unzufriedenen Menschen im Autopilot-Modus, habe ich mir zur Lebensaufgabe gemacht, Menschen und Unternehmen überall auf der Welt wachzurütteln, damit sie das Beste aus ihrem Leben, aus ihren Mitarbeitern und ihrem Handeln machen. Das bedeutet, nicht lethargisch ihre Zeit abzusitzen, sondern für ihr eigenes Leben Verantwortung zu übernehmen, auch wenn dazu manchmal mutige Entscheidungen notwendig sind. Ich bin MOYO MOTO, die mit ihrem Feuer durchs Leben tanzt, so haben mich Massai auf einem unserer Bushwalks gerufen. Es ist mir eine Ehre und

mein Herzblut, meine Erfahrungen und Erlebnisse an andere weiterzugeben und sie gemeinsam zum Leben zu erwecken.

So hat auch die Begegnung mit Little Joe den ersten Funken gezündet, etwas zu starten, um Menschen auf ihrem Weg in ihre eigene Kraft, Stärke und Selbstständigkeit zu unterstützen – überall auf der Welt. Die Idee, unsere Foundation Business4Needs & Dreams e. V. zu gründen und veränderungswillige Menschen auf ihre eigene Erkenntnisreise in und durch ein authentisches Afrika zu begleiten, wurde geboren.

0.4 Das Abenteuer beginnt mit deiner Entscheidung

Immer wieder erzählen mir Teilnehmer und Begleiter, dass das Abenteuer und die persönlichen Veränderungen schon mit der Entscheidung und Anmeldung für die LIFE Safari® starten. Vielleicht auch dann, wenn sie ihrer Familie, Freunden oder ihren Kollegen von ihrer Entscheidung erzählen. Wenn sie den Mut aufbringen, sich auf den Weg zu machen und dem Alltagstrott zu entfliehen, die vielbeschriebene Komfortzone zu verlassen und loszugehen.

Aber ist diese Komfortzone wirklich komfortabel? Weshalb wollen denn die Menschen aus dieser Zone in die Veränderungs- und Erweiterungszone ziehen? Vielleicht, weil sie gar nicht oder nicht mehr komfortabel und passend ist?

Und jetzt hast du dich hier auch auf den Weg gemacht, und das ist genau richtig!

Eine Entscheidung bedeutet immer, Dinge zurückzulassen. Dinge, die vielleicht schön waren, die wir lieb gewonnen haben und von denen wir uns nun doch erst mal befreien dürfen, um Platz für etwas Neues zu schaffen. Sich zu entscheiden, bedeutet, den Mut zu haben, die gewohnte Umgebung und die unendlichen Optionen auch mal vorbeiziehen zu lassen und ganz bewusst und voller Fokus seinen eigenen Weg zu gehen, um dann voller Klarheit zurückzukehren.

Oft ist es der immer gleiche Alltag, die eingefahrenen Abläufe und Routinen oder die Frustration darüber, dass die Welt oder unsere Menschen im Unternehmen nicht so funktionieren, wie wir es uns wünschen. Wir sehnen uns danach, uns mehr aus dem operativen Alltag zurückzuziehen, strategisch zu arbeiten und endlich wieder Zeit für das Wesentliche zu haben: für unsere Familie, unsere Freunde, unsere Hobbys.

Aber wir stecken scheinbar fest zwischen endlosen Meetings, nicht enden wollenden Projekten und dem privaten Partnerstress, weil so manches einfach fehlt. Selbst zu Hause ist der Kopf woanders – im Business, bei den Problemen in der Produktion oder den neuen, oft unsinnigen gesetzlichen Anforderungen ohne klare Ziele oder echten Mehrwert.

Das Leben ist gerade anstrengend, oder? Ständig neue Herausforderungen, und irgendwie kommst du nicht weiter und auch dein Körper signalisiert dir schon: So kannst du nicht weitermachen!

Aber darfst du dich überhaupt schlecht fühlen? Du hast doch alles, was sich andere wünschen. Vielleicht fühlst du dich gefangen, ohne zu wissen, von wem oder was? Was fehlt dir wirklich?

Wovor hast du Angst? Wo stehst du gerade? Wie denkst du? Wie handelst du? Wer kann dir Unterstützung geben?

0.5 Deine Wahrnehmung

Wahrnehmen, ohne zu bewerten

Vielleicht kennst du das auch: Oft finden wir in unserem Alltag, wenn wir Dinge oder Situationen beschreiben, schnell einen kausalen Zusammenhang oder sogenannte Bequemlichkeitsausreden, die dann sofort zu unseren absoluten Wahrheiten werden:

»Ich fühle mich schlecht, weil ...«
»Ich bin so, weil meine Lehrer, Eltern, Freunde ...«
»Ich bin gestresst wegen ...«
»Ich fühle mich müde, weil es draußen regnet ...«

Wir sind geprägt durch unsere Familien, Freunde, Schule, Arbeitswelt oder Politik und haben es verlernt, sachlich und neutral Situationen, Menschen oder Dinge zu beschreiben. Stattdessen liefern wir direkt die vermeintliche Ursache mit. Aber gibt es in der heutigen komplizierten und komplexen Umgebung wirklich nur eine einzige Ursache für ein Problem?

Und können wir immer wissen, was dahintersteckt?

Vielleicht sollten wir wieder lernen, uns selbst und unsere Umgebung ohne eigene Interpretationen und Bewertungen sachlich und neutral zu betrachten, um dann den Gesamtzusammenhang zu verstehen. Die Kunst ist, einfach nur wahrzunehmen, zu beobachten, ohne die Person in eine Schublade zu stecken. Denn ein Mensch, der die Stirn runzelt, ist nicht unbedingt eine zornige, ärgerliche Person. Wir lernen, sachlich zu beobachten, und beschreiben nun ein Gesicht zum Beispiel folgendermaßen:

Die Augenbrauen des Mannes sind nach oben gezogen. Er hat Falten auf der Stirn. Seine Augen sind länglich geformt und liegen eng beieinander.

Das ist eine einfache, neutrale Beobachtung, die völlig ohne Interpretation auskommt. Wir sagen nur das, was wir wirklich sehen – keine Vermutungen oder Stimmungen, die sich aus der Beschreibung ableiten könnten.

Anstatt »Er wirkt so arrogant!« zu denken, beobachten wir zuerst: »Er hat eine entspannte Körperhaltung mit ausgebreiteten Armen, und sein Blick ist fokussiert nach vorn gerichtet.«

Auf diese Weise vermeiden wir, jemandem eine Stimmungslage, Absicht oder ein Verhalten zuzuschreiben, das wir nur aufgrund unserer Vermutungen erahnen können, und geben nur die reinen Daten und Fakten wieder.

Mit dieser Übung erweitern wir unseren Horizont und schaffen gleichzeitig mehr Klarheit, indem wir den Raum für voreilige Urteile, Verallgemeinerungen und unnötige Interpretationen verkleinern. In unserer Welt von vorschnellen Äußerungen und Ausgrenzungen von Menschen, die nicht unseren normativen Vorstellungen entsprechen, spüren wir, wie schnell, wie häufig wir selbst vorgefertigte Bilder und Ansichten in unseren Alltag bringen.

Also, wo stehe ich wirklich? Wie schaue ich auf die Welt? Auf die Menschen? In welcher beruflichen und persönlichen Situation befinde ich mich gerade, und wie möchte ich wahrgenommen werden?

Schon zu diesem Zeitpunkt der Reise reflektieren wir unsere Denk- und Verhaltensweisen, unseren beruflichen und privaten Status quo und nehmen die eigene Welt und die Umgebung vielschichtiger als zuvor wahr.

Ich nehme jedes Mal erneut wahr, wie wichtig diese Übung zu Beginn unserer Touren ist, bevor unsere Abenteurer auf dem afrikanischen Kontinent ankommen. Wir brauchen Zeit, um uns über unsere Art und Weise der Beobachtung und Beurteilung von Menschen und Situationen klar werden zu können, auch unter dem Aspekt:

Wir sind Ausländer – jeden Tag fast überall!
(Lufthansa-Ansteckbutton aus den 90er-Jahren – noch immer hochaktuell.)

Von natürlicher Fremdheit zu zugewandten Begegnungen, wenn sich unsere Herzen begegnen.

Let your smile change the world,
not the other way around.
Vera Peters

Das rote Massai-Herz bewegt mich immer wieder. Unsere Kulturen sind so weit voneinander entfernt, aber in unserem Herzen, wenn wir uns auf Augenhöhe gegenüberstehen, ist ein tiefes Interesse und eine einzigartige Verbundenheit zu spüren.

Wenn wir mit unserem Allradfahrzeug, schwer bepackt mit Dachzelten, Reserverädern und Wassertanks, unterwegs sind, dazu noch ich als blonde weiße Frau selbst fahre, werden wir als Exoten eingestuft – wie Menschen aus einer anderen Welt.

Die Kinder laufen auf uns zu, freuen sich und rufen andere herbei. Zu Beginn wissen wir nicht so recht, wie wir uns begegnen sollen. Wir fahren durch ihr Massai-Land, zwischen ihren Hütten, ihren Herden von Rindern und Ziegen hindurch, behutsam, wir beobachten uns, prüfen, ob wir respektvoll miteinander umgehen. Und dann ... treffen sich unsere Augen, das Herz geht auf, und lachende Gesichter begegnen sich. Berührungen auf Herzensebene, die wertvolle Spuren des Verstehens hinterlassen.

Genau solche Begegnungen brauchen wir, um friedvoll gemeinsam die Zukunft zu gestalten. Abenteuer und Leben im Einklang mit anderen Menschen.

Du kannst jeden Tag entscheiden, für wen oder was du aufstehst!

In einer immer komplexer werdenden Welt ist es von größter Bedeutung, dass wir uns im Team wirkungs- und kraftvoll als Gestalter des Lebens definieren.

Gerald Hüther

1 Leading by Adventures –

Führung beginnt dort, wo das Unbekannte wartet

1.1 Von der Morgensonne Afrikas wachgeküsst

Zaghaft bahnen sich die ersten Sonnenstrahlen ihren Weg durch die noch kühle Morgenluft und zaubern uns ein Lächeln ins Gesicht. Wir sind startklar, um jene kostbaren Momente zu erleben, die die Savanne in den frühen Morgenstunden zu bieten hat. Eine farbintensive und kontrastreiche Landschaft in einem Farbgemisch aus Rot und Ocker rahmen grasende Zebraherden in fast greifbarer Nähe ein. Wir hören Gnus schnauben und Vögel zirpen, während uns der Geruch nach taufrischer Erde, Tieren und Pflanzen aller Art um die Nase weht. Demütig schauen wir uns um: Natur in schönster Vollendung – und wir sind mittendrin.

Heute Morgen sind meine Teilnehmer (ich nenne sie lieber Partner, Abenteurer oder Wegbegleiter) am Flughafen in Windhoek, Namibia wohlbehalten angekommen. Die einen sind hellwach und aufgeregt, was sich schon auf dem Weg vom Flughafen bis zur ersten Wildlife Lodge an neuen Eindrücken sammeln lässt. Die anderen sind noch etwas müde vom Nachtflug und den zahlreichen langen Arbeitstagen in den letzten Wochen und Monaten zu Hause. Nach ein paar Stunden Ausruhen, Ankommen und Bestaunen der wilden Tiere am Wasserloch der Lodge treffen wir uns zum Briefing im feudalen Foyer. Alle sind ergriffen von so viel Luxus und dem afrikanischen Lifestyle-Ambiente im Hotel.

Wir werden eine ereignisreiche Zeit miteinander verbringen. Ich freue mich auf diese unvergesslichen Tage, die vor uns liegen. Mit unserem afrikanischen Team, bestehend aus Mike und Jeff, die als Einheimische nicht nur die besten Offroad-Wege hier in Namibia kennen, sondern auch unsere Autos technisch im Blick haben, sind wir bestens aufgestellt. Über die Jahre ist diese Zusammenarbeit zu einer vertrauensvollen Freundschaft gewachsen. Sie geben mir die Sicherheit, die wir rund um diese Tour benötigen. Dafür bin ich zutiefst dankbar. Jeff wird uns auch als Foto- und »Video-Man« zur Seite stehen. Gerade erst hat er sich selbstständig gemacht. Wann immer es möglich ist, übersetze ich und lasse die beiden an unseren Gesprächen und Erkenntnissen teilhaben.

Unsere Reise ist in Etappen geplant, sodass wir viel von Land und Leuten erfahren können. Jeder Tag hat ein klar definiertes Ziel. Jeden Morgen wird die Strecke, je nach Wetterlage und Vorhersage, endgültig festgelegt, sodass wir alle sicher am jeweiligen Ziel ankommen. Wir fahren unsere Autos selbst, jeweils als wechselndes Zweierteam, um Afrika bewusst und außerhalb touristischer Pfade wahrnehmen und entdecken zu können. Unterwegs werden wir faszinierende Menschen und Orte kennenlernen, Tiere beobachten, die vielleicht bisher nur aus Video-Dokumentationen bekannt sind, unsere Vorräte auffüllen und ganz nebenbei an unseren persönlichen Themen arbeiten. Aber nicht im Frontalunterricht oder in Seminarräumen. Oh nein, ganz und gar nicht. Unser bester Lehrmeister ist die Natur und die Wildnis.

Doch eine LIFE Safari® lässt sich niemals bis ins letzte Detail planen. Sie ist wie das Leben selbst, voller Überraschungen und Abenteuer. Leading by Adventures – Führung beginnt dort, wo das Unbekannte wartet – ist die Grundlage für unsere erste Etappe und bedeutet für uns so-

wohl das Führen unseres eigenen Lebens als auch die Führung und Begleitung anderer Menschen.

Ich erinnere mich an eine besondere Erfahrung, die mein Unternehmerfreund Marc und ich auf einer unserer vorangegangenen Touren in Tansania auf dem Weg nach Daressalam gemacht haben.
Gemeinsam sind wir auf dem Weg zu einheimischen Jungunternehmern in Tansania, um eine Kooperation zu besprechen und Werkzeuge auszuliefern. Sie warten schon sehnsüchtig auf uns. Seit Monaten sind wir bereits online im Kontakt, und heute soll endlich das erste Treffen stattfinden. In den letzten Tagen hatte es geregnet. Die Natur hatte es bitter nötig. Doch nach solch starken Regenfällen verwandelt sich der Boden in eine weite Schlammlandschaft. Die Wege sind so dick mit Schlamm bedeckt, dass sie fast unbefahrbar sind. In den nächsten Tagen kann sich jeder von den neu angekommenen Abenteurern hier selbst ein Bild von der Beschaffenheit der Straßen und Schotterpisten machen.

In der Trockenheit versickert kaum Wasser. Wenn dann mal ein starker Regenfall kommt, kann das Wasser von den Böden nicht schnell genug aufgenommen werden. Es entstehen innerhalb kürzester Zeit große Wassermengen, die in riesigen Pfützen auf den Straßen zusammenkommen. Niemals sollte man gedankenlos hindurchfahren, ohne zu überprüfen, wie tief eine Pfütze ist. Das Loch könnte nicht nur tiefer sein als gedacht, sondern auch Tiere oder abgefallene Fahrzeugteile hineingezogen haben.

So kann es also bei starken Regenfällen durchaus vorkommen, dass innerhalb kürzester Zeit die Straßenränder wegbrechen und sich die Fahrbreite halbiert! So ist es auch an diesem Tag geschehen: Marc und ich bleiben mit unserem Defender mitten auf der Strecke in knietiefem Schlamm stecken. Ein richtiger Matschebrei, und wir mittendrin, nur zu zweit! Marc fährt immer wieder vor und zurück, doch wir kommen nicht weiter. Die Räder drehen durch. Schlamm spritzt durch die geöffneten Fenster bis in unsere Gesichter. Noch lachen wir, bis die Situation endgültig heißt: »Festgefahren!«.

Wie reagierst du in Situationen, die aussichtslos sind? Wenn keine Unterstützung oder Hilfe in Sicht ist? Irgendwo »in the middle of nowhere« in Tansania, mitten in der Wildnis? Welche Gedanken kommen dir als Erstes in den Sinn? Und welche Ähnlichkeiten kannst du zu deinem Vorgehen im Leben zu Hause erkennen?

Jetzt ist einer der Momente gekommen, in denen du dich selbst bestens kennenlernst. Wenn du nervös wirst und dich über dich selbst ärgerst. Dann ist afrikanische Geduld gefragt.

Nach einer Weile steigen wir aus und sehen uns das Ausmaß an. Aufgesetzt! Das Auto liegt in Schräglage, die Räder stecken bis zur Hälfte im Schlamm. Nichts geht mehr. Trotz guter Ausrüstung, wie Winde, Seile und Sandbleche, fehlt es an den notwendigen Ressourcen – keine Bäume, um die Winden zu befestigen, und der tiefe Schlamm macht die Bleche unbrauchbar. Schnell wird uns klar, dass wir zu zweit nicht genügend Manpower haben, um das Problem zu lösen. Normalerweise fahren wir mit mindestens drei Fahrzeugen los, damit wir uns gegenseitig helfen können, doch dieses eine Mal sind wir nur zu zweit unterwegs, mit einem Fahrzeug. Also keine Chance, den Karren aus dem Dreck zu ziehen.
Wir erkennen, dass diese Situation schnelle Entscheidungen fordert, denn unser Allrad droht immer tiefer im Schlamm zu versinken.

Und dabei sind wir ohnehin unter Zeitdruck, denn wir müssen, solange es hell ist, an unser Ziel kommen. Das Fahren bei Dunkelheit ist in afrikanischen Ländern absolut zu vermeiden. Die meisten von euch denken jetzt vielleicht: Ja, klar, das habe ich schon einmal gehört, dass man in afrikanischen Ländern wegen hoher Kriminalitätsraten nicht im Dunkeln fahren sollte.

Aber wahrscheinlich bedenken viele von uns nicht, dass wir als Fahrer in der Dunkelheit eine große Gefahr für andere darstellen. Ab spätestens 19 Uhr ist es in den meisten afrikanischen Ländern, besonders in der Nähe des Äquators, bereits richtig dunkel. Die Menschen, die hier leben, sind oft spätabends zu Fuß unterwegs. Sie kommen von der Arbeit oder von Verwandten. Auch Kinder oder Jugendliche sind manchmal auf dem Heimweg, vielleicht von der Schule oder von den Großeltern. Und da es oft keine Bürgersteige oder ähnliche Abgrenzungen gibt, laufen sie auf der Straße. Als Autofahrer erkennen wir die Menschen häufig nicht rechtzeitig, schon gleich nicht, wenn sie dunkle Kleidung tragen. Daher sind wir Autofahrer auch eine große Gefahr für andere.

Hier stehen wir nun, unter Stress und Zeitdruck. Kein Auto weit und breit, das uns aus dem Schlamm herausziehen könnte. Um uns herum sind nur vereinzelte Bananenpflanzen und Büsche zu sehen. Kein Geräusch ist zu hören, fast schon unheimlich. Obwohl die Sonne von leichten Wolken bedeckt und dadurch die Wärme gut auszuhalten ist, sind wir von Menschenleere und Wildnis umgeben. Bis ein Mann zu Fuß auf dem Hügel erscheint und auf uns zukommt.

Wir fühlen Erleichterung, obwohl wir nicht erkennen können, wie dieser einzelne Mann uns helfen könnte. Für ein paar einleitende Worte, die hier in Afrika üblich sind, habe ich keine Zeit. Ich falle also mit der Tür ins Haus und frage den Mann ohne Umschweife: »Karibu (herzlich willkommen), haben Sie ein Auto, oder kennen Sie jemanden, der eins hat?« Wir erhalten ein eindeutiges »No, no cars«. Wir überlegen gemeinsam, was uns weiterbringen könnte, doch der Mann verschwindet so schnell, wie er erschienen ist. Er dreht sich allerdings nach ein paar Schritten noch einmal zu uns um und ruft: »I am coming back soon!«

»Ja, das kann dauern«, denke ich. »In Afrika ticken die Uhren aber anders als bei uns zu Hause.« Wird er überhaupt wiederkommen? Doch schon eine halbe Stunde später kommt er zurück, und er hat eine ganze Mannschaft von Männern dabei! Dreißig oder viezig Leute, ein ganzes Dorf, wie es scheint.

Alle sind bewaffnet!
Aber zum Glück nur mit Spaten und Schaufeln. Sie krempeln ihre Hosenbeine hoch und stehen schon ein paar Augenblicke später auf beiden Seiten unseres Wagens knietief im Schlamm. Sie diskutieren, wie sie die Sache am besten beginnen sollen. Dann schaufeln sie unermüdlich, bis sie die Räder und das Differenzial freigelegt haben. Ab und zu wird weiter diskutiert und einige Männer von der linken Seite zur rechten zitiert. Mit dem Wagenheber können wir den Defender anheben. Einige der Männer besorgen Äste und große Bananenblätter, die wir gemeinsam vor den Reifen platzieren. In der Zwischenzeit erscheinen immer mehr Menschen – Männer, Frauen und Kinder. Wir sind dankbar für jede helfende Hand. Alle reden durcheinan-

der, es wird gelacht und gescherzt. Zumindest klingt es für uns so. Wir sind die Besonderheit des Tages. Nach über einer Stunde und viel Gewusel um das Auto herum sind wir allerdings noch nicht wirklich weiter. Da stimmt einer der Männer einen Song an – »Mungu ibariki Africa. Gott, segne Afrika …« – und alle singen mit.

In diesem Rhythmus des Liedes schieben wir gemeinsam das Auto vor und zurück, vor und zurück. Wir fühlen uns stärker durch das gemeinsame Singen, den gemeinsamen Rhythmus … und schaffen es tatsächlich, durch diesen vereinten Takt, unser Auto aus dem Schlam(m)assel zu retten! Einige singen noch weiter, als der Wagen schon längst wieder auf befahrbarem Boden steht.

Selbst hier, weit entfernt von irgendwelchen unternehmerischen Gruppierungen, lernen wir wieder viel über die aktive Selbstorganisation von Teams. Keine große Organisationsstruktur, kurze Wege, klare Abstimmung und MACHEN statt QUATSCHEN. Mutige und schnelle Entscheidungen sind gefragt, dann folgen auch starke Lösungen. So mag ich es!

Diese »Lessons-Learned-Times« sind unvergesslich und berührend – echte Glücksmomente, die auch mich immer wieder mit Dankbarkeit erfüllen.

Zu Beginn unserer Touren erzähle ich gern von diesem Erlebnis, da es so vieles verdeutlicht. Die meisten Menschen fühlen sich heutzutage in dieser chaotischen, schnelllebigen Welt unsicher und wie in einem wilden Tanz hin und her gewirbelt. Unser Alltag ist so durchgetaktet, dass keine Zeit für Spaß oder Überraschungen vorhanden ist.

Eine festgefahrene Situation fühlt sich vermutlich für niemanden gut an. Wir fühlen uns hilflos, haben Angst und das Gefühl, die Kontrolle zu verlieren oder versagt zu haben. In unserer heutigen Leistungsgesellschaft wird häufig das Bild vermittelt, dass Misserfolg mit fehlender Intelligenz oder Kompetenz gleichzusetzen ist …

Kennst du das auch? Die Situation ist alles andere als das, was du dir wünschst und vorgestellt hast. Und dabei bist du gewillt, etwas zu verändern, aber du weißt einfach nicht weiter, denn jede Bemühung scheint ins Leere zu laufen.

Mein Tipp: Atme tief durch, vertraue dir sowie anderen und gib nicht auf – es gibt immer Lösungen. Also, Hände ans Steuer, Gang rein und langsam Gas geben!

Unsere Erlebnisse und Erfahrungen von gestern prägen unser ÜBERLEBEN von heute.

Wir alle wissen, wer heutzutage ein Unternehmen führt, sollte vorausschauend denken können und mental stark sein. Als Businessmentorin unterstütze ich daher von Herzen gern alle Mitreisenden darin, sich selbst und ihr Unternehmen zu betrachten und die täglichen Stressoren kennenzulernen. Es ist wichtig, dass wir schnell passende Strategien zum weiteren Vorankommen entwickeln. Hier lernen wir für unseren Alltag als selbstorganisiertes Team, probieren aus, erleben, verändern und setzen um.

Aus diesem Grund ist unsere Rolle als Unternehmer und Führungskräfte so anspruchsvoll und fordernd. Wir sollen der Fels in der Brandung sein, wissen allerdings häufig nicht einmal, woraus die Brandung besteht.

Genau aus dieser Erfahrung, die ich mit Marc gemacht habe, fahren wir seitdem immer mit mindestens drei Fahrzeugen los. Einfach, um genügend helfende Fahrzeuge und Hände zu ha-

Kupplung treten, Gang rein und langsam Gas geben!

Mit acht Jahren habe ich Autofahren gelernt – und von wem? Von meinem zehnjährigen Bruder!
Das waren nicht nur Fahrstunden, das waren Lektionen fürs Leben.
Denn manchmal müssen wir einfach losfahren, auch wenn keiner den Führerschein hat.

ben. Auch in Projekten wird es schnell schwierig, wenn wir nicht genügend Kapazitäten und Ressourcen haben. Dann unterlaufen uns eher und häufiger Fehler, die uns oder unseren Kunden teuer zu stehen kommen können.

Wir dürfen um Hilfe bitten und müssen nicht immer alles allein erledigen!

Oft kommen wir gar nicht auf die Idee, uns im Team oder auch außerhalb unseres Teams Unterstützung zu holen. Es besteht die Angst, dadurch Schwäche zu zeigen. Aber wenn wir den Karren erst mal in den Sand gesetzt haben – oder in unserem Fall in den Schlamm, – dann wird es umso schwieriger, oder? Hier in der Wildnis Afrikas kann das schnell lebensbedrohlich werden: Zwei Leute versuchen, einen Wagen aus dem Schlamm zu buddeln, und keiner ist da, der nach wilden Tieren Ausschau halten kann, die sich vielleicht gerade von hinten nähern und sich über die Nahrungsmittelkisten hermachen, die du kurz rausgestellt hast, um an das Werkzeug im Heck zu kommen. Da können uns Affen mit ihren scharfen Zähnen schon Schwierigkeiten bereiten – von großen Katzen, die uns vom Gebüsch aus schon längst beobachten, mal ganz abgesehen.

Die Weisheiten der Einheimischen bieten uns wertvolle Lektionen für unser eigenes Leben und Handeln. Afrikanische Geduld und Ruhe zu bewahren, auch in herausfordernden Situationen, hilft uns, kluge Entscheidungen zu treffen. Statt uns um Unwägbarkeiten zu sorgen, können wir lernen, im Hier und Jetzt das Beste aus jeder Situation zu machen. Oft glauben wir, dass ein Einzelner nichts bewirken kann – doch ein afrikanisches Sprichwort erinnert uns daran:

Wenn du glaubst, du bist zu klein, hast du noch keine Nacht mit einer Mücke im Zelt verbracht.

Afrikanisches Sprichwort

Statt endlos zu planen oder Probleme zu zerreden, gilt es, ins Handeln zu kommen, das Vorhandene zu nutzen und während des Prozesses Anpassungen vorzunehmen. Hierarchien entstehen in diesen Gemeinschaften nicht durch Titel oder Positionen, sondern durch gelebte Expertise – ein Konzept, das auch für unsere unternehmerischen Strukturen inspirierend sein kann. Vertrauen spielt dabei eine zentrale Rolle: Menschen vertrauen Menschen, nicht bloß Systemen oder Institutionen.

Ein tief verwurzeltes Prinzip, das diesen Zusammenhalt stärkt, ist Ubuntu – die Philosophie, dass wir nur in Verbindung mit anderen unser volles Potenzial entfalten können. Später im Buch werde ich noch genauer darauf eingehen.

Als wir wieder auf der asphaltierten Straße im Auto sitzen, reflektieren wir erneut die vergangene Situation. Bemerkenswert, dass eine ganze Dorfgemeinschaft, von einem einzigen Mann ausgehend, tatkräftig zupackt, nicht nach Schuldigen fragt oder kopfschüttelnd resigniert, sondern mit Leichtigkeit und Freude einfach loslegt, sich auch nicht von Misserfolgen abbringen lässt und nach neuen Lösungen sucht – und all das, ohne zu wissen, ob dabei schlussendlich eine Belohnung rausspringt.

Das ist Begeisterung!

Uns ist hier einiges klar geworden:

1. **Menschen folgen charismatischen Persönlichkeiten, die begeistern können.**

2. **Begeisterung entsteht durch Engagement, positive Emotionen, gleichberechtigte Beziehungen und durch Sinnhaftigkeit im TUN.**

3. **Wir dürfen um Hilfe bitten und diese auch dankbar annehmen.**

Ein Schritt, der für viele nicht immer einfach ist. Meine eigene Erfahrung hat mir gezeigt: Wir dürfen darauf vertrauen, dass wir gemeinsam als Team immer gute Lösungen finden.

Allein bist du schnell, gemeinsam kommst du weiter.
Afrikanisches Sprichwort

Spätestens nach dieser Geschichte sind alle LIFE Safari®-Neulinge hellwach und werden richtig aktiv. Für sie ist schnell klar geworden: Wenn wir unsere Etappenziele sicher erreichen wollen, brauchen wir eine gute Vorbereitung sowie eine realistische Einschätzung der Risikofaktoren, ähnlich wie im unternehmerischen Kontext.

Alle Teilnehmer greifen jetzt wie selbstverständlich zu den vorbereiteten Checklisten. Das ist immer wieder großartig zu sehen. Sie starten sogar meist von selbst, sich in Gruppen für die unterschiedlichen Themen nach Interesse und Kompetenzen zusammenzufinden. Spannend! Unsere Abenteuer können kommen …

WAS wir an Tools, Lebensmitteln et cetera benötigen und für unsere Tour mitnehmen müssen, können wir recht einfach anhand der vorbereiteten Checkliste überprüfen und in Boxen gestapelt direkt im Auto verstauen (oder auf unseren Alltag bezogen: in unseren Unternehmen schnell klären).

WIE wir unsere Abenteuer vorbereiten und auf welche Art und Weise wir uns selbst und unser Team führen, ist dabei die noch entscheidendere Frage. Es geht also nicht darum, die Dinge irgendwie zu tun, sondern darum, die richtige Haltung und Wachsamkeit zu entwickeln, die dich und dein Team erfolgreich bis zum Ziel bringt und alle mit Freude erfüllt.

Die Besipiel-Checklisten findest du am Ende des Kapitels.

Also, wer bist du selbst, wie denkst du, und wie gehst du mit dir und anderen um?
Welche charismatische, begeisternde Führungskraft möchtest du sein?
Welche Rolle hast du als Leader in einem guten Zusammenspiel mit deinem Team?
Welche Kompetenzen benötigen wir? Welche besitzen wir, und wie gehen wir miteinander bei Fehlern um? Vertrauen wir uns und anderen?

Während meiner 22 Jahre bei der Lufthansa AG habe ich in den unterschiedlichsten Bereichen Erfahrungen sammeln und innovative Konzepte entwickeln dürfen. Jede neue Aufgabe und jeder Arbeitstag haben mir wertvolle Einblicke und Möglichkeiten geboten – ob national, international oder interkulturell. Dafür bin ich bis heute dankbar.

In meinen letzten Jahren bei der Lufthansa AG war ich für die erfolgreiche Zusammenarbeit von Cockpit- und Kabinencrews verantwortlich. In diesem Bereich spielen menschliche Fehlerfaktoren und Flugsicherheit eine zentrale Rolle. Denn effektive Kommunikation und reibungslose Abläufe sind nicht nur im Alltag entscheidend. Ein Schlüsselprinzip, mit dem ich intensiv gearbeitet habe, ist das Crew Ressource Management (CRM).

CRM wurde entwickelt, um die Zusammenarbeit in Teams zu verbessern, die menschliche Fehlerrate zu reduzieren und alle verfügbaren Ressourcen optimal nutzen zu können. Ziel ist es, Sicherheit und Effizienz zu maximieren. Dieses Konzept hat längst seinen Weg über die Luftfahrt hinaus gefunden und wird heute auch in Branchen wie dem Gesundheitswesen und der Unternehmensführung erfolgreich angewendet.

Grundsätzlich geht es bei CRM um klare Kommunikation, starke Führung, gute Teamarbeit und durchdachte, schnelle Entscheidungen. Diese Prinzipien helfen, Fehler zu vermeiden, Risiken zu reduzieren und Abläufe zu optimieren. Für mich haben sich diese Ansätze nicht nur im Cockpit bewährt, sondern auch im unternehmerischen Führungsalltag aller Branchen und besonders auf unseren Expeditions- und Abenteuertouren. Dort setzen wir sie in Form agiler Teamstrukturen ein – und erleben, wie sie das gemeinsame Arbeiten und Entscheiden deutlich verbessern.

Im Allgemeinen versteht man unter agilen Methoden unter anderem, neue Wege schnell und ohne Angst vor Fehlern auszuprobieren. Dies bedeutet eine ganz besondere Einstellung zu Führung, Vertrauen, Verantwortlichkeiten und Freiheiten. Auf unseren Touren organisieren wir uns als Team selbst, indem wir Hierarchien daraus entstehen lassen, wer in einer Problemsituation die beste Lösungs- und Führungsexpertise beweist. So können wir am schnellsten und besten entscheiden. Dadurch kommen oft außergewöhnliche Ergebnisse zustande, denn Hierarchien werden flexibel als Mittel zum Zweck angesehen und nicht als starres Modell. Sie sind dynamisch, und bei jeder Aufgabe oder jedem Problem bildet sich eine neue Teamzusammensetzung mit neuen Aufgabenbereichen. Ganz natürlich, ganz schnell, ganz leicht!

1.2 Kolonnefahren ist Achtsamkeitstraining

Hier in Namibia fahren wir bewusst im Team zu zweit in einem Auto, sodass wir auch die Fahrt als Dialogzeit und intensives Wahrnehmen der Welt um uns herum nutzen können. Nach etwa zwei Stunden wechseln wir die Teams, damit sich alle Teilnehmer schnell kennenlernen. Das funktioniert super, und häufig befinden sich noch alle Teams beim »Boxenstopp« in Diskussionen oder intensiven Gesprächen.

Flirrende Hitze, Staub und atemberaubende Landschaften.

Wir arbeiten uns durch die Wüste, durch Geröll- und kilometerlange Schotterpisten. Acht Allradfahrzeuge offroad unterwegs auf dem Weg aus der Wüste Namib bis zum wilden Norden, zur Grenze Angolas, und weiter Richtung Botswana und Simbabwe. Was zu Beginn unserer Abenteuertouren immer das Schwierigste ist: den Gleichklang in der Gruppe zu finden, sich abzustimmen und aufeinander einzulassen. Jeden Morgen und Abend findet ein Briefing über die Fahrstrecke statt. Für jeden ist wichtig zu erfahren, welche Besonderheiten auf der vor uns liegenden Etappe zu erwarten sind.

Aber selbst beim Hintereinanderfahren durch eine Stadt oder auf Landstraßen ist es nicht für jeden in der Gruppe einfach, sich an vorher abgestimmte Regeln zu halten. Wir sind im beruflichen Alltag oft nur auf uns konzentriert. Das merken wir auch hier zu Beginn unserer Tour. Wir fahren auf kilometerlangen, leeren Schotterpisten, genießen die überwältigende Landschaft und sind auf dem Weg, unsere Herzen immer mehr zu öffnen. Wir sind in unsere Gedanken vertieft und fahren einfach so vor uns hin. Dabei schauen wir nach vorn, nur selten in den Rückspiegel.

Doch wo ist denn dein Team?
Dein Hintermann, dein dir folgendes Auto?

Sind alle Fahrzeuge mit dir über die Ampelschaltung gekommen?

Wissen die anderen hinter dir, wohin du fährst?

Kann dein Team dir noch folgen, oder fährst du nur deinen Stiefel, ohne Rücksicht auf andere?

Nicht selten habe ich es erlebt, dass schon nach wenigen Minuten die Fahrzeuge der Gruppe kilometerweit auseinander fuhren. Unterwegs sind wir über Funk miteinander verbunden, sodass wir als Guiding Team wichtige Informationen geben oder auch mal die ein oder andere Impulsfrage stellen können.

Doch bei großen Distanzen zwischen den Autos ist die Funkverbindung nicht mehr gegeben. Dann besteht die Gefahr, ein Fahrzeug zu verlieren. In der Weite der afrikanischen Landschaft kann das schnell passieren.

Auf den Schotter- und Sandpisten wird häufig so viel Staub aufgewirbelt, dass wir bei zu kleinen Abständen zwischen den Fahrzeugen nichts mehr sehen können.

Kolonnefahren, das ist echte Teamarbeit, wertvolles Achtsamkeitstraining und ein Perspektivenwechsel.

Wir dürfen lernen, dranzubleiben, aber ausreichend Abstand zu halten. An Kreuzungen biegen wir ab und warten auf die nachkommenden Fahrzeuge. Wir warnen die anderen vor Schlamm- und Wasserlöchern, welche die gesamte Kolonne stundenlang ausbremsen könnten – denn man weiß nie, wie tief sie sind oder was sich darin befindet. Wir stellen sicher, dass wir uns auf dem Weg nicht verlieren. Niemand muss hier der Erste und Beste sein. Erfolgreich sind wir nur zusammen.

Zusammenbleiben, auch in widrigen Umständen, das ist der Schlüssel. Nicht nur schnellstmöglich nach vorn zu wollen, sondern in den Rückspiegel zu schauen, um zu sehen, wie es denen hinter uns ergeht:

Kommen alle mit?
Ist das Tempo passend?
Brauchen die anderen meine Führung?
Brauchen sie eine klare Ansage?
Brauchen sie mehr Informationen oder eher Rücksicht?

Der Rückspiegelblick ist manchmal wichtiger, als immer nur nach vorn zu schauen und voranzupreschen!

Selbst nach Jahren spricht Lena noch heute davon: Effizientes Vorankommen im Unternehmen bedeutet, nicht nur nach vorn zu schauen, sondern auch den Rückspiegel zu benutzen, um niemanden zu verlieren. Sie hat ein riesiges Foto von Namibias Straßen an ihrer Pinnwand am Schreibtisch hängen, um immer wieder daran erinnert zu werden. Denn auf einer der ersten Etappen ihrer LIFE Safari® hat Lena ihren Hintermann verloren. Es hat viel Zeit gekostet, ihn wiederzufinden. Doch in jeder Schwierigkeit liegt ein Geschenk. Sie fühlte sich selbst ertappt und erinnerte sich, dass ihr Mann und ihr Team zu Hause auch häufig kritisieren, dass sie so schnell mit Projekten und Ideen vorangeht, dass niemand mehr hinterherkommt. Niemand weiß dann, wo es langgeht oder wie der Plan dahinter aussieht.

Kolonnefahren ist Achtsamkeitstraining! Wer hätte das beim ersten Briefing gedacht?

Während der Fahrt kommen uns weitere Gedanken:
Wo will ich hin im Leben oder im Beruf?
Wie kann ich dorthin gelangen, und welche Hindernisse begegnen mir unterwegs?
Wer oder was bremst mich aktuell aus?
Wie behandle ich meine Mitarbeiter?
Sehe ich nur ihre Schwächen, oder setze ich auf ihre Stärken?

1.3 Kann eine Tasse Wasser ausreichend sein?

Wie viel brauchst du wirklich?
Bei einem Picknick-Stopp im Schatten eines Mopanebaums kommt das Thema Fülle und Reichtum auf. Welche Gedanken gehen uns bei der vorbeiziehenden Landschaft, bei dem Vieh und den begleitenden Menschen auf den Feldern durch den Kopf?

Welchen Platz und Stellenwert nehmen Fülle und Reichtum in deinem Leben ein?
Durch welche Brille schaust du auf dein Leben?
Blickst du eher auf Überfluss oder auf Mangel?
Kannst du dankbar sein? Oder ist vieles in deinem Leben und Unternehmen für dich selbstverständlich?

African Soap Bush
Die Blätter enthalten Saponine, die beim Verreiben mit Wasser schäumen – traditionell wird daraus natürliche Seife hergestellt.

Shampoo herstellen – Blätter reiben und nur ein paar Regentropfen dazugeben

Naturcamp de luxe

Im Rahmen meiner Ausbildung zur Safety- und Outdoor-Trainerin, Ende der 90er-Jahre, habe ich viele spannende Übungen durchlaufen. Wie baut man sich eine Behausung aus Fundstücken, Ästen oder der Rucksack-Ausstattung? Wie kann man sich in der Wildnis ernähren, ohne Würmer oder ähnlich Unbekanntes essen zu müssen? Würmer, ganz ehrlich, wären für mich nur der letzte Ausweg – was eindeutig auf meine persönliche Prägung und Perspektive zurückzuführen ist! In einem der Trainings mussten wir alle Materialien, Handys, Tools, Proviant abgeben und durften drei Tage lang nicht duschen. Es war allerdings erlaubt, sich mit nur einer Tasse Wasser zu waschen, denn in der Nähe war ein kleiner Bachlauf. Die Aufgabe war, mit äußerst wenig Extras auszukommen, um neue Erfahrungen zu sammeln.

Auf unseren Safaris ist jedem selbst überlassen, ob er dieses kleine Experiment für einen Tag ausprobieren möchte: sich mit nur einer Tasse Wasser die Zähne zu putzen und zu waschen. Was vielleicht verrückt klingt, funktioniert in der Praxis wunderbar. Erstaunlich, dass wir uns mit nur einer Tasse Wasser frisch und sauber fühlen können.

Für mich war dies eine sehr wertvolle Erfahrung mit lebenslanger Wirkung. Wasser zum Trinken muss selbstverständlich ausreichend eingeplant werden.

Also, probier es mal selbst aus: Schaffst du es, mit nur einer Tasse Wasser auszukommen?

Unsere Erfahrungen und Erkenntnisse von heute prägen unsere Zukunft von morgen.

Wasser ist unsere kostbarste Ressource. Sie wird in der Zukunft noch mehr über Fülle und über unser Überleben entscheiden – überall auf der Welt.

In diesen Tagen in der Natur wächst unser Bewusstsein dafür, dass wir ein Luxusleben führen.

Was brauche ich wirklich?
Kann ich genauso glücklich sein, wenn ich eine Nacht im Freien schlafe, ohne den heimischen Komfort zu haben?

Kann ich Spaß haben, auch wenn ich nichts von alldem um mich herum zur Verfügung habe, was mein Leben sonst ausmacht?

Es geht nicht darum, dass ab sofort niemand mehr duschen oder sein Auto waschen soll. Es geht darum, sich selbst besser kennenzulernen, zu wissen, was uns trotz oder gerade wegen der Einfachheit glücklich macht. Wir genießen genauso, und ganz besonders nach diesem kleinen Experiment, den puren Luxus in den schönsten Lodges dieser Welt. Und wir erfahren dadurch selbst, dass unser »Worst Case« für uns niemals ein Ende von »lebenswert« bedeutet.

Für die Morgentoilette verschwendet das Volk der Himba kein Wasser. Wegen der langen Trockenzeit ist es viel zu kostbar, um sich damit zu waschen. Dennoch ist Körperpflege für die Himba sehr wichtig. Deshalb reiben sie sich täglich mit einer speziellen geruchlosen Creme ein, die ihnen ihren typischen ockerroten Glanz verleiht.

Inspiration für echte Abenteurer: Die Kultur der San sorgt für ein Notfallkonzept mithilfe von Straußeneiern

Die San, eine indigene Kultur im mittleren und südwestlichen Afrika, sind wahre Künstler im Wasserfinden. Da die Wüste der Kalahari nur wenige Wasserstellen beheimatet, nutzen sie Straußeneier als Wasserbehälter, die sie auf ihren Wanderungen im Sand vergraben. Nachfolgende Menschen sind somit mit einer Notreserve versorgt. Diese vergrabenen »Geschenke« sind nicht markiert – zumindest nicht für unsere Augen erkennbar. Was für ein Risikomanagement-Konzept! Und zusätzlich Ubuntu – »Denken für die Gemeinschaft«, um das Überleben in der Wildnis zu sichern.

1.4 Emotionen sind nichts für Anfänger

Es ist 5:30 Uhr, früh am Morgen und stockdunkel. Wir haben die letzte Nacht in luxuriösen Zelten mit komfortablen Betten und grandiosen Badezimmern verbracht. Ein Traum! Mit einem kleinen Weckruf aus dem Kuduhorn habe ich heute Morgen alle zum Tagesanbruch geweckt. Draußen ist es noch sehr kalt, aber unsere »Bush Babies« – wie die Wärmflaschen hier genannt werden, die uns vorm Schlafengehen von der Lodgecrew liebevoll unter die Decken gesteckt werden – haben uns wohlig warm gehalten. Das gesamte Team versorgt uns mit einem Early Bird Breakfast, und heißer Tee wird als Proviant in unsere Rucksäcke gepackt. Nun kann es losgehen. Auf leisen Sohlen sind wir wie im Entenmarsch zu Fuß durch den Busch unterwegs. Wir wollen die Tiere beim Aufwachen beobachten. Unser einheimischer Guide und Teamkollege Mike leuchtet mit seiner Taschenlampe hier und da in die Wildnis. Wir sehen funkelnde Augen, die das Licht reflektieren. Grandios! Eine Herde von schlafenden Giraffen, die auf dem Boden ausgestreckt liegen. Nur ein paar Aufpasser strecken ihre Hälse in die Luft, um die Herde vor Gefahren zu warnen. Wir laufen leise weiter, schärfen unsere Sinne, indem wir versuchen, möglichst alle Impulse von außen wahrzunehmen – was sehen, riechen, hören, tasten oder schmecken wir?

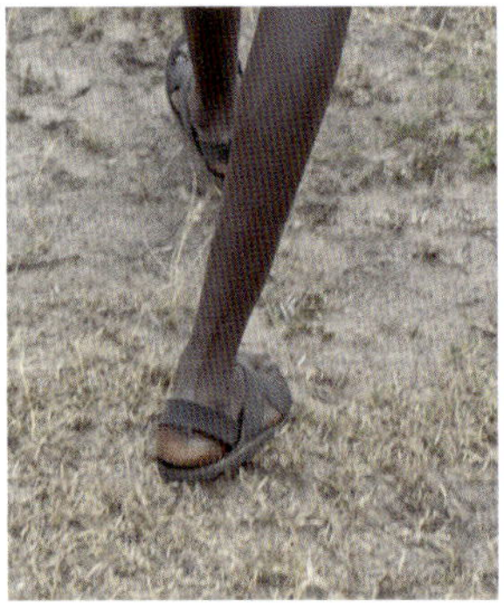

Wir hören leise Geräusche von fließendem Wasser und kommen bald in der Nähe eines Flusses an, der eine geeignete Wasserstelle für Tiere darstellt. Etwas abseits davon hocken wir nun etwas unruhig im hohen Gras und beobachten die neue Umgebung. Die Sonne geht langsam hinter der Wasserstelle auf und zeigt uns einen morgendlichen Himmel in klarsten Farben. Ein Anblick, dessen Schönheit uns ins Herz trifft. Dennoch sagt niemand ein Wort. Jedes Geräusch wird tunlichst vermieden. Nach zwei Minuten hörst du keinen Atem mehr. Nach zehn Minuten hocken wir noch immer an derselben Stelle und warten auf das, was wir noch nicht kennen. Im Wasser, reglos und kaum zu sehen, liegen ein paar Krokodile.

Aus der Dunkelheit trauen sich die ersten Tiere ans Flussufer. Es sind Zebras, wunderschöne Tiere. Mutig bilden sie die Vorhut. Nachdem sie vorsichtig die ersten Schlucke Wasser genommen haben, folgt die Herde – etwa zwanzig Tiere mit ihren Jungtieren. Sie trinken und schnauben und scheinen sich mehr und mehr zu entspannen. Kilometerweit sind sie gemeinsam gelaufen, um endlich diese Wasserstelle zu erreichen. Und dann, plötzlich, passiert es: Ein Krokodil schießt aus dem Wasser, greift sich eines der jüngsten Fohlen, zieht es in den Fluss und schleudert es hin und her, bis das Genick gebrochen ist und die Todesrolle des Krokodils das letzte Zucken beendet. Das noch junge Leben ist ausgelöscht. Aus, Ende, vorbei!

Wir sind geschockt, erschreckt und mitgenommen, dürfen unseren Gefühlen aber keinen freien Lauf lassen und schon gar nicht unser Entsetzen lautstark kundtun. Wir sind mit einem Mal Teil der Wildnis. Wir lernen, auszuhalten, erstarrt in der Hocke zu verharren und lautlos abzuwarten.

Zu Hause würden wir das sicherlich so nicht schaffen, weil wir es nicht gewohnt sind. Hier haben wir vorher alles genau besprochen. Wir wissen, dass wir absolut still sein müssen, da es unser Überleben sichert. Wir lernen in diesem Moment, innezuhalten, zu lauschen, wirklich zuzuhören, diszipliniert auf unseren erfahrenen Begleiter und seine wortlose Kommunikation zu achten und vor allem zu vertrauen.

Die Zebraherde, nun gar nicht mehr entspannt, bricht den Aufenthalt am Wasser sofort ab. Sie laufen hektisch im Galopp in die Wildnis zurück. Innerhalb von Sekunden tritt eine mörderische Stille ein. Unser eigener Herzschlag beruhigt sich nur langsam wieder, bis uns Mike mit der Hand signalisiert, dass sich am anderen Ende des Wasserlaufs wieder etwas bewegt: Eine wunderschöne Löwin tritt mit zwei Jungtieren aus dem Dickicht hervor. Geschmeidig und elegant schreitet sie ans Ufer. Die Kleinen tapsen unsicher hinterher. Wir sind weniger als dreißig Meter vom Geschehen entfernt. Fast könnte man meinen, den Atem der Löwin zu spüren. Das erzeugt Gänsehaut pur!
Was für intensive Momente mit wilden Tieren! Auch mir geht es nach all den Jahren und zahlreichen Reisen durch Afrika immer noch so, dass ich absolut ergriffen bin, wenn ich die Tiere einen Moment lang in ihrem wilden Dasein beobachten darf. Ich denke oft, das ist verrückt und unfassbar, was ich hier erlebe. Am liebsten möchte ich all diese atemberaubenden Eindrücke aus mir herausschreien und sie mit allen Menschen sofort teilen.

Doch erst beim Ausruhen in sicherer Entfernung dürfen wir dann endlich unsere Erlebnisse mit der Gruppe austauschen. Wir hinterfragen und übertragen unsere gewonnenen Erkenntnisse auch in unseren Alltag zu Hause.

Wie kann ich Gefahren für mein Unternehmen frühzeitig erkennen, ohne sie erst mitten in der Produktion oder im Projekt zu entdecken, wenn es zu spät sein könnte? Gibt es bereits heute Anzeichen für Risiken oder Gefahren?

Oder was kann ich durch mein eigenes langsames Anpirschen ans Wasserloch und durch das bewusste Wahrnehmen der Natur für den Umgang mit meinen Mitarbeitern und der Familie lernen?

Wie gehe ich damit um, wenn mir jemand sagt, wie ich mich verhalten soll?

Dabei finden wir gemeinsam Antworten, und die »Lessons Learned«, die jeder für sich mitnimmt, stimmen uns alle glücklich und erfüllt. Es sind diese magischen, unvergesslichen Momente, in denen sich so manches Auge mit Tränen der Rührung füllt und die Herzen vor Freude trommeln. Auch für mich sind dies immer wieder Momente tiefster Dankbarkeit und gleichzeitig eine weitere Begegnung mit meinem eigenen Wozu.

Abenteuer starten im Kopf und enden im Herzen, für immer. You will never forget, what your heart has felt!

1.5 Summary: Safari-Learnings

Bei jedem Abenteuer, ob im Leben oder im Unternehmen, begegnen uns unplanbare Ereignisse. Daher sind Überraschungen und Herausforderungen ein selbstverständlicher Teil einer jeden Tour und eines jeden Projekts. Die Natur dagegen plant nicht. Sie nutzt alle Möglichkeiten, die im Hier und Jetzt vorhanden sind.
Als Führungspersönlichkeit ist es deine Verantwortung, dich jeden Tag auf ungeplante Ereignisse einzustellen und lösungsorientiert nach vorn zu schauen. Es gibt immer etwas, was deine

Aufmerksamkeit braucht, sei es ein zu knappes Budget, mangelnde Kapazitäten, erkrankte Mitarbeitende oder unpassende Projekte.

Auf unserer Safari lernen wir mehr als nur Krisenmanagement: Wir lernen Führung in ungewissen Zeiten und im Unbekannten. Denn gerade in unsicheren Zeiten müssen wir flexibel und anpassungsfähig bleiben. Wir sollten lernen, vorhandene Ressourcen bewusst wahrzunehmen und von Lösungen und Strategien anderer Kulturen zu profitieren. Es geht darum, sich bestmöglich vorzubereiten, aber auch offen für neue Erlebnisse und gänzlich Ungeplantes zu sein. Es geht darum, sich der eigenen Verantwortung bewusst zu werden und sich all die Schritte zu vergegenwärtigen, die zum Ziel führen.

Um ein erfolgreicher Abenteurer zu sein, braucht es also mehr als nur den Mut, ins Ungewisse zu springen. Wir brauchen anderes Wissen und eine andere Art zu führen.

Führen in ungewissen, unplanbaren Zeiten ist eine Fähigkeit, die wir alle entwickeln können.

Die WAS-Checkliste für erfolgreiche Abenteurer

- Welches Ziel stecke ich mir?
- Welche Etappen oder Ziele können realistisch erreicht werden?
- Welche Hindernisse und Schwierigkeiten gibt es auf der Strecke?
- Welche Ausrüstung, Ressourcen, Materialien und Tools brauche ich für mein Abenteuer?
  - ☐ Wie viel Wasser, Benzin, Nahrungsmittel müssen mitgenommen werden? Was muss gekühlt oder schnell verzehrt werden, was hält sich lange? Wer ist Allergiker, Vegetarier etc.?
  - ☐ Wann und wo können wir unsere Vorräte wieder auffüllen?
- Welche medizinischen Versorgungsmöglichkeiten gibt es auf der Strecke?
- Welche Aufgaben sind zu erledigen? (z. B. Kartenlesen, technische Assistenz, Kochen, Versorgung, Socializing? Welche Navigationsgeräte benötigen wir? Sind wir für alle Wetter- und Klimabedingungen ausgestattet?)
- Welche Entscheidungen sind aus heutiger Sicht zu treffen?
- Sind die richtigen Experten mit auf der Tour?
- Gibt es einen Experten für solche Schwierigkeiten im Team?
- Wie gehen wir mit Fehlern um?
- Sollte mein Team eher homogen oder heterogen sein?
- Was genau würde einen Unterschied machen?
- Was wäre der Worst Case, und wie könnte ein Plan B aussehen?
- Wer könnte das Team führen?
- Welche Milestones und Etappenerfolge sollten wir feiern?

Die WIE-Checkliste für erfolgreiche Abenteurer

- Welche Fähigkeiten und Kompetenzen habe ich selbst? Welche Erfahrungen bringe ich mit? Was traue ich mir zu?
- Welcher Typ von Leader möchte ich sein?
- Habe ich ein oder mehrere Vorbilder bzgl. bestimmter Führungseigenschaften?
- Welche Werte lebe ich?
- Welche Werte sind uns als Team, als Expeditionsgruppe wichtig?
- Kann ich mir selbst und anderen vertrauen?
- Welches Bild/Gefühl habe ich von Afrika, von etwas Neuem, fremden Kulturen, Andersartigkeit?
- Welche Menschen hätte ich jetzt besonders gern an meiner Seite? Und warum?
- Welche Rolle will ich hier auf der Tour einnehmen: der coole erfolgreiche Unternehmer, der, der alles kann und weiß, oder der, der sich nichts zutraut? Wer bin ich wirklich?
- Welches Bild habe ich von mir selbst, als Privatperson, Familienmensch, Manager, Unternehmer?
- Bin ich eher extro- oder introvertiert?
- Liebe ich es, mit fremden Menschen zusammen zu sein, oder bin ich lieber für mich allein, genieße meine Ruhe und arbeite im stillen Kämmerlein an Alltagsthemen?
- Welches Bild habe ich von anderen Abenteurern, fremden Kulturen, Andersartigkeit?
- Wie würdest du diese Sätze beenden:
- Unternehmerleben ist für mich …
- Erfolg ist für mich …
- Freude ist für mich …
- Wie viel Wertschätzung brauche ich? Wie oft und in welcher Form?
- Wie offen kann ich über meine Fehler sprechen?
- Weshalb bin ich wirklich hier?
- Was habe ich davon, hier in diesem Land mit anderen Wegbegleitern zu sein?

»Hier habe ich gelernt, loszulassen und Prioritäten zu setzen. Früher war ich ständig beschäftigt – jetzt werde ich wirksam. Die Erkenntnisse auf dieser Tour haben mir geholfen, Raum für das Wesentliche zu schaffen.«

Teilnehmerin LIFE Safari 2019

Probleme kann man niemals mit derselben
Denkweise lösen, durch die sie entstanden sind.

Albert Einstein

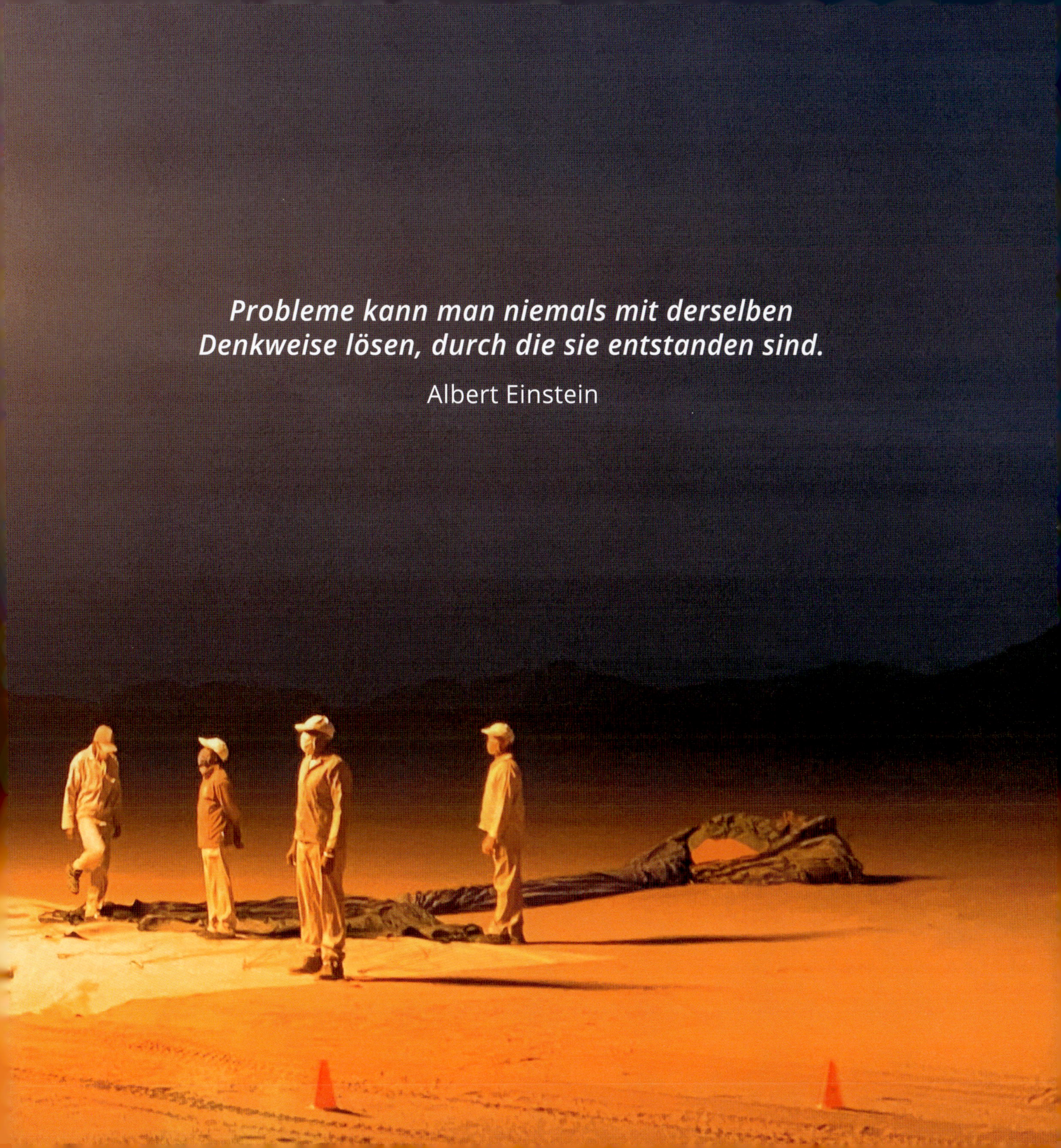

2 Leading by Changing Perspectives –

Ändere deine Perspektive und du änderst deine Haltung

Changing Perspectives, die Veränderung der Sichtweise, ist eine echte Geheimwaffe für erfolgreiche Führung. Mal rauszoomen zur Satellitensicht aus dem All, mal reinzoomen wie eine Ameise auf Nahrungssuche – dieser ständige Perspektivenwechsel ist für mich als Luft- und Raumfahrtingenieurin schon immer wesentlicher Bestandteil meiner Arbeit gewesen.

Denn wir sehen die Welt nicht, wie sie ist.

Wir sehen die Welt, wie wir sind, wie wir denken und was wir glauben.

So verhält es sich auch bezüglich der Wahrheit. Es gibt nicht nur eine Wahrheit. Du wählst, was du denken willst. Alles, was du glaubst, ist lediglich deine Realität. Jeder andere sieht die Welt durch seine eigenen Augen, mit seinem Zoom und seiner Art zu denken. Wir sind geprägt durch unsere Sozialisation und unsere Erfahrungen, sodass wir die Welt größtenteils nur aus unserem Blickwinkel, eingegrenzt von Scheuklappen, wahrnehmen.

Und dabei ist uns sicherlich allen klar: Die besten Lösungen entstehen, wenn man das große Ganze UND die kleinen Details im Blick hat – der äußere Rahmen und die inneren Beweggründe. Inspiration gibt es dafür überall.

Die meisten Afrika- und Safari-Besucher haben zum Beispiel ein klares Ziel vor Augen: Sie wollen die Big Five sehen!

Nashorn, Elefant, Büffel, Leopard und Löwe – das sind die Stars der Savanne. Der Begriff »Big Five« stammt aus den 1950er-Jahren, als diese Tiere noch im Auftrag eingefangen und in über Tausende von Kilometern entfernte Zoos gebracht wurden. Sie galten damals als besonders schwer zu finden oder schwierig zu fangen und damit als wahre Trophäen, eine Art Statussymbol für schießwütige Jäger.

Aber sollten wir uns nicht ebenso mit den Little Five beschäftigen? Nashornkäfer, Elephant shrew (Rüsselspringer), Büffelweber, Pantherschildkröte, Ameisenlöwe, die auch mit Geschick und Geduld ihre Beute schnappen? Allesamt sind wahre Überlebenskünstler und nicht weniger bedeutend und wichtig für Afrikas Natur. Wie viel können wir auch von unseren Nachbarn und Freunden lernen, deren Leistungen nicht in den Medien stehen und dennoch grandios und lehrreich sind?

BIG 5

Löwe

Elefant

Nashorn

Leopard

Büffel

LITTLE 5

Ameisenlöwe

Rüsselspringer

Nashornkäfer

Pantherschildkröte

Büffelweber

Wie trainieren wir diesen Perspektivenwechsel? Ganz einfach, indem wir lernen, die Welt durch die Augen anderer zu sehen, indem wir mal wieder zu Fuß durch unsere Straßen laufen, die Welt aus der Sicht einer anderen Generation betrachten, indem wir uns viele verschiedene Meinungen einholen oder die Weisheiten anderer Kulturen kennenlernen. Wenn wir uns wirklich darauf einlassen und die Blickrichtungen verändern, verstehen wir besser, was Menschen bewegt, welche Hürden sie haben, was sie antreibt – und was sie manchmal ausbremst. Genau das erleben wir auf unseren Safaris: gemeinsam mit Einheimischen austauschen und reisen, neue Kultur-, Denk- und Verhaltensweisen kennenlernen, gemeinsame Projekte erschaffen, Unvergessliches teilen und unterschiedlichste Themen aus verschiedensten Blickwinkeln betrachten.

Führung durch Veränderung der Sichtweise bedeutet, nicht nur vorneweg zu marschieren, sondern auch mal stehen zu bleiben, sich umzusehen und zu fragen: »Wie sieht das hier eigentlich aus den Augen anderer aus?« Wer diesen Perspektivenwechsel immer wieder vornimmt, wird nicht nur ein guter Leader, sondern auch ein besonderer Partner und Freund.

Vor vielen Jahren war ich zu Besuch im größten Township Kapstadts in Südafrika, Khayelitsha – ein Ort, der aus selbstgebauten Hütten aus Wellblech und Kartons besteht und 400.000 Menschen auf engstem Raum beherbergt. Klingt nach einer Party? Nicht ganz. Mein Guide, John, der in dieser für mich anderen Welt lebt, führte mich durch die engen Gassen und zeigte mir das Leben dort.

Natürlich hatte ich mich vorbereitet wie eine echte Helferin aus dem Bilderbuch: mit einer riesigen Tasche voller Äpfel, Bananen, Malstiften und Spielzeug. Wenn mir auch das Gefühl der großen Gönnerin von Anfang an nicht gefallen hat, habe ich den Ratschlag vieler »schlauer Reiseführer« doch umgesetzt und gefüllte Taschen mitgebracht. Kaum hatte ich die Tasche geöffnet, war ich umringt von kleinen und großen Händen, die begeistert zugriffen.

Doch dann fiel mir ein kleines Mädchen auf, das abseits stand und mich mit ihrer abgewetzten Puppe im Arm beobachtete. »Das ist Rose«, sagte John.

»Hi, Rose! Schau mal, ich habe dir eine Banane mitgebracht! Oder möchtest du lieber ein Malbuch? Vielleicht ein paar Stifte?«
Keine Reaktion. Nichts. Nur ein leises Kopfschütteln.

»Okay … was möchtest du denn? Was wünschst du dir?«

Sie zögerte kurz und sprach dann sehr leise:
»Ich möchte eine Nacht mit meiner Familie in einem richtigen Bett schlafen.«

Ich war sprachlos. Noch nie in meinem Leben habe ich mich so geschämt und schlecht gefühlt. Da stand ich, die weiße Retterin mit meiner Tasche voller »Problemlöser«, und bekam die Lektion meines Lebens:

Es geht nicht um das, was ich denke, was sie brauchen. Es geht darum, zu fragen, zuzuhören und wirklich zu verstehen, was sie brauchen.

Diese kleine Rose hat meinen Blick verändert – und einen Paradigmenwechsel in mir ausgelöst, der alles auf den Kopf stellt. Entwicklungshilfe? Ab jetzt mit offenen Ohren und ohne vorgefertigte Lösungen. Die Botschaft lautet:
»Fragt uns, wenn ihr wissen wollt, was wir wirklich brauchen!«

Diese Lektion nehme ich noch heute mit in jedes Projekt-, Kunden- oder Mitarbeitergespräch. **Nakuona – I see you.** Sehe ich den Menschen vor mir wirklich in seiner vollen Größe?

Doch sind wir ehrlich: Diese Geschichte bestätigt auch so einige Klischees über Afrika, mit denen wir aufgewachsen sind, oder?

Wer kennt das nicht: »Iss deinen Teller leer, guck dir die Kinder in Afrika an, die müssen hungern.« Oder das Lied von den »Zehn kleinen Kinderlein«, die Tag für Tag weniger werden.

Und natürlich: »Sei vorsichtig – in Afrika lauern Gefahren, Krankheiten und Mord!«

Aber hat uns irgendjemand von den Morden erzählt, die wir Deutschen an über 300.000 Menschen in Namibia, Tansania, Burundi und Ruanda zu verantworten haben? Ich jedenfalls habe in der Schule nichts darüber gelernt.

Als ich vor über dreißig Jahren zum ersten Mal mit meinem Mann Axel nach Simbabwe, ins südliche Afrika, kam, war ich auf das Schlimmste gefasst. Wir wollten seinen Pflegebruder besuchen, der für eine Weile in Deutschland in die Grundschule gegangen und in Axels Familie aufgewachsen ist. Seit meiner Kindheit prägten mich Bilder von Afrika wie Dürre, Hungersnöte, Krankheiten und Kriege. Dementsprechend wollte ich vorbereitet sein, machte mir auch Gedanken: »Werde ich das aushalten können? Wie gehe ich mit der ganzen Armut um, dem unvorstellbaren Leid?« Auch mein Umfeld reagierte mit Ängsten. Ich hörte Fragen wie diese: »Wie, du fährst nach Afrika? Hast du denn keine Angst? Nimm genügend Medikamente mit! Sind deine Travellerschecks gut versteckt?« Wir alle hatten scheinbar die gleichen Bilder im Kopf.

Und dann kam alles ganz anders, als ich es mir vorgestellt hatte. Schon bei unserer Ankunft in der Hauptstadt Harare staunten wir: gläserne Hochhäuser, blitzsaubere vierspurige Straßen, keine bettelnden Menschen vor den Supermärkten. Stattdessen wurden wir herzlich empfangen, zum Barbecue eingeladen, und jeden Tag gesellten sich weitere Freunde dazu. In zahlreichen Gegenden Afrikas ist es ein Fest, wenn ein Fremder zu Besuch kommt. Ich war absolut begeistert von dieser Herzensverbindung zu Menschen, die ich gerade erst kennengelernt hatte. Was mit einem familiären Besuch begann, hat meine Welt, beruflich und privat, völlig verändert. Genau deshalb nehme ich seit über zwanzig Jahren veränderungswillige Menschen mit zu »Mama Afrika«. Dort finden wir die Leichtigkeit wieder, die wir oft verloren haben – und die Verbindung zu uns selbst, zu unseren Wurzeln, zu unserem Sinn und unseren Missionen. Ein Perspektivenwechsel, der alles verändert hat und den ich nie wieder missen möchte.

So erinnere ich mich auch an meine Begegnung mit Amadou 2008 in Kenia.

2.1 Wie Amadou mir den Kopf verdrehte

Hey, nein, das ist jetzt nicht so, wie du wahrscheinlich denkst, obwohl Amadou optisch durchaus eine Anziehungskraft besitzt. Aber nein, ich bin noch immer mit Axel tief verbunden und verheiratet – oder gerade deshalb? Denn die Begegnung mit Amadou, einem stolzen Massai aus Kenia, hat mich nachhaltig beeindruckt.

Als Unternehmergruppe durften wir ihn einige Tage auf seinen Wegen durch die Wildnis der Masai Mara begleiten. Wir durchquerten weite Landschaften und gelangten auch zu seinem Dorf.

Voller Stolz stellte er uns seine fünf Frauen vor, die alle mit ihren jeweiligen Kindern in runden Lehmhütten wohnten. Diese Art des Zusammenlebens hat mich natürlich beschäftigt. In der Vielehe zu leben, ist so ganz anders, als wir es hier in Europa kennen. Abends am Lagerfeuer traute ich mich endlich, Amadous erste Frau die Frage zu stellen, die mir schon den ganzen Tag auf der Zunge lag: »Wie ist das für dich, wenn es mehrere Frauen gibt, die sich einen Mann teilen? Bist du nicht eifersüchtig?« Und ihre Antwort überraschte mich vollkommen: »Nein, das ist doch gut!«, sagte sie.

Jetzt wollte ich es genauer wissen. Sie erklärte mir, warum sie diese Art zu leben als positiv empfand. Sie sagte: »Ich bin sehr dankbar, dass Amadou weitere Frauen hat. Denn mit jeder neuen Frau kommen auch neue Ziegen und Rinder in unsere Familie, was bedeutet, dass wir auch in den nächsten Monaten genug zu essen haben werden. Darüber hinaus bekomme ich mit jeder neuen Frau weitere Unterstützung auf dem Feld und auch bei der Versorgung der Kinder.« Und dann gab es da noch einen dritten Aspekt: »Ich habe meinen Mann nicht jeden Abend vor *meiner* Hütte stehen!«

Alle mussten damals schmunzeln, und jeder hat wohl seine eigene Ehe überdacht. Natürlich ist das Thema dahinter noch viel größer und tiefgehender. Viele afrikanische Frauen sind beschnitten, haben Schmerzen beim Geschlechtsverkehr, erleben auch Gewalt in der Ehe. Doch mir geht es mit diesem Beispiel um etwas anderes. Ich erinnere mich noch immer, was ich in diesem Moment dachte: »Ach, wie kleinkariert und engstirnig ist meine eigene Denkweise! Hier geht es um die Existenz, um das Teilen, ums gemeinsame Überleben und nicht darum, den anderen ganz für sich allein haben zu wollen.«

Welche Werte bringen wir, oft fest eingebrannt, aus unseren Ursprungsfamilien mit und wollen sie anderen überstülpen? Ich ertappe mich selbst dabei.

Wie denken wir in Europa? Und ist unsere Denkweise wirklich immer der richtige Maßstab? Was passiert, wenn wir unseren Blickwinkel ändern und versuchen zu verstehen, ohne sofort zu urteilen? Könnte das nicht vieles verändern – bei uns und auch in der Welt?

Was ist, wenn wir versuchen, eine wertfreie, sachliche Betrachtung der Situationen und Zusammenhänge darzustellen, die wir zum Beispiel in der Übung vom ersten Tag, »Wahrnehmen, ohne zu verurteilen«, kennengelernt haben?

Unter den gegebenen Rahmenbedingungen das Beste aus seinem Leben zu machen, ist auch für die Massai ein großer Ansporn – die Herde zu vergrößern und damit eine weitere Frau als Geliebte und Unterstützerin dazuzunehmen, Kindern eine gute Schulbildung zu ermöglichen und ihnen Wissen und Werte als Existenzgrundlage mitzugeben.
Neben den Einflüssen der »modernen Welt« um sie herum verändert sich auch die Massai-Kultur zunehmend, in ähnlicher Weise wie unsere westlich orientierte Welt.

Genau das meine ich, wenn ich sage: Amadou hat mir den Kopf verdreht.

Dieses Thema ist auch bei meinen Begleitern unterm Sternenhimmel am Abend sehr präsent. Wir schmunzeln, wir diskutieren, und manche schreiben ihre Gedanken nieder. Nicht selten wurde auf unseren Touren schon die eine oder andere Ehe durch diese Gespräche und Perspektivwechsel gerettet. Sie haben unseren wertegebundenen Blick geweitet und unsere Denkweisen ordentlich durcheinandergewirbelt – weit über die üblichen Grenzen hinaus. Diese Begegnungen mit anderen Menschen haben unsere Einstellungen hinterfragt, unsere Haltungen verändert und uns die Lebensweise einer zunächst fremden Kultur deutlich nähergebracht.

Bei mir selbst haben diese Erkenntnisse die größten Mindset-Veränderungen meines Lebens ausgelöst. Sie haben mich dazu gebracht, mich intensiv mit wertebasierter Unternehmensführung zu beschäftigen, und später meine Arbeit als Dozentin für interkulturelle Kompetenz maßgeblich geprägt. Noch heute erinnert mich die wertvolle Erfahrung mit den Massai daran, bei großen Veränderungsprozessen in Unternehmen, in der Entwicklung von Menschen und auch in meinem eigenen Leben stets erst eine Satellitenperspektive – und viele andere Blickwinkel – einzunehmen, bevor ich ein Statement abgebe oder eine Situation beurteile.

Welchen Blick haben wir Deutschen im Allgemeinen auf die Welt? Oftmals geprägt von Zahlen, Fakten und einer Perspektive, die uns als Maßstab sieht. Doch werfen wir einen Blick auf die Realität: Der Kontinent Afrika mit seinen beeindruckenden 55 Staaten ist ungefähr 100-mal größer als Deutschland. Und während in Deutschland etwa 230 Einwohner pro Quadratkilometer leben, sind es in Afrika lediglich 45. Die Weite und Vielfalt Afrikas sind gewaltig.

Afrika ist ein Kontinent der Superlative. Seine Größe würde es erlauben, gleich mehrere Länder wie die USA, China, Indien und Europa darin unterzubringen – und es bliebe immer noch Platz. Doch nicht nur die Fläche beeindruckt, auch die Innovationen überraschen. Wusstest du, dass Kenia weltweit an achter Stelle bei der Gewinnung von Erdwärme steht? Oder dass dort bereits 2006 das erste

mobile Bezahlsystem über das Smartphone eingeführt wurde – und das, ohne ein Bankkonto zu benötigen? Seitdem können selbst Großmütter in den entlegensten Dörfern Geld von ihren Enkeln in Sekundenschnelle per einfachem Mobiltelefon empfangen. Schon seit 2006!

Kenia ist bekannt als das Silicon Savannah – das Technologiezentrum Afrikas.

Aber auch Ruanda, Ghana, Nigeria, Uganda, Botswana und viele weitere Staaten sind mittlerweile bemerkenswerte Wirtschaftsländer, von denen wir jede Menge lernen können.

Erst kürzlich habe ich in Uganda ein spannendes Pro-bono-Beratungsprojekt in einem mittelständischen Unternehmen durchgeführt. Als Botschafterin unseres Vereins Business4Needs&Dreams habe ich die dortige Arbeitsweise hautnah erleben können.

Noch nie habe ich in Deutschland solch detailliert ausgearbeitete Fünfjahrespläne, Produktionszahlen und SWOT-Analysen erhalten wie von diesem afrikanischen Unternehmen. Ich war erstaunt, wie gut ausgebildet die Belegschaft ist und wie professionell sie ihr Marketing und ihre Sales-Kampagnen durchführen, ohne dabei bürokratisch zu sein. Unvorstellbar für uns, dass sie ihre Verkäufe und Zahlungseingänge ganz schnell und einfach über WhatsApp abwickeln.

Welche Bilder haben wir von Afrika im Kopf? Welche davon sind wahr? Und damit will ich nicht sagen, dass der afrikanische Kontinent nicht auch seine Probleme und Herausforderungen hat.

Die gibt es überall. Auch bei uns gibt es vieles, was nicht in Ordnung ist und dringend verbessert werden müsste. Wechseln wir doch häufiger die Perspektive!

2.2 Wer hat Angst vor der weißen Frau?

Freundliche Farmer begrüßen uns auf 2.300 Metern beim Durchwandern der Usambara Mountains in Tansania im Jahr 2019. Wenn man von der Fernstraße aus dem Landesinneren Richtung Küste und Daressalam fährt, macht man sich keine Vorstellung, wie viele Menschen hier in diesen steilen Bergen leben. Kilometerlange Serpentinen führen uns Kurve um Kurve in eine immer fruchtbarere, grüne Landschaft. Auf kleinstem Grund und unter schwersten Bedingungen bewirtschaften hier Familien die steilen Hänge. Es ist eine mühsame Arbeit, die von mehreren Generationen bewältigt wird. Alle haben gelernt, mit sehr wenig auszukommen: Obst, das hier überall an den Bäumen wächst, wie Mangos und Bananen, Milch von den Tieren, selten ein Stück Fleisch. Bis zur nächsten Hauptstraße sind es mehr als 30 Kilometer.

Was sich hier augenscheinlich als hartes Leben präsentiert, zeigt sich schon nach wenigen Minuten als sinnhaftes und äußerst zufriedenstellendes Generations-Lebenskonzept. Eine Familie winkt uns heran und lädt uns ein, die Kuh, das Kälbchen und die Ziegen zu begutachten. Ja, und natürlich sprechen wir auch gemeinsam über Existenzthemen:

Wie kann man hier in den Bergen ein regelmäßiges Einkommen erzielen?
Wie wird die Ernte rechtzeitig zu den Märkten gebracht, ohne dass die Waren verderben?
Welche Transportmittel geben die richtige Unterstützung?
Welche Produkte könnten bereits in den Bergen hergestellt werden, um die Haltbarkeit von Obst, Gemüse und Milch zu verlängern und die Transportfähigkeit zu verbessern?

Zum Dank schenken sie uns Bananen. Nur der Kleinste schaut mich skeptisch wegen meines anderen Aussehens an und verzieht nach wenigen Minuten verängstigt das Gesicht. Das alte Spiel aus meiner Kindheit kommt mir in den Sinn: »Wer hat Angst vorm schwarzen Mann?« Und ich denke: Hier ist es jetzt genau umgekehrt. »Wer hat Angst vor der weißen Frau?«

Andersartigkeit ist fremd, bereitet uns Angst und scheint uns Menschen schon immer geprägt zu haben. Aufmerksam und manchmal vorsichtig zu sein, ist aber auch ein wesentlicher Schutzmechanismus der Menschen und ein wichtiges Gefühl.
Wir stellen uns die Fragen: Wie gehe ich zu Hause selbst mit Andersartigkeit um?

Privat und als Leader? Wie mache ich den ersten Schritt? Was wird von mir erwartet? Sollte ich mich besser zurückhalten und warten, bis jemand auf mich zukommt?

Meine Erfahrung hat mir gezeigt: Fremdheit und Andersartigkeit können verwandelt werden. Durch aufmerksames Beobachten, angemessenes, respektvolles Aufeinander-Zugehen, gemeinsame Freude und Lachen. So entsteht aus Distanz und Angst Schritt für Schritt ein konstruktives Miteinander. Und manchmal brauchen diese Schritte einfach ihre Zeit.

Wie oft bin ich vielleicht für meine eigenen pubertierenden Jungs zu Hause oder auch für meine Mitarbeiter nicht aufmerksam genug gewesen? Bin ich zu forsch, zu fordernd, zu ungeduldig vorgegangen?

»Du kleiner Mann, du hast mich wachgerüttelt, mich berührt – meine Hand, mein Herz, meinen tiefen, inneren Kern.«

Und ich spüre, dass es den anderen um mich herum ähnlich geht.

Bis wir uns verabschieden, sind die wachsamen Augen des Kleinsten zwar noch groß und interessiert auf mich gerichtet, aber weder feindselig noch angstvoll. Ich glaube, wir sollten häufiger Andersartigkeit lediglich als »noch nicht Bekanntes« ansehen, so wie es Kinder tun.

Denn was sehe ich in den Augen anderer, wenn ich nah vor ihnen stehe? – Mich selbst!

Diese Begegnungen und Herzensberührungen mit Einheimischen im alltäglichen Leben machen einen Unterschied – für uns alle, für die Gesellschaft und vielleicht auch ein kleines bisschen für die Welt. Unsere Erlebnisse und Erfahrungen tragen wir weiter: auf beiden Seiten, in beide Kulturen und in die Herzen unserer Kinder.

Dann wird aus einem Perspektivenwechsel ein Paradigmenwechsel!

Einer meiner Wünsche auf unseren LIFE Safaris® ist es, unseren Teilnehmern ein erweitertes Bild, ein authentisches Afrika zu zeigen. Eines, das es eben *auch* gibt. Denn das Bild, das die meisten Menschen von Afrika haben, ist zu einseitig. Afrika hat eine Vielzahl an Facetten. Und es hat Erfolgsgeschichten – von Menschen, die etwas bewirken wollen, und zwar aus eigener Kraft, nicht mit fremder Hilfe oder fremden Geldern. Im Laufe dieses Buches werde ich dir einige davon vorstellen. Auch diese Menschen zu erleben, ihre Träume und ihre Entwicklungen zu sehen, ist für mich immer wieder Begeisterung pur.

Ich stelle immer wieder fest: Sobald wir uns einmal aktiv und lebensnah mit den Perspektiven anderer auseinandergesetzt haben, beginnt ein Prozess der Veränderung in uns. Wir erfahren, spüren, in welcher Welt andere Menschen leben, mit welchen Problemen sie zu kämpfen haben, was sie bewegt, was sie antreibt, was sie abhält. Auf unseren Touren sehen wir genau hin und trainieren unseren Perspektivwechsel- Muskel.

Wir erschaffen einen tiefen Austausch. Dabei gibt es nicht nur ein touristisches Zusammentreffen mit Einheimischen und Beobachten ihrer Traditionen und Bräuche. Nein, wir erleben und erarbeiten gemeinsam mit unserem gemischten (einheimischen und nicht heimischen) Team unsere Unterschiede, lachen über unser oft lückenhaftes Wissen voneinander und reflektieren ihre sowie unsere Werte und die jeweiligen Auswirkungen. Dabei erhalten nicht nur wir einen Einblick in ein authentisches Afrika, sondern auch unsere Begleiter und Weggefährten einen authentischen Blick ins heimische Deutschland und Europa.

Wir kommen als Fremde und gehen als Freunde,
die auch häufig im Nachgang noch miteinander familiär und/oder beruflich verbunden sind.
Wenn wir unsere Perspektiven verändern, verändert sich unsere Haltung.

Deutschland ist bekannt als ein Land voller Innovationen – und wie blicken wir nun auf Afrika?

Afrika ist kein Land, sondern ein gigantischer Kontinent, reich an Kreativität und Innovationen.

Vielleicht ist es an der Zeit, unseren Blick auf die Welt zu überdenken und Afrika als den innovativen, dynamischen Kontinent zu erkennen, der er ist.
Afrika braucht nicht uns – wir brauchen Afrika!

Wunderstab Miswak

Vor etwa zwanzig Jahren hatte mein Mann Axel einen Patienten aus Kenia in seiner Zahnarztpraxis hier in Deutschland. Der Mann hatte ein strahlendes Lächeln und makellose, gesunde Zähne, weshalb mein Mann ihn fragte, wie er sich die Zähne pflegt. Sofort griff der Patient in die Innentasche seines Anzugs und zog ein unscheinbares Stück Holz hervor, das wie eine Bürste am vorderen Ende aussah. Als Axel mir am Abend davon erzählte, haben wir ehrlich gestanden darüber geschmunzelt, ohne uns tiefergehend mit den Hintergründen zu beschäftigen. Doch alles änderte sich, als ich 2020 in Kenia unseren Freund Moses in der Masai Mara nach diesem Stückchen Holz fragte. Moses lachte und marschierte mit meiner Gruppe und mir durch die Wildnis zum Miswakbaum. Er zeigte uns, wie man das Ende eines Zweigs oder einer Wurzel einschneidet, bis es zu einer Bürste wird, und damit die Zähne reinigt – ganz ohne Zahnpasta oder Wasser. Wir probierten es selbst direkt aus und entdeckten zusätzlich Erstaunliches: Das Hölzchen schmeckt nach Nelken und wirkt antibakteriell! Was für eine Wirkung und Überraschung der Natur! Wir freuten uns, das Geheimnis der Wunderzahnbürste gelüftet zu haben, und sind demütig in uns gegangen.

Die Miswak erinnert mich an meine Ignoranz und daran, wie viel Wissen unsere ältesten Kulturen auf diesem Planeten noch besitzen. Diese kleine Wurzel aus Afrika ist ein Symbol für Perspektivenwechsel, Respekt, Demut und das wertschätzende Lernen über Grenzen hinweg.

2.3 Warum das Töten von Geparden die Probleme vergrößert

Auf einer gemeinsamen Tour mit meinem Mann 1996 durch Namibia erzählten uns einheimische Farmer von ihren Herausforderungen mit ihrem Viehbestand. Bis in die 1990er-Jahre bedrohten Geparden regelmäßig die Herden der Farmer. Zunächst versuchten sie, das Problem mit drastischen Mitteln zu lösen – sie erschossen die Raubkatzen. Doch anstatt das Problem zu verringern, nahmen die Geparden-Populationen sogar zu. Der Grund: Neue Rudel besiedelten die »herrenlosen« Gebiete und beanspruchten sie als eigenes Territorium. Am Ende war der Schaden größer als zuvor.

Zu Beginn haben sie den Geparden Mikrochips unter die Haut gesetzt, sodass sie über leichte Stromimpulse lernten, sich von Viehherden fernzuhalten, was auch so weit gut funktionierte. Der Aufschrei der Tierschützer wurde verständlicherweise immer lauter. So wurde ein anderer Ansatz gefunden. Die Farmer und Institutionen versuchten immer häufiger, das Verhalten der Geparden tiefergehend zu verstehen. Sie versahen sie mit GPS-Halsbändern und erkannten, dass Geparden sogenannte Kommunikationszentren besitzen. Wir können sie uns vielleicht als Versammlungsorte von Geparden vorstellen, die von Dutzenden unterschiedlichen Markierungsdüften geprägt sind und auch genügend Wildtiere als mögliche Beute beheimaten. Im Umkreis von 20 bis 25 Kilometern sind Geparden dort häufig anzutreffen, in weiter entfernten Gebieten umso weniger.

Die Farmer nutzen dieses Wissen bis heute, indem sie ihre Tiere außerhalb dieser Kommunikations- und Lebenszentren weiden lassen. Denn fernab von diesen Zonen haben Geparden recht wenig Interesse an Vieh und Ziegen, wenn ausreichend wilde Tierarten als Beute in ihren natürlichen Lebensbereichen vorhanden sind.

Win-win– für beide Seiten!

Vielleicht sollten wir das Leben auch aus den Blickwinkeln von Tieren betrachten, um gemeinsame Lösungen für ein gutes Miteinander zu finden?

Wir können von den Geparden Gelassenheit lernen!

Jeder von uns kennt das sicherlich: Manchmal wünschen wir uns, unangenehme Menschen aus unserem Leben zu verbannen. Menschen, an denen wir uns innerlich aufreiben und die sogenannte »Rote Tücher« oder »red flags« für uns sind. Sie nerven. Aber was wäre, wenn unser Wunsch in Erfüllung ginge? Es würden dennoch weitere dieser unangenehmen Menschen erscheinen, die alle Warnsignale bei uns erklingen lassen. Sie werden immer wieder in unserem Leben auftauchen, beruflich oder privat, vielleicht sogar in noch größerer Anzahl – wenn nicht dieselben Menschen, dann andere, nachfolgende Menschen, die uns in ähnlicher Weise ärgern, uns die Energie rauben. Doch anstatt sie loswerden zu wollen, sollten wir uns intensiver mit unserem eigenen Denken und Handeln beschäftigen.

Die Wildnis und die Weisheit der Kulturen haben mich gelehrt, dass die wahren Herausforderungen nicht »da draußen« sind, sondern in uns selbst.

Das gefährlichste Lebewesen auf der Welt … bin ich selbst!

Stattdessen sollten wir uns vielleicht fragen, was diese Begegnungen in uns auslösen und weshalb. Ob uns diese Menschen vielleicht spiegeln, uns genau das zeigen, was wir lernen dürfen? Etwas, das wir nicht mit gebührender Gelassenheit aushalten können? Denn Gelassenheit entsteht, wenn wir in uns selbst für Frieden sorgen, anstatt uns von äußeren Umständen abhängig zu machen.

2.4 Bis zum Mond und wieder zurück

Wie sieht also eine schwierige Situation aus, wenn wir sie einmal von einer ganz anderen Warte aus betrachten, aus einer Distanz, die so weit weg wie das Weltall scheint?

Oder im Gegensatz dazu, wenn wir uns einfach mal auf den Boden in unserer Küche legen und die Perspektive unserer kleinen Krabbelkinder einnehmen?

Denn eines ist klar: Der Schlüssel zur Transformation unserer Erkenntnisse in den Alltag liegt in der Fähigkeit, unsere Perspektive zu wechseln. Solange wir tief in unseren gewohnten Denkmustern und Routinen gefangen sind, entgehen uns oft wichtige Wahrnehmungen oder Warnsignale. Erst mit einer gewissen Distanz – der Satellitenperspektive – erkennen wir Muster, verstehen Zusammenhänge und können notwendige Veränderungen gezielt einleiten.

Wann hast du zuletzt voreilig Schlüsse gezogen, ohne wirklich nachzufragen? Wann hast du eine Situation vorschnell bewertet oder dich über eine neue Herangehensweise amüsiert, statt sie als Lernmöglichkeit zu sehen?

Der afrikanische Kontinent bietet uns ein unendliches Lernfeld dazu. Seit vielen Jahren habe ich in diesem Zusammenhang einen differenzierteren Blick auch auf unsere oft konfliktreichen Generationsthemen erhalten und ein sehr praktikables, erfolgreiches Konzept des Reverse Mentoring mit Unternehmen entwickelt.

2.5 Statt Generations-Bashing: Reverse Mentoring

Unser Reverse Mentoring an ist ein bewährtes Konzept, das den Dialog zwischen Generationen fördert und dabei hilft, festgefahrene Sichtweisen aufzubrechen. Hierbei werden erfahrene Menschen mit der jüngeren Generation als »Special Buddy«-Paare zusammengebracht.

Statt auf typische Hierarchien zu setzen, entsteht ein regelmäßiger Austausch auf Augenhöhe: Erfahrene Mitarbeiter profitieren von den frischen Ideen und digitalen Kompetenzen der jüngeren Generation, während diese wiederum von der langjährigen Expertise und den strategischen Erfahrungen der Älteren lernt.

Die jüngeren Kollegen bringen beispielsweise ihr Know-how im Umgang mit moderner Technologie und neuen Arbeitsmethoden ein, während die erfahrenen Mitarbeiter ihre langjährige Expertise, ihre Branchenkenntnisse und ihre weitreichenden Erfahrungen teilen. Diese symbiotische Beziehung ist nicht nur erfrischend, sondern äußerst wirkungsvoll, um die Dynamik und Innovationskraft eines Unternehmens zu stärken.

Dabei bedeutet Reverse Mentoring mehr als gegenseitiger Wissenstransfer – es ist eine kulturelle Transformation. Das Konzept zeigt, dass echte Innovation erst dann entsteht, wenn wir die Vielfalt unserer Gesellschaft ausschöpfen und die Vorteile der verschiedenen Lebens- und Arbeitswelten aktiv nutzen. Es ist ein Beispiel dafür, wie wir durch den offenen Austausch und die Zusammenarbeit über Generationen hinweg zu einer kreativen und respektvollen Kultur beitragen können. Reverse Mentoring ermöglicht uns, von der Arbeitswelt bis zur Familie, auch interkulturell, Vielfalt als Stärke zu begreifen und eine offene Lernkultur zu etablieren, die uns alle langfristig zukunftsfähig macht.

2.6 Summary: Safari-Learnings

Sobald wir ein Abenteuer eingehen, uns auf etwas Neues einlassen, wechseln wir die Perspektive. Das kann eine Wildnis-Erfahrung sein oder auch ein Alltagsabenteuer. Der Perspektivenwechsel beginnt bereits mit dem Verlassen der gewohnten Umgebung: Wir sehen, fühlen, denken und erleben etwas anders.

Jeder Schritt in die unbekannte Richtung öffnet uns die Augen. Und nur, wenn wir unsere Perspektive verändern, können wir Neues entdecken. Es geht darum, immer wieder andere Blickwinkel zu suchen, sie zuzulassen und sie zu umarmen. Erkenntnisse zu sammeln, zu verstehen, unser Bild der Welt um neue Teile zu ergänzen. Um dann den nächsten Schritt zu gehen.

Eine Reise wie die LIFE Safari® oder auch ein anderer intensiver Ortswechsel macht Kontraste deutlich, führt uns unsere Privilegien vor Augen, erschließt uns neue Perspektiven auf das Leben und auf alle Wesen, mit denen wir uns den Planeten teilen. Die Erkenntnis der Facettenvielfalt hilft uns, demütig zu werden, Dankbarkeit zu spüren und die eigene Lebenssituation aus der Satellitenperspektive zu betrachten: Ist meine Wahrheit wirklich DIE eine absolute Wahrheit?

»Diese Safari hat mir die Angst davor genommen, das Familienunternehmen zu übernehmen. Durch Veras Mentoring unterm Ahnenbaum habe ich verstanden, woher ich komme und welche Werte mich tragen. Verantwortung fühlt sich jetzt nicht mehr schwer an, sondern richtig.«

Teilnehmer LIFE Safari 2021

Gemeinsame Geschichten und Träume sind ein wesentlicher Bestandteil dessen, was einen Einzelnen und eine Gemeinschaft ausmacht.

Desmond Tutu

3 Leading by Dreams –

Wie Sehnsüchte zu Visionen und Antrieb werden

3.1 Führung anhand von unseren Träumen

Manchmal muss man den gewohnten Boden unter den Füßen verlassen, um die Kraft der eigenen Träume wirklich zu spüren. Inmitten unberührter Natur, fernab der täglichen Hektik und ausgetretener Routine, begegnen wir uns selbst auf eine Weise, wie es bisher nur die dunkelsten Räume in uns vermochten.

Nach nur wenigen Tagen im Einklang mit der Magie Afrikas haben wir bereits zahlreiche Kilometer auf Schotterpisten, Sand und schmalen Pfaden hinter uns gelassen. Jeder von uns hat schnell gespürt, dass diese Safari mehr ist als ein touristisches Abenteuer – sie ist eine Einladung, Energie zu tanken, die eigene Zukunft neu zu entdecken und darin die Führung, innere Stärke und Orientierung zu finden. Wir sind nicht mehr Fremde, die die Welt erkunden, sondern Pioniere, die ihren Weg zu ihrem Sinn, ihrer Mission und ihren nächsten Schritten sichten.

Gestern endete der Tag im Kreise unserer Gruppe am knisternden Feuer schon etwas zeitiger. Wir wussten, dass wir heute früh aufbrechen würden, und so ließen wir uns von der Stille der Nacht und einem tiefschwarzen Himmel, gefüllt von Millionen leuchtender Sterne, in den Schlaf begleiten. Es gibt keine Worte dafür, wenn die Wüste geräuschlos den Horizont säumt, jeden Laut dämmt, jeden Schall absorbiert. Sie lässt jeden Einzelnen von uns leise werden.

Als der erste Lichtstrahl einen orangefarbenen Kranz am Horizont bildet, werden wir sanft aus unserem Schlaf von leisen Geräuschen unserer Guides geweckt. Sie bereiten unseren Early Bird Tea und frischen Kaffee überm Feuer vor, bevor es heute auf die größte Düne der Welt, mitten in der Wüste Namib, geht. Wir sind bereit, die 300 Meter hohen Wanderdünen zu erklimmen. Der heiße Wüstensand trägt die roten Sandkörner hier über eine 2.000 Kilometer lange Strecke am Atlantik entlang. Namib bedeutet »leerer Platz«, und genau durch diese Leere finden wir die Möglichkeit, Fülle in uns zu entdecken.

Es ist 5:30 Uhr, und die Wüste liegt um uns herum noch in der Dunkelheit der Nacht. Jetzt ist es noch recht kühl, nur etwa 7 Grad. Doch mit den Gedanken an diesen bevorstehenden Tag und den warmen Getränken spüren wir bereits eine wohltuende Wärme, die sich in uns breitmacht. Noch in der Dunkelheit des Morgens brechen wir auf, um den stetig steigenden Temperaturen bis zur glühenden Hitze des Mittags zu entkommen.

Mit jedem Meter, den wir tiefer in die Wüste Namib vordringen, entfaltet sich eine neue Welt um uns. Wir fahren hinein in die ersten Sonnenstrahlen, die wir alle sichtlich berührt und ehrfürchtig zwischen den riesigen Sandbergen erleben dürfen.

Unsere Allradfahrzeuge gleiten durch die weiten Dünen, und wir erleben, wie das Licht sich majestätisch in unterschiedlichstem Farbspiel entfaltet – ein Spektakel, das uns in seiner vollen Pracht verzaubert. Wir halten kurz an, zum Innehalten und um unsere Begeisterung miteinander zu teilen.

Jetzt ist auch der richtige Zeitpunkt, um die Luft aus unseren Autoreifen abzulassen. Wir senken den Druck auf ungefähr 1 Bar, sodass wir eine größere Reifenoberfläche auf dem Sand erreichen und weniger schnell beim Fahren einsinken oder feststecken können. Nun sind wir gewappnet für die unendliche Offroad-Strecke im tiefen Sand. Mein Herz tanzt. Ich gebe es zu: Ich liebe es, mit dem Sand unter den Rädern zu spielen, mal hier und da weich und sanft hin und her geschleudert zu werden und dann wieder zu spüren, dass die Kontrolle über das Fahrzeug zurückkehrt.

Doch nicht jeder hat sich zu Beginn getraut, sich als Erste oder Erster hinters Steuer zu begeben. Manchmal ist die Angst, im Sand stecken zu bleiben oder vor anderen nicht perfekt zu sein, stärker, als wir es wahrhaben möchten. Die eigene Erwartung, jede Herausforderung als Chef mit Bravour zu meistern und das Fahrzeug souverän zu steuern wie ein Held, kann tiefer sitzen, als wir es uns vorstellen.

Willkommen, emotionales Lernen – es kann weitergehen. Wir geben unseren Ängsten ihren Raum, aber keinen Nährboden!

Ängste und Unsicherheiten lassen sich nur durch Klarheit, Vertrauen, Halt innerhalb der Gruppe, Mut und »einfach ausprobieren« aus dem Weg räumen. Ganz nach dem Motto: »Einfach machen – es könnte ja super werden!«

Die große Freude und die Neugier, die jeden Einzelnen von uns hierhergeführt hat, wachsen damit stetig in uns. Mit lachenden Gesichtern und voller Begeisterung über den eigenen Mut steigen wir nach der Offroad-Fahrt aus. Wir sind angekommen inmitten der riesigen Sandberge, tief in der Wüste Namib. Ab jetzt ist ein Weiterkommen nur noch zu Fuß möglich. Wir fühlen den Sand und lassen ihn langsam durch unsere Hände fließen. So locker, feinkörnig und leicht und zu dieser Uhrzeit noch angenehm kühl. In dieser weiten, unberührten Landschaft können wir wahrnehmen, wie mit jedem Sonnenstrahl und jeder Minute die Wüste erwacht.

Aus einem tiefen Orangerot wird, je nach Schattenseite der Sandberge, ein helles Beige, so weit das Auge reicht – genauso wie wir mit jedem Blick, mit jeder Düne, mit jedem Atemzug wacher und bewusster werden.

Gigantisch, wie mächtig diese Dünen vor uns liegen! Der Sand ist so leicht, dass wir bei jedem Schritt, den wir nach oben machen, gefühlt wieder einen halben hinabgleiten. Jeder Tritt fühlt sich an, als ob der Boden uns zurückzieht, als ob die Wüste uns herausfordert, ihren Widerstand zu überwinden.

Beim Aufstieg wird in der Gruppe wenig gesprochen. Jeder Einzelne entdeckt seine eigene Power und gelangt gleichzeitig zu einem tieferen Verständnis über seine Grenzen und Möglichkeiten. Und dennoch laufen wir alle unermüdlich weiter. Während des letzten Drittels verlangsamen wir instinktiv das Tempo, unsere Köpfe sind bald so rot wie der Sand, denn die Sonne brennt gnadenlos auf uns herab. Jeder Schritt fordert uns jetzt heraus, und trotzdem ist da eine Kraft, eine innere Energie, weiter zu klettern.

Ich bin froh, dass wir uns vorab so gut auf diese Etappe vorbereitet haben. Alle haben die passenden, knöchelhohen Schuhe, Kopfbedeckungen, Sonnenschutz und ausreichend Wasser dabei. Der Sand ist jetzt bereits so heiß, dass wir Eier darauf braten könnten. Allein die Vorstellung, dass diese heißen Körner in unsere Schuhe rieseln könnten, scheint uns alle anzutreiben. Aber auch die letzten Fußstapfen werden nicht leichter. Sie fordern alles von uns, als ob wir der Wüste mit jedem Schritt beweisen müssten, dass wir unser Ziel wirklich erreichen wollen.

Nur wenn wir unseren eigenen Rhythmus und unsere eigene Schrittlänge finden, können wir effektiv und in unserem eigenen Tempo voranschreiten. Das gilt für alles im Leben.

Während dieses Aufstiegs entdecken wir unser System, das uns ermöglicht, genau zu unterscheiden, wann wir allein unsere Fußstapfen setzen sollten und wann wir die Wege anderer nutzen dürfen, um schneller oder sicherer voranzukommen.

Dabei gehen uns gleichzeitig viele Fragen vom Morgen-Briefing durch den Kopf.
Laufe ich in den Fußspuren meines Vorgängers, um Energie zu sparen? Oder trete ich in die Räume dazwischen, weil sie meiner eigenen Schrittlänge entsprechen? Wie komme ich schneller ans Ziel?

Wir sind am Ziel! Oben auf dem Dünenkamm angekommen, atmen wir alle erleichtert auf. Vor uns öffnet sich die unfassbare Weite, erstreckt sich Düne um Düne bis zum Horizont. 80 Millionen Jahre ist diese Wüste alt. Und wir stehen mittendrin. Sie ist makellos, nur an manchen Stellen von winzigen Spuren anderer Lebewesen durchzogen, wie denen des Nebelkäfers, der Geckos oder der Dancing White Spider die in dieser Wüste zu Hause ist. Von Weitem nicht sichtbar, erst bei genauer Betrachtung erkennen wir eine Matrix an Informationen in ihren Wegen, die auch für die Wissenschaft und neue Technologien von großem Mehrwert sind. Denn die White Spider lässt sich kilometerweit vom Wind treiben und findet dann auf exakt dem schnellsten Weg zurück zum Ausgangspunkt. Für die Navigation in der Raumfahrt schon seit vielen Jahren sehr wertvoll.

Ich blicke in erschöpfte, aber strahlende Gesichter. Die Mühen haben sich gelohnt. Manch einer lässt sich rücklings in den heißen Sand fallen, andere setzen sich auf den Kamm, als würden sie ein Kamel reiten.

Ich sehe der Gruppe an, wie sehr dieser Aufstieg und der Ausblick sie bewegt, wortlos macht und schweigen lässt. Diese einzigartige Landschaft und die Magie des Farbenspiels lassen jede Zelle in uns vibrieren. Sie berühren uns und werfen weitere Fragen auf.

Wie die weisen Ahnen der afrikanischen Kulturen schauen wir in Richtung Süden, auf die hinter uns liegenden Fußstapfen und unser vergangenes Leben.

Welche Spuren habe ich in meinem Leben schon hinterlassen?
Welche Schritte waren mühsam, sind tief und fest eingebrannt, und welche Spuren sehen leicht und fein aus? Welche Schrittlänge liegt jeweils dazwischen?
Wann bin ich beim Aufstieg in die Fußspuren anderer getreten, habe sie genutzt, vielleicht um schneller voranzukommen oder weil sie einfach schon da waren?
Möchte ich manche Spuren am liebsten verwischen? Nicht mehr darüber nachdenken?
Welche Schritte sind nicht mehr sichtbar, obwohl sie wichtig für mich waren?
Was habe ich für andere bisher Bedeutendes im Leben getan?

Wer seine Spuren erkennt, weiß, welchen Rucksack er getragen hat. Sei stolz darauf, was du bis hierhin schon geschafft hast.

Wir nehmen uns Zeit für die schöne, unendliche Stille, für die Ruhe in uns selbst und erhalten Antworten. Manche nicht immer direkt. Doch die richtigen Fragen und Antworten kommen zur richtigen Zeit, darauf können wir vertrauen. Schon morgen wird der Sand die Spuren verweht haben – und Platz für neue Spuren machen.

Weise Einheimische verehren den Adler, weil er auf beide Seiten der Düne blicken kann. Hier in der Wüste finden wir Antworten auf unsere persönlichen Fragen nach dem Sinn und unserer Mission.

Wir genießen die Stille, die für uns Fülle ist.

Denn Stille war das Erste, was in uns war, und wird das Letzte sein, was wir wahrnehmen.

In unseren Gedanken wandern wir anhand unserer Spuren an unseren Werten entlang, bleiben stehen, atmen durch und halten inne, um auf unsere innere Stimme zu hören, die uns an das erinnert, was für uns bedeutend und wertvoll ist.

Wir erkennen, wer und was uns in der Vergangenheit geführt und geprägt hat, was hinderlich war und was uns gestärkt hat.

Nun kommt die Zeit, Altes nicht nur wegzuräumen, sondern liebevoll loszulassen. Wir sind keine Opfer unseres Lebens, unserer Vorfahren oder unserer Vergangenheit. Wir erschaffen Raum und Platz für Neues. Wir drehen uns um und schauen, wie es uns die weisen Kulturen gelehrt haben, Richtung Osten, um unsere Zukunft zu betrachten. Wir blicken nach vorn, auf die vor uns liegende Weite und den Horizont. Welche Fußstapfen wollen wir zukünftig hinterlassen?

Wir dürfen endlich wieder fühlen und unseren Sinn, unsere Daseinsberechtigung, spüren.

Zeit der unbegrenzten Klarheit, des Entfaltens der Sehnsüchte und des Warums.

Zeit zum Nachdenken: über unsere täglichen Routinen, unsere beruflichen Ketten und Abhängigkeiten, über Partnerschaften und Weltanschauungen.

Warum sind so viele Menschen unglücklich und unzufrieden in ihrem Job oder in ihrer Beziehung?
Warum können sie keine Erfüllung in ihrer Arbeit und für ihren wahren Kern des Daseins spüren?

Dabei geht es den meisten Menschen in der westlichen Welt doch wirtschaftlich gut, und es gibt unterschiedlichste Möglichkeiten, sich auch mental und innerlich zu füllen.

Unsere Herzen trommeln voller Emotionen, denn hier verbinden wir unser **Warum** mit dem **Wozu**.
Welcher Weg ist der persönlich richtige für mich?
Wozu bin ich im Leben? Was sind meine Aufgaben?

Was ist mir wichtig?
Welche Werte lebe ich?
Wofür stehe ich?
Nach welchen Werten will ich mein Leben ausrichten?
Über was sollte ich nachdenken, damit ich niemals sagen muss: »Hätte ich mal dies oder das anders gemacht«?

Wie fühlt sich mein Traum, meine tiefe Sehnsucht an, wenn Gesundheit, Zeit und Geld keine Rolle spielen?

Wie möchte ich in Erinnerung behalten werden?
Welche verpassten Chancen will ich beweinen?

Welche anderen Fußstapfen möchte ich neben meinen sehen?
Welchen Sinn will ich in meinen Rucksack der Zukunft stecken?

Mit dem Herzen deinem Sinn folgen – dieses Gefühl, deine innere Kraftquelle entdeckt zu haben, ist atemberaubend und herzerfüllend zugleich. »Geh dorthin, wo dein Herz dich ruft!«

Diese magischen Emotionen, Tränen des Loslassens, der Zuversicht und des Glücks, sind Momente, die dich nicht mehr loslassen.

Jeder von uns fühlt: Ich bin richtig und wichtig hier in der Welt!

Der Adler sieht das, was der Boden nicht kann.
Afrikanisches Sprichwort

3.2 Der Kompass in uns

Nimm dir Zeit, diese Fragen für dich zu beantworten. Denn ohne den Wert, den Schatz, ohne eine Emotion für das, was vor uns liegt, verlieren wir leicht die Richtung und den Sinn für unser Leben und Tun.

Unsere Emotionen, unsere Träume und Visionen sind ein zuverlässiger Kompass, auf den wir uns verlassen können. Sie geben uns Energie und Antworten auf die Fragen: Wo wollen wir hin? Wann setzen wir den ersten Schritt und warum? Wie starten wir, wie richten wir uns aus? Und wie überprüfen wir, ob wir auf dem richtigen Weg sind?

Die Natur kann uns hierbei eine gute Lehrmeisterin sein. Tiere und Pflanzen folgen ebenfalls einem inneren Kompass, den wir Menschen erst in Teilen erforscht haben: Warum folgen so viele Tiere ihren Anführern über große Strecken hinweg von der Serengeti in die Masai Mara? Was ist ihre Motivation? Warum bringen sie sich in solch große Gefahr, die Strecke bis zum Ziel und zurück nicht zu überleben?
Warum brechen die Tiere auf? Warum gruppieren sie sich, wem folgen sie? Warum gedeiht manches und anderes vergeht? Warum entsteht Leben gerade dort, wo wir es nie erwarten würden? Wie wählt das Leben den richtigen Zeitpunkt aus?

Wir kennen sie alle, diese Zahlen der Gallup-Studien der letzten Jahre, dass mehr als 80 Prozent der Mitarbeitenden in Unternehmen unzufrieden sind oder bereits innerlich gekündigt haben. Diese Zahl ist nicht unbedingt etwas Neues. Die Problematik daran ist allerdings: Es ändert sich seit Jahren nichts.

Doch weshalb sind so viele Menschen in ihrer Freizeit voller Elan? Sie engagieren sich ehrenamtlich, übernehmen Verantwortung in Vereinen oder verbringen Stunden damit, alte Projekte wieder zum Leben zu erwecken – sei es das Restaurieren ihres alten Motorrads oder das Lösen komplexer Herausforderungen.

Und am Arbeitsplatz? Dort sieht es oft ganz anders aus: Viele wirken müde, lustlos und wie in einem Zustand der Lethargie. Ich nenne das den **Autopilot-Modus**. Sie lassen sich durchs Leben treiben, anstatt ihre eigene Route zu bestimmen und aktiv die Kontrolle zu übernehmen.

Wir alle kennen solche Menschen – sei es im Freundes- oder Bekanntenkreis. Menschen, die stagnieren, die ihre Talente und ihr Potenzial nicht wirklich entfalten. Was dabei besonders auffällt: Solche Menschen gibt es überall auf der Welt, nur mit einem Unterschied:

In unserer Wohlstandsgesellschaft, mit all den großartigen Bildungsmöglichkeiten, liegen uns die Chancen buchstäblich zu Füßen, und dennoch werden sie oft nicht genutzt. Auf dem afrikanischen Kontinent durfte ich dazu Außergewöhnliches lernen.

3.3 Wenn aus Träumen Realitäten werden

Matt habe ich vor vielen Jahren auf einer Zitrusplantage im Nordwesten Südafrikas kennengelernt. Er hat Schreckliches in seinem noch jungen Leben erfahren. Gewalt, Vergewaltigung, Drogenabhängigkeit schon mit acht Jahren und ein Leben auf der Straße. Seine Geschichte erzählt er ruhig und bedächtig beim kleinen Imbiss, im Schatten eines riesigen Olivenbaumes. Hier auf der Farm hat er zum ersten Mal ein Zuhause gefunden. Mehr als zwei Autostunden von irgendeiner größeren Ansiedlung oder Stadt entfernt, wird Führung erfolgreich anhand von Träumen praktiziert.

Die eigenen Sehnsüchte und Träume im Leben zu verwirklichen, ist ein starker intrinsischer Motivator, der keinen Fremdimpuls benötigt. Die Frage »Wie kann ich meine Mitarbeiter motivieren?« entfällt völlig. Stattdessen begleitet die Führungsmannschaft hier ihre Mitarbeiter auf ihrem individuellen Weg zur Erfüllung der persönlichen Träume und Ziele.

Matt möchte beispielsweise Fotograf werden. Jetzt konnte er sich, mit seiner Arbeit auf der Farm und zusätzlichem engagierten Einbringen in die Farm-Community, eine Kamera erarbeiten. Sichtlich stolz zeigt er mir sein wertvolles Objekt. Heute hat sein Arbeitgeber ihn sogar von seiner regulären Arbeit freigestellt, um unser Treffen und das Leben der Community von mittlerweile 200 Personen auf der Farm, samt ihrer Familien, fotografisch festzuhalten. Das ist wirklich Leading by Dreams. Ich bin mir sicher, dass wir eines Tages gebannt vor Matts Fotografien und seinen Betrachtungsweisen der Welt stehen werden. Schon jetzt sehe ich den Stolz und die Freude in seinen Augen und spüre, wie meine Augen sich mit Tränen der Rührung füllen.

Wir brauchen mehr solcher Führungskräfte, die echte Beziehungen mit Menschen aufbauen können, sie fördern und der gemeinsamen Arbeit und ihrem Tun einen Sinn geben. Erfolgreiche Führungskräfte unterstützen Mitarbeiter auf ihrem Weg, sich in ihrer Persönlichkeit zu entwickeln. Gleichzeitig wird die Eigenverantwortung jedes Einzelnen gefördert, damit sie aus eigener Kraft jeden Tag für die Realisierung ihrer Träume aufstehen und irgendwann auch vollständig auf eigenen wirtschaftlichen Füßen in ihrer Selbstständigkeit stehen können.

Matt auf dem Weg zum Traum

Was ist dein Traum?

Auf dieser Plantage darfst du jeden Einzelnen nach seinem Traum fragen – und er wird dir direkt eine klare Antwort geben können. Bewundernswert.

3.4 Der Traum von einem Abendkleid

Jeder, der will, kann sich in dieser Community wie Matt engagieren. Auch, indem die Pflege und Verantwortung für den Permakulturgarten der Community, das Legen von Pflastersteinen sowie Fahrten zum nächstgrößeren Supermarkt, um größere Mengen Salz oder andere Lebensmittel für alle mitzubringen, übernommen werden.

Ich traf Frauen, die Kissen oder Taschen nähten. Auch ich habe vor Ort ein paar Taschen gekauft. In jeder dieser Taschen befinden sich Papiertaler. Darauf steht der Name der Person, die das Säckchen hergestellt hat, und welchen Traum sie hat. Ich fand in einer meiner Taschen einen Taler, auf dem stand: »Celine. Mein Traum: Ich will Tänzerin werden und wünsche mir ein schwarzes Abendkleid.«

Das zu lesen, hat mich sehr berührt, und ich stelle mir vor, wie Celine sich bereits in diesem Kleid sieht. Wie sie lächelnd und stolz vor dem Spiegel steht, darin tanzt und sich wunderschön fühlt. Sicherlich wird sie sich direkt in ihrem Traum als Tänzerin erleben und es bei vielen Anlässen auf der Farm und bei Festen im nächstgelegenen Ort stolz tragen. Geht es nicht genau um solche Momente im Leben?

Häufig werde ich als Businessmentorin gefragt, welche Methode die effektivste sei, um Mitarbeiter zu motivieren. Meine Antwort lautet seit vielen Jahren: »Sie können Ihre Mitarbeiter nicht langfristig motivieren. Begleiten Sie sie stattdessen auf dem Weg, ihre Sehnsüchte im Leben zu entdecken und ihre Träume zu verwirklichen!« Es wird Zeit, die veralteten Methoden beiseitezuschieben. Wir können andere nicht motivieren, wenn sie nicht selbst ihren eigenen Antrieb spüren. Den eigenen Sehnsüchten zu folgen und die eigenen Träume im Leben zu verwirklichen, sind starke Faktoren, die keinen Anstoß von außen benötigen, um gelebt zu werden. Deshalb sollten wir unsere Mitarbeiter dabei unterstützen, herauszufinden, welchen Anteil und Wert ihre derzeitige Aufgabe im Unternehmen für das Erreichen der persönlichen Ziele hat. Welche nächsten Entwicklungsschritte sind für den Weg dorthin wertvoll und wichtig?

Werden wir zum Wertemanager und Sinnentwickler, gemeinsam mit unseren Mitarbeitern. Doch zuvor sollten wir uns sicherlich erst einmal selbst fragen, wovon wir im Leben begeistert sind. Denn nur, wenn wir selbst begeistert sind von dem, was wir tun, von unseren Mitarbeitern, unseren Unternehmen, von unseren Familien, von unseren Träumen, können wir andere dafür begeistern, uns zu begleiten – ganz mühelos und leicht.

Wir sehen Träume als Motor für Visionen und Erfolg.

In der Wildnis Afrikas folgen Tiere ihrem Instinkt, ihrer inneren Stimme. Genauso folgen Menschen ihren Träumen – sei es von persönlichem Glück, beruflichem Erfolg oder einer besseren Zukunft. In vielen afrikanischen Kulturen sind Träume ein zentraler Bestandteil des Lebens. Sie inspirieren den Einzelnen, motivieren Gemeinschaften und geben Mut, Veränderungen anzugehen. Träume sind keine Illusion, sondern die Basis, um mutig neue Wege zu gehen und aus einer inneren Klarheit heraus zu handeln.

Meine Mission ist es, Menschen überall auf der Welt dabei zu unterstützen, in ihre eigene Stärke, Freude und ins eigenverantwortliche Tun zu kommen, um das Beste in ihrem Leben generationsverantwortlich zu erschaffen.

Wie lautet deine Mission?
Was ist dir wichtig?
Was ergibt für dich Sinn im Leben?

3.5 Mitarbeiter werden zu Co-Unternehmern und engagierten Intrapreneuren

Bei jedem Kennenlernen neuer Mitarbeiter oder Interessenten erzähle ich gern von meinem Unternehmen und welche Visionen und Träume ich habe. Ich erzähle, was bisher gut gelaufen ist, was mir in den Schoß gefallen ist und welchen dichten Businessdschungel ich mit meinen eigenen Denk- und Verhaltensweisen bewältigen musste oder wie mein Doppelleben zwischen Familie und Beruf meine Erkenntnisse bereichert hat. Diese Gespräche sind immer sehr schnell locker, leicht und lebensnah – und vor allem angstfrei für meine Gesprächspartner und mich. Das war mir vom ersten Tag als Führungskraft sehr wichtig, und so habe ich diesen Stil auch schon im Konzernalltag gelebt und entwickelt. Mit meiner Lieblingsfrage »Was kann ich von dir lernen?« bin ich bei einigen Kollegen noch immer präsent und »anders« in Erinnerung geblieben.

Auch neue Gesprächspartner, Interessenten und Bewerber möchte ich gern von Anfang an auf einer Ebene des Miteinanders und auf Herzensebene kennenlernen. Deshalb frage ich auch meine neuen Mitarbeiter nach ihren Träumen und Visionen. Denn nur so können wir gemeinsam herausfinden, wie diese mit der gemeinsamen Zeit im Unternehmen vereinbart werden können. Eine meiner Mitarbeiterinnen war bei meiner Frage nach ihren Träumen zunächst etwas verhalten. Sie hatte schlechte Erfahrungen bei ihrem alten Arbeitgeber gemacht. Denn als sie erzählte, dass sie eine Familie mit vielen Kindern haben möchte, ist sie nicht weiter innerhalb des Unternehmens gefördert. Ihre Karriereleiter war sofort gefühlt zu Ende.

Doch nach unserem Warmwerden vertraute sie mir schließlich an: »Also, eigentlich will ich irgendwann selbst Unternehmerin sein, aber auch eine Familie gründen.« Sie zögerte ein bisschen, schaute mich an und erzählte dann weiter. »Ich möchte gern eine Marketing-Agentur gründen, mit großen Räumen, in denen ich auch morgens Yoga-Kurse und Meditationen anleiten kann.«

Das fand ich klasse. Ich fragte sie, bis wann sie dieses Ziel denn erreichen möchte. Denn als Arbeitgeberin muss ich möglichst gut wissen, welche gemeinsame Wegstrecke wir zur Verfügung haben und wie wir diese möglichst gut gestalten. Das Ergebnis war ein Deal: »Ich mache dich stark im Unternehmertum, sodass du deine unternehmerischen Kompetenzen und ein starkes Team entwickeln erlernst. Und du begleitest mich bis dahin, indem du dich hier deinem liebsten Aufgabenbereich im Marketing widmest.« Damit waren wir beide glücklich. Jeder spielt mit offenen Karten – jeder gewinnt.

Mit der gleichen Offenheit erzähle ich meinem Team auch selbst von meinen Sehnsüchten und großen Plänen. Manchmal lachen sie, schütteln den Kopf und sagen scherzhaft: »Du bist ja verrückt!« Genau dann weiß ich: Ja, das ist das richtige Ziel! Es ist groß genug, um zu spinnen, Unmögliches möglich zu machen und richtig loszulegen!

Heute kannst du dich für neue Fußspuren entscheiden!
Für prägende Marker, auch für andere, für deine Kinder, deine Eltern, deinen Partner und deine Freunde. Ab jetzt kannst du nicht mehr vor deinen Entscheidungen weglaufen – so viel ist nun jedem klar!

Unser Löwenkopf-Logo als Brandzeichen auf dem Essen

Mike und Jeff bereiten unser köstliches Essen auf dem offenen Feuer zu. Ich bin jedes Mal erneut erstaunt, welche Köstlichkeiten in mehreren Gängen auch hier in der Wüste entstehen. Gemeinsam sitzen wir bei einem Sundowner auf den warmen, von der Sonne aufgeheizten Steinen und bewundern unsere beiden Küchenchefs. Wer mag, erzählt davon, wer und was ihm wichtig ist, welchen großen Traum er hat, und auch, was er nicht mehr möchte. Wie er sich von den unbehaglichen, unschönen Dingen trennen wird.

Ein unglaublicher Zauber voller Dankbarkeit und Lebensenergie zugleich liegt in der Stimmung dieser Abende im Sonnenuntergang und am Feuer.

Tiefe Verbundenheit, Zufriedenheit und Ruhe liegen über allem. Jeder für sich, alle gemeinsam.

Sonnenuntergangs-Magie in der Wüste

Während wir still dem großen Sonnenball zuschauen, wie er hinter den Schatten der Tiere, Gräser und Büsche am Horizont versinkt, lassen wir den Tag Revue passieren, auch die letzte Woche, die letzten Jahre, unser ganzes Leben. Wir spüren große Dankbarkeit und Demut in uns, gleichzeitig eine Energie der Klarheit und Entscheidungskraft.

Es steigen tiefgehende Fragen aus unserem Inneren auf:
Wie möchte ich mit 99 Jahren auf mein Leben zurückblicken?
Welche Weichen kann ich jetzt noch in eine andere Richtung stellen?
Wie möchte ich den letzten Tag meines Lebens verbringen?
Wie möchte ich mich fühlen?
Wie möchte ich in Erinnerung bleiben?
Jetzt ist die richtige Zeit, alle unerledigten Dinge aufzuschreiben und Konflikte aus verschiedenen Perspektiven zu betrachten.

Wie lange will ich noch meine Energie in ungeklärte Situationen, Partnerschaften oder Beziehungen stecken?
Jeder dieser negativen Gedanken raubt uns Energie für ein wertvolleres Leben. Jetzt kannst du noch bereinigen und klären, was zu klären ist. Jetzt kannst du alte Wege verlassen und neue wählen.

Und immer mal wieder lauschen wir gedankenversunken den Tiergeräuschen, die aus den Sträuchern und Bäumen um uns herum zu unserem Lager herüberklingen. Wir fühlen uns sicher, obwohl wir wissen, dass sich überall in nächster Nähe wilde Tiere aufhalten. Nur wenige Stunden zuvor haben wir sie noch beobachten können oder ihre Spuren im Sand entdeckt. Die Wüstenelefanten, die drei Tage ohne Wasser auskommen können und feine Antennen für das Aufspüren von tiefen Wasserquellen haben. Und später im Wildcamp laufen die Giraffen und Oryxe sogar direkt zwischen unseren kleinen Zeltlodges herum, ein majestätischer, eleganter Anblick. Der Elefantendung im Sand, nur wenige Meter entfernt, zeigt, dass wir auch noch größeren Besuch erwarten können. Obwohl wir solchen Tieren in unseren heimischen Wäldern nie begegnen würden, haben wir keine Furcht – dafür jedoch vielleicht vor uns selbst und unseren neuen Fußspuren. Es ist schon interessant und auch ein wenig verrückt, wie wir Menschen funktionieren.

Das ist Afrika. Es gibt nichts Schöneres für mich, als in der fast unberührten Natur meine eigene Fülle zu spüren. Hier bin ich tief verbunden mit meinem innersten Kern. Diese berührenden, emotionalen Erlebnisse mit uns selbst bewirken, dass wir auch unsere Liebsten um uns herum, Wegbegleiter und Mitarbeiter anhand ihrer Träume, Ziele und Wünsche intrinsisch motiviert führen und unterstützen können. Ein bedeutungsvolles, einzigartiges Erlebnis.

3.6 Kennst du deine Werte, nach denen du dein Leben ausrichtest?

Unsere Werte und Glaubenssätze bilden sich schon in frühester Kindheit. Über unsere Sozialisation durch Familie, Kindergarten, Schule, Vereine, Freunde werden wir vom ersten Tag unseres Lebens an bezüglich unserer Denk- und Verhaltensweisen geprägt. Wir lernen, was gut und schlecht ist. Genau so, wie es uns die jeweilige Community zeigt.

Die Anzahl der verschiedenen Wertebegriffe wird im deutschsprachigen Raum derzeit auf 400 bis 600 Bezeichnungen geschätzt, die von jedem Menschen ihre persönliche Bedeutung erhalten.

Das bedeutet, wenn wir über unsere persönlichen Werte sprechen, schreibt jeder Einzelne von uns dem Begriff eine andere Bedeutung zu. Grundsätzlich hat jeder Wert die gleiche Wertigkeit. Es gibt also keinen Wert, der »besser« ist als andere. Interessant für uns ist dabei unsere Priorisierung, die sich im Laufe des Lebens verändern kann, aufgrund von eigenen Erfahrungen, bedeutenden Ereignissen wie Schicksalsschlägen oder Krisen. In der Pubertät setzen wir uns dann sehr intensiv mit unserer eigenen Identität auseinander, wodurch besonders in dieser Zeit Wertekonflikte mit der Familie und den verschiedenen Gruppen um uns herum entstehen können.

Unser Wertesystem beinhaltet neben unseren Emotionen, Träumen und Visionen das wesentlichste und tiefste Thema unseres Lebens. Werte sind das, was uns im Kern ausmacht, und Aspekte, die wir lieben und nicht missen möchten – aber dennoch oft nicht leben. Die eigenen Werte in die Alltagswelt hineinzubringen, ist eine wichtige Aufgabe für uns alle. Das Ergebnis ist ein Leben, das wir als freudig, erfüllt und auch sinnerfüllt wahrnehmen.

Besonders als Unternehmer und Führungskraft ist es wesentlich, unsere eigenen Werte zu kennen und diese durch unser Denken und Handeln zu leben, aber sie auch im Außen für andere sichtbar zu machen.

Denn wenn wir wissen, was uns wichtig ist, können wir schnell gute Entscheidungen treffen. Wir können unseren Mitarbeitern eine klare Orientierung geben, sodass sie uns besser einschätzen und verstehen lernen. Ich nenne das »im positiven Sinne berechenbar« zu sein, das bedeutet, in unseren Reaktionen und Verhaltensweisen einschätzbar. Sobald wir unsere Werte-Identität spüren, wird auch unsere innere und äußere Kommunikation auf einmal klar und eindeutig. Wir alle wissen, dass klare Worte häufig Missverständnisse reduzieren und Vereinfachungen mit sich bringen.

Wir kennen das: Die Werte unserer Unternehmen sind häufig als Leitbilder riesengroß plakatiert zu finden. Aber wenn ich in meinen Workshops und Einzelgesprächen mit Leadern und Mitarbeitern im Gespräch bin, stelle ich fest, dass die Unternehmenswerte und Leitbilder weder in ihrer vielseitigen Bedeutung verstanden noch im Alltag gelebt werden. Sie werden weder verinnerlicht noch personalisiert verbunden oder emotional verankert.

Und das ist genau der Kern, das Wesentliche. Es ist wichtig, dass sowohl Unternehmer, Leader als auch Mitarbeitende gleichermaßen damit beginnen, sich ihrer eigenen Werte und der gemeinsamen Werte bewusst zu werden, um diese dann für alle sichtbar und erlebbar zu machen. Wir sollten nicht nur mit Schlagworten um uns werfen, sondern konkrete Beispiele zu den gewünschten Werten geben.

So könnte ein konkretes Beispiel zum Wert »Servicebereitschaft« lauten: »Mir ist es wichtig, mit unseren Kunden sehr persönlich, individuell und respektvoll umzugehen. Dies bedeutet für mich, den Kunden mit seinem Namen am Telefon zu begrüßen, ihm gut zuzuhören, Vereinbarungen einzuhalten und nur Versprechungen zu machen, wenn diese auch zu 100 Prozent eingehalten werden können.

Wie nimmt uns der Kunde wahr? Wird er im Restaurant wirklich gesehen? Geht ein Servicemitarbeiter freudig auf ihn zu? Oder verstecken wir uns als Mitarbeiter hinter unseren hohen Rezeptionstheken und Bildschirmen?«

Mit dieser »Betriebsanleitung« können andere sich ein Bild vom vorgegebenen Wert oder Leitbild machen. Sie haben eine konkrete Vorstellung davon, welche Verhaltensweisen hinter dem Wert stecken und gewünscht werden.

»Lebendig« ist dabei das Schlüsselwort. Werte, die nur plakativ und emotionslos festgelegt wurden und dann in irgendwelchen Ordnern verstauben – oder zwar im Eingangsbereich der Firma aushängen, aber von niemandem beachtet werden –, solche Werte sind im wahrsten Sinne des Wortes wertlos.

Als Eltern, Lehrer, Führungskräfte haben wir natürlich auch eine ganz besondere Vorbildfunktion, sodass wir von unseren Kindern, Mitarbeitern, Freunden oder von der Gesellschaft an unserem Verhalten gemessen werden. Wir sollten uns daher über unsere Werte klar werden: wie authentisch und eindeutig wir sie leben wollen, aber auch, welche Konsequenzen sie für andere haben können.

Wünsche am Lebensende*

1. Ich wünschte, ich hätte den Mut gehabt, mir selbst treu zu bleiben, statt so zu leben, wie andere es von mir erwartet haben (mein eigenes Leben zu leben).
2. Ich wünschte, ich hätte nicht so viel gearbeitet.
3. Ich wünschte, ich hätte den Mut gehabt, meinen Gefühlen Ausdruck zu verleihen.
4. Ich wünschte, ich hätte den Kontakt zu meinen Freunden gehalten.
5. Ich wünschte, ich hätte mir mehr Freude gegönnt.
6. Ich wünschte, ich hätte etwas Besonderes getan und hätte einen Sinn im Leben gefunden.
7. Ich wünschte, ich hätte anderen Menschen mehr geholfen.
8. Ich wünschte, ich hätte mehr Zeit gehabt für die Menschen, die ich liebe.
9. Ich wünschte, ich hätte mehr Zeit verbracht mit Dingen, die mir am Herzen liegen.
10. Ich wünschte, ich hätte mehr Mut gehabt, Fehler zu machen, anstatt etwas nicht auszuprobieren.

*(Fragen zusammengestellt von Bonnie Ware und Vera Peters)

3.7 Summary: Safari-Learnings

Einen Moment der Stille herbeizuführen, unterstützt uns dabei, unsere Fülle wieder wahrzunehmen: Was ist bereits da?

Träume sind das Herzstück jeder zwischenmenschlichen Beziehung und der Motor unseres Lebens. Indem wir unsere Träume erforschen, finden wir eine wichtige Kraftquelle und Triebfeder für unseren Alltag.

Uns in ein Leben mit allen Sinnen hineinzufühlen, stärkt unsere Schöpferkräfte, verleiht uns Willensstärke und Disziplin und motiviert uns, auch in herausfordernden Zeiten weiter voranzugehen.

Lerne deine Träume kennen – nicht nur deine Bucket List, sondern deine lang in dir wirkenden Sehnsüchte und Wünsche. Die Big Five sind schön, aber nicht alles! Die Little Five bestimmen unser Leben jeden Tag!
Lass deine Familie und deine Mitarbeiter an deinen Träumen teilhaben. Erzähl ihnen von deinen Wünschen und Vorstellungen. Worin besteht dein Sinn, deine Mission in deinem Leben?

Und dann höre zu, ermutige deine Mitarbeiter, auch von ihren Träumen und Wünschen im Leben zu erzählen. Entwickelt gemeinsam Pläne, konkrete Schritte für einen Weg zur Erfüllung dieser Träume.
Ich gebe zu, das ist zu Beginn für manche Mitarbeiter und Führungskräfte neu und ungewohnt. Sie trauen sich vielleicht noch nicht, über ihre Zukunft, ihre persönlichen Wünsche und Träume zu sprechen. Vielleicht haben sie schlechte Erfahrungen damit gemacht, sich gegenüber ande-

ren Menschen, speziell Führungskräften, zu äußern. Doch hab einfach Geduld. Je offener du selbst bist, desto schneller öffnen sich deine Mitarbeiter.

Es ist wichtig, die Träume deiner Mitarbeiter zu kennen und sie bestmöglich auf dem Weg zu ihrem Ziel zu unterstützen. Das bedeutet Leading by Dreams.

Als Leader inspirieren wir andere, zu träumen und begeistert ihre Visionen mit Herzblut zu verfolgen.
Es gilt, die gemeinsame Wegstrecke, sei sie noch so kurz oder lang, mit Freude, Begeisterung und Sinn zu füllen.
Ein starkes Team entsteht, wenn Träume geteilt werden.
Menschen, die sich gesehen fühlen, bleiben länger gesund und in ihrer Kraft und bringen ihre Arbeitszeit gern in die Unternehmen ein.
In deiner Fähigkeit, empathisch zu führen, liegt wahre Führungsstärke.

Weißt du, wie Elefanten ihre Herden anführen? Welche Elefantenkuh ausgewählt wird, alle sicher und gut versorgt durchs Leben und durch die Savanne zu führen?
Nicht die älteste, erfahrenste Elefantenkuh leitet die Gruppe an, sondern die empathischste.

Sie folgen derjenigen, die niemanden zurücklässt, die ein Gespür für die Bedürfnisse aller hat und die Weisheit besitzt, die Erfahrensten einzubeziehen.

Wie würde unsere Führungskultur in Unternehmen aussehen, wenn wir genau diese Kompetenzen der emotionalen Intelligenz bei der Auswahl unserer Führungsmannschaft fokussieren?

Als Führungskräfte sollten wir die Sehnsüchte und Wünsche unserer Mitarbeiter verstehen und uns nicht nur als Manager, sondern vor allem als Sinnstifter und Wertevermittler begreifen.

»Ich habe die Beziehung zu meiner Frau auf dieser Reise neu zu betrachten gelernt. Ich habe begriffen, wie sehr wir uns gegenseitig wachsen lassen können, wenn wir einander wirklich zuhören und Freiräume geben.«

Teilnehmerstimme LIFE Safari 2025

4 Leading by Making Decisions –
Die Kunst, klar zu entscheiden, wenn es darauf ankommt

4.1 The Great Migration – der Pulsschlag der Serengeti

Die Sonne steht hoch über der Savanne, flimmert auf der hellbraunen Erde und taucht die endlose Weite verschwommen in strahlendes Licht. Ein leichter Wind trägt den Geruch von trockenem Gras und nahrhaftem Boden heran. Absolute Stille mit einer goldenen Landschaft bis zum Horizont – und dennoch liegt Spannung in der Luft. Denn in der Ferne am Horizont ziehen erste Schwaden auf: Wolken aus Staub, Verwirbelungen vom Boden bis zum blausten Himmel. Der Horizont scheint zu beben. Aus hellbraunen Farbflecken entsteht ein Meer an Punkten, die sich in einem wogenden Strom über die weiten Ebenen ziehen. Aus der Ferne ist nun ein leichtes Grollen zu vernehmen. Ein Donner, der immer lauter wird und auf uns zukommt. Unser Auge fokussiert den Horizont, und dort tauchen sie auf. Tausende von Gnus galoppieren in rasanter

Geschwindigkeit durch die Savanne, unaufhaltsam bahnen sie sich ihren Weg. Ein endloser Strom aus Muskelkraft, Überlebensinstinkt und Entschlossenheit. Die »Great Migration« ist in der Masai Mara angekommen.

Die Great Migration ist eines der spektakulärsten Naturschauspiele, die es gibt. Eines der sieben Naturwunder Afrikas. Jedes Jahr brechen rund 1,5 Millionen Gnus, 400.000 Zebras und 500.000 Gazellen zu einer Reise voller Gefahren und Entbehrungen auf. Auf der Suche nach Salz, Wasser und frischem Weideland wandern sie von der Serengeti in Tansania zu der Masai Mara in Kenia und wieder zurück. Ein Circle of Life. Die Erde bebt unter ihren Hufen, der Staub steigt in dichten Schwaden auf. Du siehst Tiere, so weit das Auge reicht! Es ist ein gigantisches Erlebnis von unermesslicher Energie und Dynamik – Millionen in Bewegung.

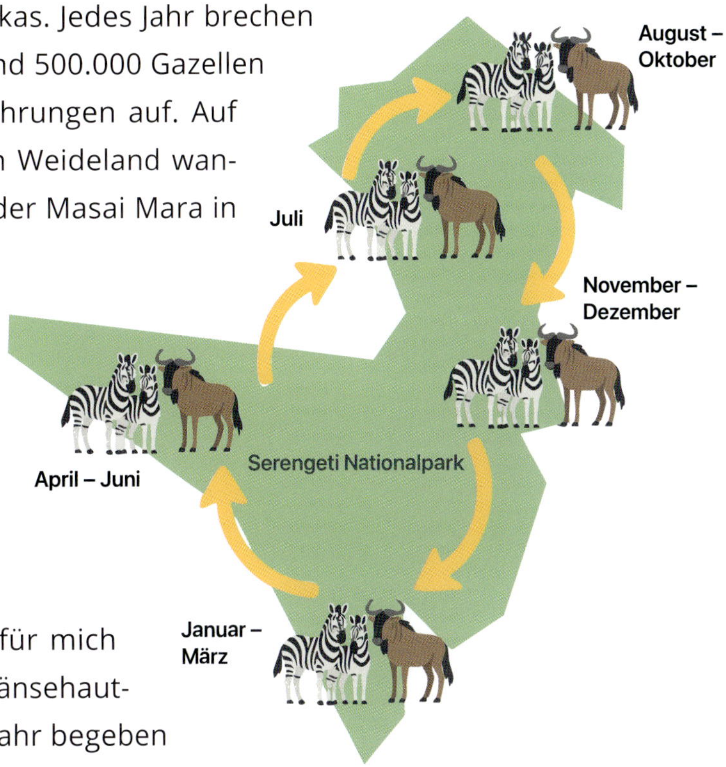

Dieses Naturschauspiel mitzuerleben, ist für mich immer wieder aufs Neue eine Dusche von Gänsehautmomenten. Etwa zwei bis drei Monate im Jahr begeben sich gigantische Tierherden auf ihren Weg ins nördliche Paradies, ohne vorab zu wissen, wie dieses Ziel aussieht. Sie vertrauen ihrem Instinkt und dem Anführer der Herde. Bedingungslos rennen sie kilometerweit geschlossen hintereinander her – bis ihnen ein Hindernis wie der große Mara-Fluss den Weg versperrt. Abrupt stoppt die Herde vor dem tiefen Abgrund, der vor ihnen liegt. Steile Hänge ermöglichen einen guten Blick auf das Leben im Fluss.

Die ersten Tiere zögern, treten nervös auf der Stelle. Sie schnauben. Sie spüren, was sie erwartet: tiefes, reißendes Wasser und hungrig lauernde Krokodile – still, geduldig, tödlich. Eine kleine Gruppe führender Gnus wagt erste Schritte den Abhang hinunter in Richtung Fluss. Vergebens. Der Weg ist zu steil und der Flusslauf zu tief. Sie kommen zurück, versuchen es weiter rechts und tasten sich langsam an eine andere Einstiegsstelle vor. Sie zögern erneut, als würden sie gemeinsam beraten, welcher Weg der sicherste ist.

Dann, plötzlich, rennen die ersten Gnus das steile Ufer hinab und springen eins nach dem anderen ins Wasser. Sie haben nur ein Ziel: das andere Ufer so schnell wie möglich zu erreichen.

Die eben noch ungeduldig wartende Herde schnaubt lautstark und folgt im Nu hinterher. Die Masse kommt in Bewegung, und die kilometerlange Herde springt oft halsbrecherisch mutig in die reißende Strömung, Jungtiere und Erfahrene gleichermaßen – hintereinander und auch in großer Anzahl gleichzeitig nebeneinander. Und schon befindet sich die gesamte Herde inmitten eines Kampfes um Leben und Tod.

Steiler Abhang, starke Strömung oder hungriger Jäger unter der Wasseroberfläche – eine erbarmungslose Prüfung der Natur.

Nicht alle werden es schaffen.

Jedes Jahr fallen rund 250.000 Gnus dem Hunger, Durst, Erschöpfung oder Raubtieren zum Opfer. Eine brutale Bilanz, und doch ist die Migration überlebenswichtig für das Fortbestehen der Herden. Die, die es schaffen, bringen neues Leben hervor. Sie sichern die Zukunft ihrer Art.

Wir fragen uns alle: »Warum gehen die Tiere dieses Risiko überhaupt ein, wenn sie doch so viele Verluste erleiden?«

Eine Frage, die wir uns auch in der Businesswelt immer wieder stellen sollten:

Welches Risiko bin ich bereit einzugehen?
Was opfere ich für den Erfolg eines Projekts oder meines Unternehmens?

Es gibt verschiedene Gründe dafür, dass die Great Migration jedes Jahr aufs Neue über diese Distanzen stattfindet. Es ist ein Kreislauf durch Tansania und Kenia, das ganze Jahr hindurch. Je nach Regenzone treffen wir die Tiere im Norden oder Süden an. Sie folgen fruchtbaren, grünen Weideflächen, die aus wichtigen Regenfällen hervorgebracht werden. Ein weiterer Motivator ist der Salzgehalt der Böden in der Masai Mara, der sich essenziell auf die Gesundheit der Herden auswirkt. Jedoch noch bedeutender ist das Prinzip, das tief in der Natur verwurzelt ist:

Evolution durch kontinuierliche Bewegung, Anpassung und Veränderung.

Jene Tiere, die sich aufmachen und für die Migration loslaufen, treffen auf neue Artgenossen, paaren sich, bringen starke Nachkommen zur Welt. Die, die zurückbleiben, bleiben auf der Strecke – eine Lektion, die auch für uns gilt.

Stillstand bedeutet Rückschritt und letztendlich auch Tod!

Die große Wanderung ist ein jährlicher Rhythmus – doch kein Ort bleibt dauerhaft derselbe. Es gibt keine feste Weide, keine garantierte Sicherheit, Stattdessen nur einen ständigen Kreislauf der Veränderung. Die Tiere wissen, dass sie sich anpassen, weiterziehen und sich neuen Bedingungen stellen müssen. Wer stehen bleibt, verliert. Leben bedeutet, im Wandel zu bleiben, zu lernen und auf Erfahrungen Älterer zurückzugreifen.

Auch wir stehen immer wieder vor Veränderungen und Herausforderungen, die uns zwingen, alte Muster zu verabschieden und neue Wege zu finden. Unsere Vergangenheit lehrt uns, unsere Zukunft immer wieder neu zu gestalten. Die Natur zeigt uns: Leben findet im Jetzt, in der Gegenwart statt, und Veränderung ist unausweichlich, der Schlüssel zum Überleben. Und genau so ist es mit unseren Entscheidungen.

Unser ganzes Leben – jeder Tag, jedes Jahr – besteht aus einer Kette von Entscheidungen. Forscher aus Psychologie und Neurowissenschaft schätzen, dass jeder Mensch etwa 20.000 Entscheidungen pro Tag trifft. Analysiert wurde diese Zahl von dem Münchner Hirnforscher Ernst Pöppel.

Rund 95 Prozent dieser Entscheidungen verlaufen unbewusst, gesteuert durch mentale Abkürzungen und automatisierte Prozesse. Eine Vielzahl unserer Entscheidungen bekommen wir also bewusst gar nicht mit. Darüber hinaus gibt es aber auch Entscheidungen, die uns schwerfallen: Wir überlegen hin und her und sind uns unsicher, welchen Weg wir nehmen sollen. Wir können uns nicht entscheiden.

Das Gute ist:
Wir dürfen jeden Tag neu entscheiden, in welche Richtung wir gehen wollen. Und es gibt hilfreiche und alltagstaugliche Tools, die uns bei Entscheidungen unterstützen.

4.2 Gute Entscheidungen zu treffen, ist eine Kunst: FOR-DEC+I

– besonders, wenn wenig Zeit bleibt und der Druck hoch ist.

Fallschirm Sport Club Colibri e.V.

Meine Entscheidungsfindung während der 7 Tage AFF-Grundausbildung im Fallschirmsportclub1988 in Ampfing (Bayern)

Auch ich stand viele Jahre immer wieder ratlos und gedankenzermürbend vor wichtigen Entscheidungen. Wie kann man richtige Entscheidungen treffen, wenn die Lage aufgrund von Datenflut, fehlendem Vertrauen, widersprüchlichen oder fehlenden Informationen und Prognosen nicht einschätzbar ist? Ich kenne die damit verbundenen schlaflosen Nächte sehr gut, bis ich die Erfahrungen und Methoden der Luft- und Raumfahrt auch auf mein eigenes Leben angewandt habe.

Das FOR-DEC+I-Modell wurde 1992 von einer Gruppe von Vertretern der Deutschen Lufthansa und der Deutschen Forschungsanstalt für Luft- und Raumfahrt entwickelt.

Denn hoch oben in der Luft oder im Weltall gibt es keinen Raum für langes Überlegen. Entscheidungen müssen schnell, klar und eindeutig getroffen werden. Ein Zögern kann fatale Folgen haben.

In der Businesswelt ist die FOR-DEC+I-Methode bisher kaum bekannt. Dabei bietet sie eine systematische Entscheidungsstrategie, die hilft, Situationen objektiv zu analysieren, Optionen gegeneinander abzuwägen und konsequent zu handeln – ohne sich von Angst oder Unsicherheit handlungsunfähig machen zu lassen.

Das Akronym FOR-DEC leitet sich aus den Anfangsbuchstaben der einzelnen Schritte ab:
Facts: Welche Fakten liegen vor? Wie ist die Situation beschaffen? Wo stehen wir gerade?
Options: Welche Möglichkeiten haben wir? Welche Alternativen gibt es, Lösungen zu finden?
Results: Wie sehen die Ergebnisse der verschiedenen Möglichkeiten aus? Was würde daraus folgen – und was wiederum wären die Folgen davon?
Der Bindestrich zwischen Punkt 3 und 4 soll dazu anhalten, kurz vor der Entscheidung noch einmal innezuhalten und zu überprüfen, ob zu diesem Zeitpunkt gegebenenfalls etwas Wesentliches übersehen wurde.
Decision: Auf Basis der letzten drei Schritte wird eine Entscheidung getroffen. (»Wir nehmen Variante A.«)
Execution: Wir führen die Entscheidung aus.
Check-up: Haben wir richtig entschieden? Ist das alles so, wie wir es haben wollen? Oder müssen wir noch mal anpassen? Was passiert als Nächstes?

Doch was hat das mit unserem Alltag zu tun? Eine ganze Menge. Denn FOR-DEC hilft nicht nur in der Luft- und Raumfahrt, sondern auch in der Unternehmensführung, in Projekten und im persönlichen Leben.

Besonders während unserer Expeditionen kann es sein, dass die Gegebenheiten vor Ort anders sind als gedacht oder sich durch Wettereinflüsse verändert haben. Wir brauchen vielleicht für unsere Allradfahrzeuge dringend Ersatzteile, die es nur in größeren Städten und nicht am

Straßenrand zu kaufen gibt. Dann hilft es nicht, in Hektik oder Panik zu verfallen, sondern bewusst den FOR-DEC-Prozess durchzugehen:

Wie sind die Fakten?
Welche Möglichkeiten haben wir?
Eine andere Route fahren? Ein kleines Team voranschicken?
Was wären die Folgen?
Okay, wir nehmen die andere Route, lassen uns das Ersatzteil oder gar Ersatzfahrzeug an einen anderen Ort bringen.
War es eine gute Entscheidung? Würden wir beim nächsten Mal anders handeln?

Und manchmal gibt es da so ein komisches Gefühl.
Denn was sagt uns unsere Intuition? Manchmal ist es das innere Gefühl, das uns fühlen lässt, ob wir richtig entschieden haben.

4.3 Intuition: Der entscheidende Unterschied

Die Welt besteht nicht nur aus Zahlen, Daten und Fakten, die systematisch analysiert werden können. Wenn es um Entscheidungen geht, kommt noch eine weitere Dimension hinzu: die »Human Factors« – menschliche Einflussfaktoren. Während meiner Zeit bei der Lufthansa AG habe ich mich intensiv mit diesem Thema auseinandergesetzt und mich gefragt:

Wann geschehen Fehler im Cockpit, in der Technik, im Alltag?

Warum entscheidet sich ein Pilot manchmal erfolgreich für einen anderen Weg, als das System es vorgeschlagen hat?

Im Cockpit bleibt keine Zeit für langes Überlegen. Entscheidungen müssen manchmal in Bruchteilen von Sekunden getroffen werden. Der Pilot muss seine eigenen Emotionen im Griff haben, darf keine Entscheidung aus Angst oder Unsicherheit treffen. Hier spielen andere Faktoren eine Rolle. Und immer wieder zeigt sich: Piloten, die zusätzlich auf ihre Intuition hören, treffen oft die beste Entscheidung.

Manchmal fordert das System, nach Route A zu fliegen, doch der Pilot spürt, dass er besser Route B nehmen sollte – ohne es in diesem Moment rational erklären zu können. Dieses Bauchgefühl ist kein Zufall, sondern eine tief verankerte Fähigkeit, die uns allen innewohnt.

Intuition: unbewusste Ressource erlebter Emotionen und Erfahrungen

Unsere Intuition ist ein menschlicher Emotionsspeicher, auch »Basic Instinct« genannt. Sie ist nicht mystisch oder irrational, sondern das Ergebnis abgespeicherter Erfahrungen und Entscheidungen aus der Vergangenheit. Während unser bewusster Verstand noch analysiert, hat unser Unterbewusstsein längst ein Muster erkannt und gibt uns ein emotionales Signal. Dieses Gefühl ist schneller da, als wir es kognitiv verarbeiten können – ein evolutionärer Mechanismus, der einst unser Überleben sicherte und uns auch heute noch in entscheidenden Momenten leitet.

Intuition ist gespeicherte Erfahrung, die trainiert werden kann.

Wir können unsere Intuition schärfen, indem wir lernen, sie wahrzunehmen und ihr wieder zu vertrauen. In einer Welt, die oft nur auf Logik und Analysen setzt, haben viele Menschen verlernt, auf ihre innere Stimme zu hören. Doch die besten Führungskräfte, Piloten, Unternehmer – und ja, auch unsere einheimischen Safari-Guides – wissen: Die Kombination aus Fakten und Intuition ist der Schlüssel für beste Entscheidungen. Deshalb haben wir die Methode FOR-DEC um +I für Intuition erweitert. Es geht nicht um Entweder – Oder, sondern darum, alle wertvollen und zur Verfügung stehenden Ressourcen zu nutzen.

Je öfter du FOR-DEC+I anwendest, umso geübter wirst du darin. Der Prozess wird zur zweiten Natur, wie eine Sprache, die du fließend sprichst. Deine Entscheidungen werden schneller, klarer und sicherer. Probiere es aus, und erlebe, wie kraftvoll es sein kann, mit System und Intuition gleichermaßen Entscheidungen zu treffen!

Das folgende eindrucksvolle Beispiel zeigt, dass diese Fähigkeit Leben retten kann.

Notlandung auf dem Hudson River

Manchmal bleibt keine Zeit für lange Überlegungen. Nicht einmal Zeit, um das Modell FOR-DEC+I vollständig zu durchlaufen. Eine Entscheidung muss in Sekunden getroffen werden – und sie kann über Leben und Tod bestimmen.

Am 15. Januar 2009 kam es genau zu solch einer Situation. Ein Airbus A320 der US Airways war kurz nach dem Start auf dem Weg nach Charlotte, als eine riesige Vogelschar beide Triebwerke lahmlegte. Ein Horrorszenario für jeden Piloten. Ohne Schubkraft, ohne eine Landebahn in Reichweite. In diesem Moment übernahm Kapitän Chesley »Sully« Sullenberger – und seine Intuition – das Steuer.

Hudson River, New York, Blick aus dem Helikopter

Er kannte die Route, er wusste, dass die regulären Notfallprozesse eine Rückkehr zum Flughafen nahelegten. Doch sein innerer Kompass wusste, dass die Zeit nicht reichen würde. Keine Zeit für endlose Berechnungen, keine Chance für ein weiteres Manöver. Stattdessen entschied er sich für eine der riskantesten Notfallmaßnahmen: eine Wasserlandung auf dem Hudson River.

Gekonnt steuerte er die Maschine über die Skyline von New York, bereitete die Passagiere vor und setzte das Flugzeug sicher auf dem Wasser auf, ohne dass der Rumpf zerbrach. Alle 155 Menschen an Bord überlebten – ein Wunder, das auf Erfahrung, Präzision und der Kraft seiner Intuition beruhte. Später wurde er als »Held vom Hudson« gefeiert, doch er selbst betonte immer wieder, dass es nicht nur um Heldenmut ging, sondern um die Fähigkeit, in kritischen Momenten die richtige Entscheidung zu treffen.

Wir alle sind in gewisser Weise Piloten – Piloten in unserem Leben und in unseren Unternehmen. Zum Glück sitzen wir nicht mit einem Triebwerkausfall in 3.000 Metern Höhe, aber auch wir stehen vor Entscheidungen, die weitreichende Konsequenzen haben können.

Oft haben wir mehr Zeit als Sully, doch das bedeutet nicht, dass wir sie unendlich dehnen dürfen. Verzögerte oder gar nicht getroffene Entscheidungen können genauso fatal sein.
Wir alle wissen:
Wer zu lange zögert, läuft Gefahr, Chancen zu verpassen oder in einer Situation gefangen zu bleiben, die dringend mutiges Handeln erfordert.

Gute Entscheidungen sind das Herzstück unseres Erfolges. Sie halten uns in der Luft, bringen uns sicher ans Ziel und bewahren uns davor, am Ende des Lebens sagen zu müssen: »Hätte ich mal besser dieses oder jenes getan.«

Auch die Natur zeigt uns immer wieder: Wer zu lange am Wasserloch steht, riskiert sein Leben. Und wer in der Businesswelt zu lange wartet, verliert oft mehr als nur einen guten Deal. Also: Wann ist es für dich Zeit, zu handeln?

4.4 Was ist eine gute Entscheidung?

Gute Entscheidungen erkennst du vor allem daran, dass sie Klarheit und Sicherheit vermitteln, aber auch unsere Werte und Sinn für die Zukunft beinhalten. Gute Entscheidungen zeigen sich besonders in herausfordernden Situationen, bei Meinungsverschiedenheiten oder Kritik. Eine Entscheidung, die nachvollziehbar ist und auf soliden Überlegungen basiert, schafft Vertrauen – sowohl bei dir selbst als auch bei deinem Team.

Als Führungskraft trägst du die Verantwortung, klare und transparente Entscheidungen zu treffen. Wenn dein Team die Gründe und Ziele dahinter versteht, entsteht ein Umfeld der Offenheit, in dem sich jeder Einzelne sicher fühlt und motiviert ist. Diese Transparenz stärkt das Vertrauen und die Zuversicht innerhalb der gesamten Organisation.

Um diese wichtige Entscheidungskompetenz leben zu können, brauchst du die nötige Klarheit und die Fähigkeit, dich selbst gut einzuschätzen. Gleichzeitig ist es entscheidend, die Qualitäten und Talente deiner Teammitglieder zu kennen. Nur so kannst du einschätzen, welche Entscheidungen das Team erfolgreich umsetzen kann und welche möglicherweise zu Überforderung oder Unsicherheit führen.

Letztlich sind es genau diese überlegten Entscheidungen, die zu den gewünschten Ergebnissen führen.

Weitere Entscheidungsmodelle und Informationen zur positiven Fehlerkultur findest du im Workbook zum Buch.

Eigenverantwortung und Proaktivität als Schlüssel

Eine agile Arbeitsweise verfolgt genau dieses Ziel: Bringe deine Mitarbeiter situativ so zusammen, dass sie ihre Stärken entfalten und gemeinsam wirklich gute Leistungen erzielen können. Dadurch steigerst du nicht nur die Gesamteffizienz, sondern förderst auch das Empowerment deines Teams.

Eine dynamische und proaktive Unternehmenskultur entsteht erst dann, wenn sowohl die Führungskräfte als auch die Teammitglieder gut informierte und schnelle Entscheidungen treffen können. Langfristig führt dies zu einer höheren Zufriedenheit, denn die Mitarbeiter fühlen sich zu Recht wertgeschätzt, ermächtigt und respektiert. Das Vertrauen, das ihnen entgegengebracht wird, macht sie leistungsfähiger, produktiver, selbstbewusster und loyaler.

Auch die psychische und physische Gesundheit der Mitarbeiter profitiert davon: Denn nichts zermürbt auf Dauer so sehr wie erzwungene Unproduktivität, Unsicherheit oder die Angst, aufgrund mangelnder Entscheidungsfreiheit Fehler zu machen.
Letztlich gilt: Die Entscheidungsfähigkeit jedes Einzelnen stärkt automatisch das gesamte Unternehmen.

Werte als schnelle Orientierung bei Entscheidungen

Werte spielten schon im letzten Kapitel eine Rolle. Sie bilden die Basis, nicht nur für die Erfüllung unserer Träume.

Auch die Art und Weise, wie wir Entscheidungen treffen, ist eng mit unseren Werten verbunden. Wenn wir genau wissen, was uns wichtig ist, fällt es uns leichter, klar und schnell zu entscheiden.

Ein einfaches Beispiel: Ein Mitarbeiter, der weiß, dass ihm Zeit mit seinen Kindern wichtig ist, wird kein Jobangebot annehmen, das ihn drei Tage pro Woche ins Ausland führt. Diese Klarheit spart ihm langes Abwägen und verhindert Fehlentscheidungen, die ihn später unzufrieden machen würden. Manchmal spüren wir allerdings auch eine innere Zerrissenheit, da wir unsere Werte gegeneinander abwägen und ihre Wichtigkeit für uns abstufen müssen. Eine Priorisierung ist dann sehr hilfreich, um wieder Klarheit zu erhalten.

4.5 Geparden – Meister der Entscheidung und des Timings

Zurück zur Wildnis und zu den unendlich großen Herden von Gnus, Zebras und Gazellen sowie zahlreicher Raubtiere wie Löwen, Leoparden und Hyänen, die sie während der Great Migration lauernd auf Schritt und Tritt beobachten. Welche Entscheidungen hat jede einzelne Spezies für sich zu treffen, um überleben zu können? Welche Strategie und welche Taktik stecken dahinter? Wann ist es sicherer allein unterwegs zu sein und wann geschlossen in der Herde?

Ein beeindruckendes Beispiel für mutige und fokussierte Entscheidungsfindung liefern Geparden. Genau genommen besonders die Gepardin, da sie häufig allein jagen muss, während ihre Jungtiere im sicheren Versteck darauf warten, dass die Mutter erfolgreich zurückkehrt. Geparden sind keine Rudeltiere und müssen allein und selbstverantwortlich durchs Leben ziehen. Männliche Geparden sind zwar auch Einzelgänger, jagen aber gemeinsam, wenn sie jung sind und mit ihren Brüdern die Kunst des Jagens erlernen. In der Gemeinschaft wird die Jagd etwas einfacher, da die Geparden zusammen eine bestimmte Strategie anwenden können: Sie kreisen die Beute ein.

Die Gepardinnen stehen demnach zusätzlich unter Druck, möglichst schnell wieder in die Betreuungsfunktion zu ihren Jungtieren zu gelangen.

Aus meiner Sicht kann die Gepardin daher als Meisterin des Fokussierens, der Entscheidungsstärke und des Timings angesehen werden.

Auf unseren Wildnistouren haben wir immer mal wieder das außergewöhnliche Glück, eine Gepardin auf ihrer Beutejagd zu beobachten. Es ist erstaunlich, denn durch nichts lässt sie sich von der Konzentration und vom Fokus auf ihre ausgesuchte Beute ablenken.

Ihr eleganter Körper, jeder Muskel zum Zerreißen gespannt. Sie ist konzentriert. Als schnellstes Landtier auf diesem Planeten schießt sie mit atemberaubender Geschwindigkeit aus dem Nichts – von null auf hundert, sie beschleunigt schneller als jeder Ferrari – auf ihr Ziel zu.

Aber es gibt dabei eine Schwierigkeit: Ihr bleibt nur wenig Zeit.

Nur etwas mehr als 60 Sekunden im Durchschnitt können Geparden diese rasante Geschwindigkeit halten – ein entscheidendes Zeitfenster, das über Erfolg oder Misserfolg bestimmt. Danach sind Geparden, weiblich wie männlich, ausgepowert und verletzlich. Wenn sie auf der Jagd zu viel Energie verbrauchen, sind sie machtlos. Haben Geparden ihre Energie und Kondition nicht auf den Run passend abgestimmt, sind sie nach kurzer Zeit kraftlos und nicht mehr in der Lage, ihre Beute vor anderen Raubkatzen, Hyänen oder Raubvögeln zu verteidigen. Ein gigantisches Erlebnis!

Nur das passende Timing entscheidet über Erfolg oder Niederlage.

Wer diese Tiere jemals in der Wildnis erlebt hat, wird die eigene Alltagsstrategie für sein Leben radikal verändern.

Mut und Klarheit sind entscheidend, doch ebenso wichtig sind Entscheidungsstärke und das richtige Timing. Geparden gehen kein blindes Risiko ein. Sie warten auf den richtigen Moment und bündeln dann all ihre Kräfte für den entscheidenden Sprint. Sie zeigen uns, dass Erfolg nicht im Zögern liegt, sondern im fokussierten, strukturierten Handeln.

Die Entscheidungskunst der Tiere: Risiko, Mut und Führungsstärke
Während der Great Migration gehen die Tierherden Jahr für Jahr ein hohes Wagnis ein. Denn schon vor Beginn ist klar, dass nicht alle das Ziel lebend erreichen werden. Trotzdem laufen sie los. Keiner bleibt zu Hause nach dem Motto »Es könnte ja was passieren«. Ihre Instinkte und ihre Natur treiben sie an, die Reise trotz aller Gefahren anzutreten. Dieses Verhalten wirft auch für uns als Unternehmer wichtige Fragen auf:

Welches Risiko bin ich bereit einzugehen?
Wie viel (Geld/Zeit/Manpower) will ich in dieses Projekt oder in eine Neuerung investieren?
Wie viele Menschen könnten bei dieser Entscheidung »auf der Strecke bleiben«? Wie viele könnten von dieser Entscheidung profitieren? Und wie kann ich das Risiko minimieren?

4.6 Die Freiheit des Unperfektseins – Chancen erkennen und nutzen

Joseph ist Massai und lebt mit seiner Familie in der Nähe des Mara-Flusses in Kenia. Mit seinen 28 Jahren wirkt er noch sehr jugendlich, dennoch übernimmt er seit Jahren Verantwortung für seine Frau und zwei Kinder. Auf einer unserer LIFE Safaris® in Kenia hat er uns viele Tage als Wildnis-Experte und bester Offroad-Fahrer begleitet. Als Einheimischer und Freund hat er uns an seinem Leben teilhaben lassen. Er hat uns in seiner Familie und Dorfgemeinschaft willkommen geheißen und dabei Einblicke in sein Leben gegeben.

Die Massai sind fantastische Spurensucher und Fährtenleser. Sie kennen die Tiere ihrer Umgebung, haben sogar Namen für sie und wissen, welche Herde sich gern in der Nähe bestimmter Landschaften, Baumgruppen oder Sträucher aufhält. Für uns ist das angesichts der riesigen Flächen und der Vielzahl an Tierarten kaum vorstellbar.

Mit Joseph bin ich auch heute noch fast täglich in Kontakt. Er besitzt diesen besonderen Spirit von »Ich will mehr aus meinem Leben machen«. Joseph erkennt Chancen, wenn sie sich ihm bieten, und nutzt sie – so wie damals in unserer Gruppe von Unternehmern. Sechs Tage lang steuert er uns sicher über Stock und Stein. Andere hätten in dieser Zeit mehrere Reifenpannen gehabt, doch Joseph ist einer der besten Offroad-Fahrer, die ich kenne. Lediglich einmal sorgt ein spitzer Stein im Flussbett dafür, dass wir einen Reifen wechseln müssen. Massai sind sehr stolz und verantwortungsvoll. Deshalb will Joseph natürlich den Reifenwechsel für seine Gäste übernehmen. Er ist daher sehr überrascht, dass auch Frauen aus unserer Gruppe tatkräftig zupacken, den »Jack« als Aufbockheber gekonnt platzieren und im Nu den neuen Reifen montieren.

So mancher männliche Teilnehmer aus unserer Runde gibt dann zu, dass er selbst schon lange keinen Reifen mehr gewechselt hat. Das sind immer schöne Momente des Öffnens und konkurrenzlosen Miteinanders. Sie bilden die beste Basis für positives Fehlermanagement, für die Freiheit des Unperfektseins und des persönlichen Wachstums. Wenn Frauen aus der Gruppe sich trauen und erkennen, dass ihre häufig anfängliche Unsicherheit und Angst, diese eher typisch männlichen Aufgaben zu erledigen, völlig unbegründet ist, dann entsteht ein wahres emotionales Erlebnis und eine besondere Erkenntnis für ihr ganzes Leben – beruflich und privat.

Während unserer Safari hört Joseph aufmerksam zu, wenn wir über Wirtschaft, Leadership und persönliche Entwicklung sprechen. Aus Respekt sprechen wir entweder Englisch oder übersetzen die Themen für unser begleitendes einheimisches Team. Auch das ist für alle, egal auf welchem Sprachniveau wir uns befinden, locker und spaßig und ohne Anspruch auf Vollkommenheit.

Joseph spürt, dass wir ihn und seine Kultur aus vollem Herzen kennenlernen wollen. Daher zeigt er uns seine ganz persönlichen Lieblingsorte und stellt uns seine Familie und Freunde vor.

Am Ende unserer gemeinsamen Tour von mehreren Tagen überreiche ich ihm sein Honorar und Trinkgeld von insgesamt etwa 180 Euro – eine Summe, die für ihn von großer Bedeutung ist. Denn um mit seiner Familie durch den Monat zu kommen, benötigt man in dieser Region rund 50 Euro. Der Abschied ist immer herzlich. Wir umarmen und bedanken uns. Nur wenige Stunden später, auf unserem Weg zum Flughafen, erhalte ich eine WhatsApp-Nachricht von Joseph: »Vera, ich habe mir von eurem Geld zwei Rinder gekauft.« Wir alle jubeln und gratulieren ihm zu dieser Entscheidung. Ich denke: »Joseph, wie schön, du hast deine Lektionen für ein selbstverantwortliches Leben und Unternehmertum mit uns gemeinsam gelernt!«

Statt das Geld für kurzfristige Freuden, wie so oft in seiner Vergangenheit, auszugeben, investiert er nun in sein Business. Er besaß bereits acht Rinder, nun kamen zwei weitere hinzu. Außerdem hat er direkt jemanden eingestellt, der zusammen mit seiner Frau die Herde betreuen soll. Nun hat er mehr Zeit für sein Guiding- und Driver-Business. Gute Entscheidungen zu treffen, bedeutet auch, Chancen im richtigen Moment zu ergreifen!

Chancen erkennen und nutzen
Welche Entscheidungen treffe ich, wenn sich mir Möglichkeiten zur Zielerreichung bieten? Sehe ich meine Chancen und ergreife sie?

Kluge Entscheidungen können den Unterschied zwischen Stillstand und Wachstum ausmachen. Ob große Investition oder kleine Chance – der Schlüssel liegt darin, das Potenzial zu sehen und im richtigen Moment zu handeln.

4.7 Ashanti: Die beiden Löwen in uns

Jede Entscheidung wird aus bestimmten Motiven und Beweggründen heraus getroffen. Damit meine ich: Gehe ich mit einer Haltung durchs Leben, die sagt: »Ich bin allein unterwegs. Mir ist egal, was mit anderen passiert, solange ich meine Ziele erreiche«? Oder lasse ich mich von positiven Gefühlen inspirieren und motivieren? Treiben mich Neid und Gier an – das Gefühl, nie genug zu bekommen? Oder bestimme ich mein Handeln durch Gemeinschaftsgefühl und Großzügigkeit?

Im nächsten Kapitel, »Leading by Ubuntu«, gehe ich noch stärker auf dieses Thema ein. Doch zum Thema Entscheidungsfindung passt bereits an dieser Stelle eine Geschichte, die in der Tradition der Ashanti in Westafrika erzählt wird.

In einem ruhigen Dorf in Westafrika lebte ein weiser Ashanti-Ältester, der die Kinder des Dorfes um sich versammelte, um ihnen wichtige Lektionen fürs Leben zu vermitteln. Eines Tages kam ein besonders wissbegieriger Junge zu ihm, um mehr über das Leben zu erfahren.

»Hör gut zu, mein Kind«, begann der Älteste. »In jedem von uns gibt es zwei mächtige Löwen, die immer gegeneinander kämpfen. Der eine ist ein edler Löwe, der Güte, Liebe und Mitgefühl verkörpert. Er ist stark und mutig, und seine Taten bringen Licht und Freude in die Welt.«

Der Älteste machte eine Pause, um sicherzustellen, dass der Junge die Bedeutung seiner Worte verstand, bevor er fortfuhr. »Der andere ist ein zorniger Löwe, der Wut, Hass und Gier repräsentiert. Seine Kraft liegt in seinem Zorn und seiner unbändigen Gier. Er sorgt für Kummer und Streit, wo immer er geht.«

Der Junge, fasziniert von der Geschichte, fragte den Ältesten: »Welches dieser Tiere wird stärker sein?«

Der Älteste lächelte weise und antwortete: »Es hängt davon ab, welches Tier du fütterst. Wenn du dem Löwen, der Güte und Liebe symbolisiert, deine Aufmerksamkeit und deine besten Eigenschaften schenkst, wird er stark und einflussreich werden. Wenn du jedoch dem Löwen, der Wut und Gier symbolisiert, mehr Energie und Gedanken gibst, wird er wachsen und dich und andere negativ beeinflussen.«

»Also«, fügte der Älteste hinzu, »es liegt an dir, welches Tier du in deinem Herzen nähren willst. Die Wahl, die du triffst, wird bestimmen, wie dein Leben aussieht und wie du dich gegenüber anderen verhältst.«

Der Junge nickte nachdenklich, dankbar für die tiefe Weisheit, die ihm vermittelt worden war. Er wusste jetzt, dass die Stärke seines inneren Löwen von seinen eigenen Entscheidungen abhängt – und dass jede Handlung und jeder Gedanke diese beiden inneren Tiere beeinflusst.

4.8 Summary: Safari-Learnings

Entscheidungen gehören zu unserem täglichen Leben. Eine Vielzahl davon treffen wir unbewusst. Während manche Entscheidungen schnell und instinktiv erfolgen, benötigen andere mehr Zeit und Überlegung – besonders dann, wenn Menschen beteiligt sind oder Risiken im Raum stehen. Doch verzögerte oder nicht getroffene Entscheidungen kosten wertvolle Ressourcen.

Die Methode **FOR-DEC+I** bietet eine strukturierte Vorgehensweise, um Fakten zu prüfen, Situationen einzuschätzen und mögliche Szenarien zu entwerfen. Gleichzeitig ermöglicht sie, getroffene Entscheidungen flexibel anzupassen und Schnellschüsse zu vermeiden. Gerade bei der Einbeziehung von Teams können Entscheidungen transparent gemacht werden. So bewirkt auch eine rückgängig gemachte Entscheidung keinen Gesichtsverlust, sondern eine im Prozess entwickelte neue Entscheidungsfindung.

Unsere **Intuition** spielt dabei eine entscheidende Rolle. Sie lässt uns manchmal von dem abweichen, was Systeme oder Logik vorgeben – wie bei Piloten, die in kritischen, unplanbaren Momenten intuitiv die richtige Wahl treffen. Diese innere Stimme basiert auf einem Urinstinkt, der tief in uns verankert ist und uns hilft, auch unter Druck souverän zu handeln.

Werteklarheit unterstützt uns dabei, schneller und konsequenter zu entscheiden. In der Luftfahrt hat zum Beispiel der Wert »Sicherheit« oberste Priorität. Ebenso sollten wir uns alle bewusst sein, welche Werte unser Handeln leiten – sei es zum Beispiel Integrität, Verantwortung oder Empathie.

Letztlich profitieren sowohl unsere persönliche als auch unsere berufliche Entwicklung von unserer Fähigkeit, gute und effiziente Entscheidungen zu treffen. Sie beeinflussen nicht nur die unmittelbaren Ergebnisse unserer Projekte, sondern stärken auch das Vertrauen in unsere eigenen Fähigkeiten – sowie das Vertrauen, das andere in uns setzen.

Diese Gewissheit, in der Vergangenheit richtige Entscheidungen getroffen zu haben, gibt uns Sicherheit für die Zukunft. Besonders in einer Welt voller Unsicherheiten und Herausforderungen sollten wir auch anderen Menschen zeigen, wie wir mit einfacher Struktur und sicherer Intuition erfolgreich und selbstbewusst entscheiden lernen. So stärken wir ihre Entwicklung und bereiten sie darauf vor, Verantwortung zu übernehmen – sowohl im Unternehmen als auch in unseren Familien und in unserer Gesellschaft.

Ubuntu: Beziehe andere in deine Entscheidung mit ein.
Im nächsten Kapitel (Leading by Ubuntu) werden wir sehen, wie wichtig es ist, die Gemeinschaft in bestimmte Prozesse einzubeziehen. Erarbeite mit deinem Team gemeinsam: Wer hat welche Perspektive auf dieses Thema? Wer hat welche Fähigkeiten und Kompetenzen? Wen oder was benötigen wir im Team, um gute Entscheidungen treffen zu können? Zusammen ergibt sich ein größeres Bild als allein.

»Ich bin schon zum zweiten Mal dabei – dieses Mal, um noch mehr Klarheit und Fokus zu gewinnen. Ubuntu ist für mich wirklich ein Erfolgsfaktor geworden. Durch eine Kooperation mit einer Tourkollegin konnte ich sogar meinen Umsatz deutlich steigern.«

Teilnehmerin LIFE Safari 2022

Nelson Mandelas Blick von Robben Island, seinem Gefängnis, auf Kapstadt

Niemand wird so geboren, dass er andere wegen ihrer Hautfarbe, Religion oder ihres Ursprungs hasst. Menschen müssen erst lernen, was es heißt zu hassen, und wenn sie Hass lernen können, dann kann man ihnen auch beibringen, wie man liebt, denn Liebe liegt dem menschlichen Herz näher als der Hass.

Nelson Mandela

5 Leading by Ubuntu – »Ich bin, weil wir sind«

Als ich Anfang der 90er-Jahre zum ersten Mal einen afrikanischen Sommer in Kapstadt verbringen durfte, hat mich die Welt in ihrer Schönheit gefangen genommen. Hoch über der Stadt eröffnet sich ein gigantisches Panorama mit Blick auf den atlantischen Ozean und eine kleine, bedeutungsvolle Insel: Robben Island. Das Alcatraz Südafrikas.

Blick vom Tafelberg – Foto aus dem Jahr 1994

Hier verbrachte Nelson Mandela über 18 Jahre seiner 27-jährigen Haftstrafe. Nur 7 Kilometer vom Festland entfernt und dennoch fast lebenslang unerreichbar. Ich weiß noch heute, wie sehr mich dieser Anblick berührte und der Kontrast zwischen Kapstadts Schönheit und den menschlichen Konflikten bewegte. Ehrfürchtig lauschte ich den Erzählungen meines südafrikanischen Freundes Matthew und erfuhr, dass Nelson Mandela erst gerade zuvor in die Freiheit entlassen worden war.

Als Mandela dann 1994 zum Präsidenten gewählt wurde, übernahm er die Verantwortung, ein gespaltenes Land zu vereinen. Statt auf Rache setzte er auf Vergebung und Einheit. Er rief alle Südafrikaner auf, sich unabhängig von Vergangenheit oder Hautfarbe zu versöhnen. Seine Haltung zeigte die Kraft tiefgreifender Führung. Als erster schwarzer Präsident leitete er den Übergang von der Apartheid zur Demokratie ein.

In diesem Zusammenhang begegnete mir immer wieder der Begriff UBUNTU. Dieses wunderbare, Jahrhunderte alte Wort in der Zulu- und Xhosa-Sprache vermittelt die Weisheit: »Ich bin, weil es andere Menschen gibt – I am because you are.«

Ubuntu bedeutet mehr als schlicht »wir«. Es beschreibt eine Haltung, eine Lebensphilosophie und die Weitsicht, eine Gemeinschaft mit Sinn und gemeinsamen Werten voranzubringen.

Es wird das große Ganze betrachtet. Jeder Einzelne ist wertvoll, aber in der Gemeinschaft können wir noch Größeres erreichen! Kooperationen bilden, tiefe Verbindungen aufbauen – das macht uns wirklich glücklich, was die aktuellen Harvard-Studien ebenfalls bestätigen.

Ubuntu ist tief in der afrikanischen Kultur verwurzelt. Der Begriff steht für menschlichen Großmut und wurde ursprünglich als kostenfreie Unterstützung durch die Gesellschaft verstanden, indem jedem Reisenden die Türen geöffnet, Essen und Unterkunft gereicht wurden.

Ubuntu fördert die tiefe Verbundenheit jedes einzelnen Menschen mit seiner Familie, seinen Vorfahren und seiner eigenen Verantwortung.

5.1 Führen durch Gemeinschaft und Weitsicht

Erst in den 90er-Jahren haben Nelson Mandela und Desmond Tutu, der Erzbischof von Kapstadt, Ubuntu mit der Botschaft »Vergebung statt Vergeltung« weltweit bekannt gemacht. Bei Ubuntu ging es beiden nicht nur darum, sich um andere zu kümmern, sondern die Extrameile für das Wohl anderer zu gehen. Ubuntu bedeutet Menschenwürde, tiefe Vergebung, Respekt und dadurch inneres Wachstum und Veränderung.

Ich war beeindruckt, bewegt und berührt zugleich und fragte mich, wie Mandela seinen eigenen inneren Wandel geschafft hatte. Matthew erzählte, dass Nelson Mandela eine tiefe Transformation vollzogen habe: vom brutalen, gewaltsamen Verteidigen der Rechte hin zu einem friedvollen Miteinander und einer positiven gemeinsamen Zukunft. Seine Wut und seine Verletzungen, nicht gehört und verstanden zu werden, die Aggressionen, die darin stecken – und dann diese Wandlung zu vollziehen, mit einem ganz anderen Bewusstsein und friedvollerer Haltung nach vorn zu gehen. Kaum vorstellbar. In seiner Biografie »Der lange Weg der Freiheit« ist zu lesen, dass während seiner Gefängniszeit sein Zorn auf die Weißen abnahm. Er lernte, ohne Bitterkeit, sondern mit Würde und Klarheit aufzutreten. Seine innere Ruhe und Stärke machten ihn zu einem begeisterungsfähigen Magneten. Die Menschen spürten seine zielgerichtete Dynamik und gleichzeitig seine innere Ruhe mit Fokus auf ein friedvolles Ziel. Noch heute wird er in Südafrika liebevoll »Tata Madiba« genannt: Vater der Demokratie und Vater der Nation. Aus meiner Sicht können nur seine tiefe Auseinandersetzung mit sich selbst, seine Lernfähigkeit und Offenheit zu großer Liebe und Vergebung sowie die Erkenntnisse Ubuntus diese Transformation erreicht haben.

Ubuntu beinhaltet für mich, ein höheres Level an Weisheit anzunehmen.

Viele Katastrophen haben in unserer Nähe, in Europa oder in Deutschland gezeigt, dass auch wir in Krisen zusammenhalten. Doch wie lange hält dieses kraftvolle Miteinander bei uns an? Was kommt danach, wenn die Versicherung dem Nachbarn mehr auszahlt? Wenn der Kollege schneller Karriere macht oder bei uns schon Ungerechtigkeit gespürt wird, nur weil Remote-Arbeit nicht für alle funktioniert und ermöglicht werden kann? Dann stehen wieder Neid und Missgunst, Konflikte und Mobbing im Mittelpunkt.

Ubuntu bedeutet dagegen, eine besondere Haltung zu sich und anderen einzunehmen, unabhängig von guten oder schlechten Zeiten.

5.2 Ubuntu als Wirtschaftsfaktor, der sich rechnet

Ubuntu ist weit mehr als ein oberflächlicher Ausdruck von Harmonie. Für mich ist Ubuntu auch als ein entscheidender Wirtschaftsfaktor mit Kollaboration, Kooperation und Mitarbeiterbindung zu nutzen – als die Zukunft des Unternehmertums. Vielleicht kann Ubuntu auch als Erfinder des agilen Arbeitens, von dem alle profitieren, gesehen werden. Agile Methoden zeichnen sich auch dadurch aus, dass neue Wege

ohne Angst vor Fehlern ausprobiert werden. In einer vertrauensvollen Gemeinschaft ist Fehlermanagement kein Tabu, sondern wertvoll für persönliche und kollektive Entwicklung.

Ist es nicht sinnvoll, beim Entwickeln von etwas Größerem alle einzubeziehen und die Besten zusammenzubringen? Hierfür wäre es wichtig, manchmal unser Ego in die zweite Reihe zu stellen und zuzuhören. In manchen Situationen können andere Menschen aufgrund ihrer Expertise den entscheidenden Unterschied machen. Positionen oder Hierarchien dürfen dann keine Rolle spielen.

Jeder Einzelne wird über Ubuntu aufgefordert, seine Fähigkeiten zu erkennen und zum Wohl der Gemeinschaft einzusetzen. Unser Wissen und unsere Liebe werden dann nicht nur geteilt, sondern exponentiell vermehrt.

Indem wir die Verantwortung für uns selbst übernehmen und aufhören, die Schuld bei unseren Vorfahren zu suchen, wird uns dies schneller gelingen.

Ubuntu lehrt uns, dass unser Leben tiefgreifender ist, wenn wir es in einer positiven Gemeinschaft verbringen. Es ist ein Aufruf, zu führen, indem wir uns einbringen und persönlich wachsen, dabei auch anderen Wachstum ermöglichen – eine kraftvolle Botschaft für jedes Umfeld. Das afrikanische Sprichwort trifft es gut: **»Es braucht ein ganzes Dorf, um ein Kind großzuziehen.«**
Jeder Einzelne hat einen Anteil daran und ist mitverantwortlich, dass das Bestmögliche in anderen Menschen zum Vorschein kommt.

Diese Ubuntu-Haltung ist für mich ein Gamechanger im Leben geworden, privat und in wirtschaftlicher Hinsicht. Denn ohne ein stetiges menschliches Aufeinander-Zugehen sowie eine effektive Kollaborations- und Kooperationsarbeit werden wir zukünftig nicht bestehen können.

Ubuntu bietet eine Gemeinschaft, die dich anspornt, die an dich glaubt und dir beste Wege aufzeigt. Deshalb ist die Weisheit »Umgib dich mit den passenden Menschen und du wirst deine Ziele erreichen« noch immer so aktuell.

Wenn wir Ubuntu verinnerlichen, werden die Spuren, die wir hinterlassen, tief und beständig sein. Und was noch entscheidender ist: Sie werden für die Leader unserer Zukunft wegweisend sein.

UBUNTU: Ich bin, weil es andere gibt

Es gibt eine Sage über Ubuntu. Niemand weiß genau, wer der Urheber ist, bei welchem Volksstamm diese Begebenheit sich abspielte und ob es diesen Forscher wirklich gab. Doch die Geschichte spiegelt das Wesentliche von Ubuntu wider, welches in einer aktuellen Studie von dem Entwicklungspsychologen Daniel Haun zum Thema Gerechtigkeitssinn ebenfalls bestätigt wird.

Die Sage beschreibt, dass ein europäischer Forscher hungrigen Kindern eines afrikanischen Stammes ein Spiel anbot. Er stellte einen Korb mit süßen Früchten an einen Baum und sagte ihnen, wer zuerst dort sei, gewinne das gesamte Obst. Als er ihnen das Startsignal gab, nahmen die Kinder sich gegenseitig an den Händen, liefen gemeinsam los, setzten sich dann zusammen hin und genossen ihr Essen. Als er sie fragte, weshalb sie alle gemeinsam gelaufen seien, wo doch jeder die Chance hatte, die gesamten Früchte für sich allein zu gewinnen, sagten sie: »Ubuntu – wie kann einer von uns glücklich sein, wenn all die anderen traurig sind?«

Eine aktuelle weltweite Studie von Daniel Haun aus Leipzig (2025) zeigt, wie unterschiedlich Gerechtigkeitsnormen in verschiedenen Kulturen sind. Forscher führten Experimente mit Kindern aus verschiedenen Kulturen durch, um diese Unterschiede zu untersuchen. In Deutschland verteilten die meisten Kinder die Belohnung streng nach Leistung und Erfolg. Wer der Gewinner war, bekam den größten Anteil. Das zeigt, wie stark das Prinzip der Leistungsgerechtigkeit in unseren Industrienationen verankert ist.

Dasselbe Experiment wurde auch mit Kindern aus Jäger-und-Sammler-Kulturen durchgeführt, wie den !Kung aus Namibia (eine ethnische Volksgruppe der San) und den Samburu aus Kenia. Bei den !Kung, die in einer Gemeinschaft leben, in der Ressourcen in der Regel gleich verteilt werden, teilten auch die Kinder die Belohnung gleichmäßig, selbst wenn einer von ihnen mehr geleistet hatte. Bei den Samburu in Kenia war es etwas anders. Dort wachsen die Kinder in einer Gesellschaft auf, in der der Ältestenrat die Ressourcen verteilt. Sie wissen oft nicht, warum manche mehr bekommen als andere. Deshalb verteilten sie die Belohnung untereinander so, dass mal der eine mehr bekam, mal der andere – aber auch völlig unabhängig von der Leistung.

Wird uns nicht jeden Tag klarer, dass das Prinzip »Höher, schneller, weiter« längst unpassend ist? Es bringt uns nicht mehr weiter, sondern führt für viele Menschen in Krankheit und in die Verzweiflung, viele Unternehmen auch in existenzielle Nöte. Da wäre eine Ubuntu-Haltung sicherlich häufiger hilfreich und angebracht. Auch bei den verschiedensten ethnischen Kulturen und Gruppen ist die Realität der »Moderne« längst angekommen. Sie werden immer mehr zur Sesshaftigkeit getrieben und müssen sich massiven Einflüssen von außen stellen.

5.3 Ubuntu und die Weisheit der Generationen unterm Ahnenbaum

Um den Tag an einem ganz besonderen, passenden Ort zu verbringen, versammeln wir LIFE Safari®-Pioniere uns gern unter einem magischen Ahnenbaum, der Mopane.

Der Ahnenbaum ist ein halbimmergrüner Baum (unter anderem ein Combretum imberbe), der bis zu 25 Meter hoch wächst. Er ist besonders im südlichen und nordöstlichen Afrika verbreitet. Für manche afrikanischen Völker ist er mehr als ein imposantes Zeugnis der Natur: Er ist ein heiliger Baum, ein symbolischer Ort der Begegnung, an dem alle Fäden zusammenlaufen. Ein Ort, an dem der Vergangenheit würdevoll gedacht und die Zukunft neu geschrieben wird.

Mehrmals im Jahr versammeln sich die Menschen unter ihm, um ihrer Ahnen zu gedenken und um zu reflektieren, welche ihrer Lehren heute noch Bestand haben. Welche Werte sollen gelebt werden, welche Tradition beibehalten oder welche Neuerungen zugelassen werden?

Welche Fähigkeiten haben meine Ahnen ganz besonders ausgezeichnet?
Welche sollten fortbestehen, welche verworfen werden?
Wohin gehen wir, wenn wir uns mit unseren Wurzeln als Menschen verbinden wollen?
Wie stellen wir die Verbindung zu denen her, die lange schon die physische Erde verlassen haben?
Wie erinnern wir?

Als Ahnen werden nicht alle Menschen bezeichnet, die vor uns aus dieser Welt gingen. Im südlichen Afrika nennt man Ahnen diejenigen, die eine besondere Bedeutung für uns und Spuren hinterlassen haben. Alle anderen werden Vorfahren genannt. Interessant, oder?

Heute dürfen wir uns unter diesem Ahnenbaum austauschen, mit unterschiedlichen Menschen aus unterschiedlichen Kulturen. Wir hören Geschichten von den Herero, den Khoisan und den Südwestlern – über alle Generationen hinweg, mit dem Ziel, voneinander zu lernen. Ältere Menschen teilen ihre Erfahrungen mit den jüngeren, die Jungen erklären die Welt, so wie sie sie heute erleben und erfahren. In einer sich immer schneller verändernden Welt und Gesellschaft werden diese Orte zum Inbegriff des Innehaltens und des Ausrichtens für die Zukunft. Für alles, was da kommen mag, ohne Trennung von Generationen, Hautfarben oder Geschlechtern.

Dieser Platz unterm Ahnenbaum ist magisch. Diese besondere Energie fühlen wir alle. Genau der richtige Ort für unsere neuen Ubuntu-Konzepte. Ganz von allein entwickeln sich tiefe Gespräche über die eigenen Eltern und Großeltern, über unsere Herkunft, unsere »familiären Mitbringsel«, Verknotungen und versteckten Talente. Wir nehmen uns Raum und Zeit, Familiengeschichte wertschätzend anzunehmen, aufzulösen und loszulassen. Von jetzt an ist es gut, nicht weiter zu Vergangenem zu schauen, sondern in eine blühende Zukunft. Statt Generationen zu kritisieren, sollten wir ihre jeweiligen Perspektiven nutzen. Wenn Jung von Alt lernt – und Alt von Jung –, entsteht ein zukunftsfähiges Miteinander, das auf gegenseitigem Respekt und echtem Erfahrungsdialog beruht.

Wie können wir also die große Philosophie von Ubuntu umsetzen und in unser Leben bringen? Was lernen wir von Ubuntu? Was nehmen wir mit in unseren Alltag?

Imani, die weise Nigerianerin

Hast du schon einmal das Gefühl gehabt, dass manche Menschen dich und deinen Weg blockieren? Dich nerven und du sie am liebsten zum Mond schießen würdest? Egal ob im Job oder privat, wir alle kennen diese schwierigen Persönlichkeiten, die uns ganz schön herausfordern. Die uns immer wieder vor die Frage stellen, warum ausgerechnet wir auf sie treffen müssen. Schon bevor wir sie sehen oder hören, stehen bei uns alle Zeichen auf Widerstand.

Noch immer erinnere ich mich an eine kritische Situation mit einem meiner früheren Chefs. So wie mich andere beschreiben, bin ich in Gesprächen eher ausgleichend und mit normaler Lautstärke unterwegs. Doch vor vielen Jahren bin ich recht heftig mit meinem Chef aneinandergeraten. Zwischen uns wurde es richtig laut. Aus meiner damaligen Sicht »musste« er erfahren, wie es um gewisse Zustände in der Firma bestellt war – Zustände, die er partout nicht sehen wollte. Das war in diesem Moment sicherlich nicht professionell von mir, aber ich war jung, und es war sehr heilsam und lehrreich.

Der besagte Chef war ein schwieriger Mensch, zumindest in meinen Augen. Er hatte keine Ahnung vom Fachgebiet, traf aber wichtige Entscheidungen allein, ohne seine Experten zurate zu ziehen. Es war ein Desaster, die Folgen kaum tragbar. Für mich stand immer schon die

Einbeziehung aller Mitarbeiter im Fokus, wofür ich von ihm hier und da kritisiert wurde, ich sei zu mitarbeiterorientiert. Dementsprechend nahmen unsere Meinungsverschiedenheiten und meine Abneigung ihm gegenüber von Tag zu Tag zu, mein Respekt sank dagegen beträchtlich.

Aber wie findet man einen Weg zur Zusammenarbeit mit einem Menschen, der dem eigenen Naturell und den eigenen Werten so wenig entspricht? Wie kann man trotz allem gemeinsam am großen Ganzen arbeiten?

Ich brauchte einen Blick und Rat von außen. Imani, eine weise Näherin aus Nigeria, brachte mich zu einer meiner größten Erkenntnisse im Leben. Und dabei stellte sie mir lediglich eine Frage:

Wie müsstest du denken, um anders zu fühlen?
Das hatte Durchschlagskraft!
Sie beurteilte nicht, sondern gab mir eine Sichtweise mit:
Du kannst nur ändern, was in deinem Wirkungskreis liegt. Also finde Positives, wo du bisher nur Negatives erkennen kannst!

Ich konnte mir nicht vorstellen, auch nur einen einzigen positiven Aspekt an diesem Menschen zu finden, und nun sollte ich mindestens zehn Punkte aufschreiben. Mein Chef war für mich weder äußerlich noch innerlich ansprechend. Es ekelte mich inzwischen sogar an, ihm die Hand zur Begrüßung zu geben. Seine Art und Weise waren nicht zu ertragen.

Ich war wütend über die Aufgabe, die mir Imani gegeben hatte, fühlte mich nicht verstanden, weil schließlich nicht ich mich verändern musste!

Nun durfte ich mich fragen, was ich von meinem Chef alles lernen könnte. Und genau diese Aufgabe hat alles gewendet!

Bei all den negativen Dingen konnte ich zu Beginn lediglich aufschreiben: »Ich lerne, wie ich als Führungskraft nicht sein möchte.«

Immerhin, es war ein Anfang. Daraufhin fand ich immer mehr Themen, die ich mir genauer anschaute, zum Beispiel, wie er geschickt Arbeit delegierte oder sich aus langweiligen Meetings verabschiedete. Er zeigte mir, stark zu verhandeln und gleichzeitig immer offen für den Dialog zu bleiben. Und dann sah ich ihn eines Tages, wie er liebevoll und geduldig seine Tochter durchs Unternehmen führte und ihr alles genauestens erklärte.

Ich habe eine Weile gebraucht, um diese versteckten Qualitäten klar zu erkennen. Doch sobald ich es geschafft hatte, meinen Blickwinkel zu erweitern und mein Ego zurückzustellen, konnte ich auch etwas Sympathisches an ihm entdecken. Meine Bereitschaft, offen auf ihn zuzugehen, veränderte sich wieder.

Ich lernte, Dinge selbst zu bewegen, anstatt mich im Konflikt an anderen abzuarbeiten. Was für ein Lernfeld für mich! Noch heute bin ich für diese Sichtweisen überaus dankbar.

Auch die Geschichte von Nelson Mandela ist mir dabei immer wieder ein Vorbild, da er sich in einem langen Prozess von Aggression, Hass und Gewalt zu Verständnis, gewaltfreier Kommunikation und zu friedvollem Miteinander entwickelt hat.

Sakhile, als Ubuntu-CEO in Botswana

Jahre später, im Jahr 2010, durfte ich dank der beeindruckenden Sakhile Nyoni-Reiling, CEO der Air Botswana und erste weibliche Pilotin des Landes, in meiner Rolle als Head of Aircraft Sales das Konzept des authentischen Ubuntu erleben. In tagelangen intensiven Verhandlungsgesprächen über technische Kriterien und Auslieferungsspezifikationen unserer Flugzeuge an Air Botswana stellte sich einer ihrer leitenden, männlichen Manager zu Beginn als eher widerspenstiger, arroganter Verhandlungspartner mit klassischen Machoallüren dar. Er war gegen alles und äußerte lautstark Kritik. Am nächsten Tag jedoch war er plötzlich lammfromm und sehr kooperativ. Verwundert fragte ich Sakhile nach der Verhandlungsrunde, was geschehen war und was sie getan hätte.

Ihre Antwort war einfach: »Drowning in love! In Liebe ertränkt! Wir alle wollen doch nur geliebt werden. Ich habe ihm gesagt, dass ich seine Kompetenzen sehr schätze und dass sie am besten zur Geltung kommen, wenn er im Modus des Win-win-Denkens agiert, der für beide Seiten vorteilhaft ist. Denn wie können wir zufrieden sein, wenn ihr unzufrieden seid?« Seitdem ist für mich »in Liebe ertränken« die bewährte Methode für Querulanten, besonders im Konflikt- und Changemanagement oder der Mediation.

Hinter jedem bockigen oder starren Konfliktverhalten stecken tieferliegende Interessen und Bedürfnisse, die die gegensätzlichen Positionen steuern. Dies kennen wir auch aus dem Harvard-Konzept. Wir sind alle Menschen, die gesehen und geliebt werden möchten. Die Bereitschaft, offen aufeinander zuzugehen und die Perspektiven zu wechseln, ist auch aus meiner Sicht ein entscheidender Schlüssel. Schlüpfen wir doch zeitweise einfach in die Mokassins anderer oder betrachten die Welt durch ihre Brille. Denn mit alten Handlungsmustern lassen sich selten neue Lösungen finden.

Wenn dein Albtraum wahr wird und eine Safari der Lösungen entsteht

Jeder Tag hält die Chance für uns bereit, unsere Haltung und damit auch unsere Reaktionsmuster zu überprüfen. Meistens dann, wenn wir es am wenigsten erwarten.

Vierzehn Jahre hatte ich mir das Eintreten meines Albtraums vorgestellt, wenn auch nur für wenige Sekunden, und dann immer wieder schnell im Geiste weggewischt: Hier bei mir im Rheinland haben mein Mann und ich uns eine kleine Oase im Grünen erschaffen, mit unserem

Familienhaus und drei direkt an den Garten angrenzenden Seminar- und Gästehäusern, um Menschen aus aller Welt eine außergewöhnliche Zeit des Zusammenkommens und, wenn sie mögen, des Lernens und Arbeitens zu bieten. Mein Albtraum war: Doppelbuchungen in unseren Räumlichkeiten zu haben.

Und so passierte es. Mit meinem Team der »Guten Feen« war alles bestens vorbereitet. Die Gästehäuser standen bereit, und wir freuten uns auf die gebuchten Gäste. Das Wetter war wunderbar. Doch plötzlich wurde mein Albtraum Realität!

Vor mir standen auf einmal dreißig Menschen fast zeitgleich mit all ihrem Gepäck vor der Tür. Anstatt fünfzehn Gästen hatte ich die doppelte Anzahl an Personen auf unsere Gästehäuser gebucht. Ein Schock! Mir wurde heiß und kalt. Wie hatte ich nur bei der Organisation so versagen können? Warum hatte das Buchungssystem diese Fehler nicht rechtzeitig angezeigt?
Und wie konnte ich die Konsequenzen, dass fünfzehn Gäste auf der Straße stünden und keine Bleibe hätten, noch verhindern? Ein Desaster, besonders an diesem langen Feiertagswochenende. Eine Gästegruppe hatte ein Seminar geplant, die andere war mit drei Familien und Kindern samt Hund angereist. Eine echte Herausforderung!

Ich hätte schreien können, denn ich war richtig wütend auf mich, über meine eigene Unaufmerksamkeit während der Buchungsphase im Jahr zuvor. Um mich herum dreißig erwartungsvolle Gäste, englisch-französisch-deutschsprachiges Stimmwirrwarr, die auf eine Lösung warteten. Natürlich wollten alle ihre gebuchten Gästehäuser beziehen. Sie hatten sich schon mehrere Monate darauf gefreut, Familien, Freunde und Teilnehmer zu treffen. Alle wollten ihre wohlverdiente Auszeit bei uns verbringen. Doch was tun? Mein Stresspegel war am obersten Anschlag angekommen.

Was machst du in solch einer Drucksituation, die sofort aufgelöst werden muss?

Als Unternehmerin und Führungskraft weiß ich, dass in solchen Momenten Ruhe und klare Entscheidungen gefragt sind. Also habe ich tief durchgeatmet und, im Ernst, auch unsere Gäste aufgefordert, dies zu tun. Und dann bin ich gemeinsam mit den Gästen durchgestartet. Hakuna matata – es gibt immer Lösungen!

Ich griff auf meine dreißig Jahre lange Erfahrung als Ingenieurin und Ubuntupraktizierende mit der Safari-Strategie zurück. Schnell das FOR-DEC+I-Modell angewendet, meine starke Community aus Freunden und Familie als Ubuntu-Leader um Hilfe gebeten und die Gäste aktiv in den Lösungsprozess einbezogen. Dieses Modell ist mein Kompass in entscheidenden Momenten wie diesen. Und Ubuntu ist die Kompassnadel.

Das Resultat?

In gerade mal drei Stunden wurde unsere denkmalgeschützte Bürovilla nebenan tatkräftig in ein »Gästehaus de luxe« umfunktioniert und von fünfzehn Gästen bezogen. Niemand musste sein wohlverdientes Feiertagswochenende mit Wut im Bauch und ohne Erholung verbringen. Ein Jubel der Erleichterung brach bei allen nach getaner Arbeit aus – und verband uns auf besondere Weise. Das Wochenende konnte kommen! Meine Dankbarkeit gegenüber allen, die geholfen hatten, war grenzenlos – und das Lachen aus unseren Gästehäusern und Gärten mein persönlich größtes Dankeschön.

Wir wissen alle, dass Krisen und Stolpersteine zum Alltag gehören. Aber mit den richtigen Menschen und erprobten Strategien sind wir entscheidungsstark und zu (fast) allem fähig. Ubuntu ist unsere zukunftsträchtige Leadership-, Safari- und Lebensstrategie.

Ubuntu ist das Geschenk Afrikas für die Welt!

5.4 Vom Nervfaktor bis zur großen Lektion

Es passiert immer wieder: Sobald wir unterwegs mit unseren voll bepackten Allradfahrzeugen anhalten, laufen kleine Kinder auf unsere Fahrzeuge zu. Ihre Neugierde ist groß, ihr Interesse ehrlich – und oft strecken sie auch ihre Hände aus. Diese Begegnungen haben mich im Laufe der Jahre viel über unser Verhalten und unsere Spendenkultur nachdenken lassen. Heute stehe ich völlig konträr zu einigen gängigen Ansätzen.

Die Sichtweisen und Prägungen, die wir in Europa oft über den afrikanischen Kontinent vermittelt bekommen, haben über Jahrzehnte hinweg einen Kreislauf geschaffen, der nicht immer hilfreich ist und die Menschen in eine Opferrolle bringt. Ein einfaches Muster hat sich etabliert: Jemand hält die Hand auf, und wir geben. Für viele Afrikaner ist daraus eine logische Schlussfolgerung entstanden: »Wenn die Europäer zu uns kommen, ist das eine schnelle Einkommensquelle. Ich brauche nur die Hand aufzuhalten, und sie geben Geld.«

Es ist ein Kreislauf, an dem wir alle beteiligt sind, mit unserem Denken und unserem Verhalten. Denn wenn wir genauer hinschauen, sehen wir natürlich auch Mütter und Väter, die dort auf den Feldern stehen und arbeiten, um ihre Familien mit Essen zu versorgen. Wir als Besucher und Gäste in ihrem Land sehen in der Regel nur einen winzigen Ausschnitt, unsere Wahrheit. »Die Armen, die haben ja nichts!«, denken wir, wenn die Kinder auf unsere Fahrzeuge zulaufen und die Hände ausstrecken.

Es ist die Perspektive, an die wir gewöhnt sind, die wir für wahr halten – und nie hinterfragen. Den winzigen Ausschnitt, wie das Handaufhalten, sehen wir, interpretieren ihn und meinen dadurch, die ganze Welt zu kennen. Doch das Bild ist größer und vielschichtiger.

Doch wenn Geben zur Falle wird – und wir es nicht merken?

Was wir mitbringen, wenn wir auf den afrikanischen Kontinent reisen, sind unsere Bilder, die wir in unseren Köpfen haben. Es ist nicht die Realität. Es ist nur unsere Realität.

Das Thema Spenden beziehungsweise Geldgeben ist kein einfaches. Weder für mich noch für alle Weggefährten, die mit mir hier auf der Tour sind. Es gibt viel Gesprächsbedarf auf der Weiterfahrt. Für mich ist es etwas, bei dem ich mit jeder Reise und jeder Begegnung dazulerne. Ob hier in Afrika oder auch zu Hause in Deutschland.

Noch vor einigen Jahren bin ich selbst dazu zunächst in eine gedankliche Falle getappt.

Was ich auf dem Parkplatz in Hout Bay (Südafrika) gelernt habe

Vor den afrikanischen Supermärkten siehst du häufig Menschen, die dich in einen freien Parkplatz einweisen wollen. Sie laufen vor dir her, suchen dir eine Lücke und wollen dich dann dabei begleiten, dort einzuparken oder nach dem Einkauf wieder dort rauszukommen. »Ich passe auf dein Auto auf«, versichern sie dir und erledigen dies auch zuverlässig.

In all den Jahren ist es mir oft passiert, dass ich davon genervt war, nach dem Motto: »Ich kann das selbst, ich kann allein einparken, ich brauche niemanden.« Manchmal war da eine richtige innerliche Aggression, wenn ich nur auf den Parkplatz fuhr, weil ich dachte, die trauen es mir als Frau nicht zu, dass ich es schaffe, selbst in die Lücke zu kommen. Erst viele Jahre später habe ich einen völlig anderen Blick darauf bekommen: »Das ist ja super! Sie wollen nicht mit bettelnden Händen auf mich zukommen, sondern bemühen sich, mir eine Dienstleistung anzubieten.«

Warum war mir das nicht viel früher aufgefallen? Diese Menschen tun genau das, was ich so gern sage: »Haltet nicht die Hand auf, sondern überlegt euch, was ihr mir anbieten könnt, etwas, das ich bei euch kaufen kann. Das kann ein gut erzählter Witz, ein gemaltes Bild oder Hilfe beim Auspacken des Einkaufswagens ins Auto sein. Wir kommen dann in ein Kunden-Lieferanten-Verhältnis und tauschen Dienstleistung gegen Geld.« All die Jahre hatte ich nicht gesehen, dass diese Menschen auf dem Parkplatz genau das taten. Im Übrigen spreche ich in Deutschland auch mit den Menschen, die vor unseren Supermärkten sitzen und die Hände aufhalten, indem ich sie frage, was sie mir anbieten können. Ein Lachen? Ein Lied? Oder handfeste Hilfe beim Verladen der Einkäufe in mein Auto? Mit ist es wichtig, auf Augenhöhe zu kommen und aus der Opferhaltung heraus in das Gefühl »Auch ich bin es wert, heute hier zu sein und mein Leben eigenständig in die Hand zu nehmen«.

Seitdem ich diesen Zusammenhang für mich verstanden habe, gebe ich heute gern und bewusst Geld – aber anders als früher. Mein Gedanke ist dabei: »Du hast es verstanden. Du nutzt das, was du hast, und bist dabei, dein Leben aktiv aufzubauen, anstatt passiv darauf zu warten, dass jemand kommt und dir Almosen gibt.«
Dieser Perspektivenwechsel hat meine Energie in solchen Situationen komplett verändert. Doch vor allem habe ich erkannt, dass es in Wahrheit mein eigenes Thema war, das ich ansehen und lösen musste. Mit den Menschen selbst hatte es überhaupt nichts zu tun.
Für mich lautet die Lektion aus dieser Erinnerung: **»Ich passe auf dein Auto auf – und du auf deine Haltung!«**

5.5 Wem machen wir wirklich ein Geschenk?

Laut aktueller Harvard-Studie von 2024 ist es wieder einmal analysiert: Was macht uns Menschen glücklich? Enge Beziehungen und das Geben von Geschenken an andere.
Dabei können Geschenke materielle und immaterielle Dinge beinhalten und in beiderlei Formen von unschätzbarem Wert sein. Für mich stellt sich dann schnell die Frage: Knüpfe ich an das Geschenk eine Bedingung? Ein Dankeschön? Eine Erwartungshaltung? Erhält jemand erst

sein Geschenk, wenn er eine Leistung erbracht hat? Wem mache ich wirklich ein Geschenk? Mir selbst oder anderen? Darf mein Geschenk vom Beschenkten weiterverschenkt werden?

Bedingungslose Liebe und bedingungsloses Geben zu erreichen, sind meine höchsten Ziele im Leben. Dennoch ertappe auch ich mich immer wieder dabei, Erwartungen daran zu knüpfen.

Das Thema Spenden ist ein weites Feld. Es ist umfassender und vielschichtiger, als ich es in diesem Buch darstellen kann. Doch ich teile meine Erfahrungen und Widerstände gegen Entwicklungshilfe-Gelder gern, weil der Austausch von Erfahrungen unsere Kreativität erweitert, um immer bessere Lösungen zu finden.

Grundsätzlich entspringt der Gedanke, Geld oder Sachdinge zu spenden, also aus unserem Grundbedürfnis zu geben, welches dem Ansatz von Ubuntu entspricht:
Gemeinschaft und Zusammenhalt.

Bitte versteh mich nicht falsch – überall, wo es Not und Krisen gibt, sollten wir schnellstmöglich helfen. Aber danach ist es aus meiner Sicht wichtig, an die Ursachen zu gehen. Die finanzielle Unterstützung sollte nur eine sehr kurzfristige Hilfe sein, um die Menschen nicht in eine Opferrolle zu stecken. Wir sollten sie unterstützen, sich schnell wieder stark zu fühlen, etwas Eigenes auf die Beine zu stellen, um eigenständig zu sein und für sich selbst und andere sorgen zu können.

Es gibt zahlreiche Organisationen, die wundervolle Arbeit leisten. Herzlichen Dank an alle ehrenamtlichen Unterstützer dafür. Tatsache und in Studien nachlesbar ist aber auch, dass in vielen Fällen nur etwa 30–40 Prozent der Spendengelder dort ankommen, wo sie eigentlich hin sollen. Der Rest geht in Administration und anderen Kostenstellen unter.

Wahre Hilfe bietet meiner Erfahrung nach immer die Unterstützung, bei der die Empfänger in ihre eigenen Potenziale kommen und aus eigener Kraft und Ideenreichtum selbst etwas gestalten können. So, wie wir es von Matt, dem zukünftigen Fotografen, von Joseph, unserem Guide und landwirtschaftlichen Unternehmer, oder der Näherin und zukünftigen Tänzerin Celine mit ihrem schwarzen Abendkleid gehört haben.

Oft brauchen Menschen nicht unser Geld, sondern eher Gespräche auf Augenhöhe, ein gutes Netzwerk oder ein Unternehmer-Mentoring, welches wir in unserem Verein Business 4 Needs & Dreams e. V. anbieten und einsetzen.

Bevor wir einen Betrag X überweisen oder Geld in einen Spendenumschlag stecken, sollten wir die folgenden Fragen vorab für uns geklärt haben:

- Leiste ich hier wirklich den bestmöglichen Beitrag?
- Oder fehlen mir die Ideen, was ich sonst noch tun könnte?
- Wem kommt dieses Geld zugute?
- Wie fühlen sich die Menschen, wenn sie langfristig auf mein Geld angewiesen sind?
- Kommt es wirklich den Menschen und Projekten zugute – oder versickert ein Großteil des Geldes in der Administration oder an Stellen, die wir von außen nicht nachvollziehen können?
- Wer profitiert wirklich in diesem Moment? Mein Ego oder das Selbstwertgefühl der anderen Person?

Wem machen wir wirklich ein Geschenk?

Es mag erstaunlich klingen, doch auf meinen Reisen nach Afrika ist es mir mehr als einmal passiert, dass Menschen sagten: »Wir wollen das Geld der Weißen nicht. Hört auf damit, uns Geld zu schicken! Wir wissen selbst, wie wir unseren Kontinent retten. Wir wollen unsere eigenen Heldengeschichten schreiben!«

Das hat mich anfangs vollkommen überrascht. Denn schließlich kommen wir häufig aus der Prägung: »Die Armen. Die haben nix. Die brauchen unsere Spenden, sonst können sie nicht überleben.«

Wem machen wir also wirklich ein Geschenk, wenn wir Geld spenden? Ist es nicht so, dass es auch ein Geschenk für uns selbst ist? Für unser gutes Gefühl, geholfen zu haben?

Doch ist Ubuntu nicht viel mehr? Ich verstehe darunter: Lead yourself & empower others – also, erst einmal sollte ich mich selbst führen lernen. Wie gehe ich mit mir um? Halte ich meine Versprechen? Kann ich mir selbst vertrauen? Kann ich auch andere neben mir wachsen lassen? Wie kann ich am besten unterstützen, sodass andere zu Helden werden?

Vielleicht fragst du dich beim nächsten Mal, wenn du den Wunsch verspürst zu helfen: »Wer profitiert wirklich in diesem Moment? Mein Ego oder das Selbstwertgefühl der anderen Person?« Ich finde es wertvoll, diesen Gedanken weiterzudenken.

Als mein Mann 2019 als ehrenamtlicher Zahnarzt in Tansania arbeitete, stieß er auf ein nagelneues Röntgengerät – originalverpackt und noch nie benutzt. Es hätte einwandfrei funktioniert, wären da nur das passende Kabel und der richtige Ansprechpartner in den letzten Jahren vorhanden und eingebunden gewesen, um das Gerät in Betrieb zu nehmen.

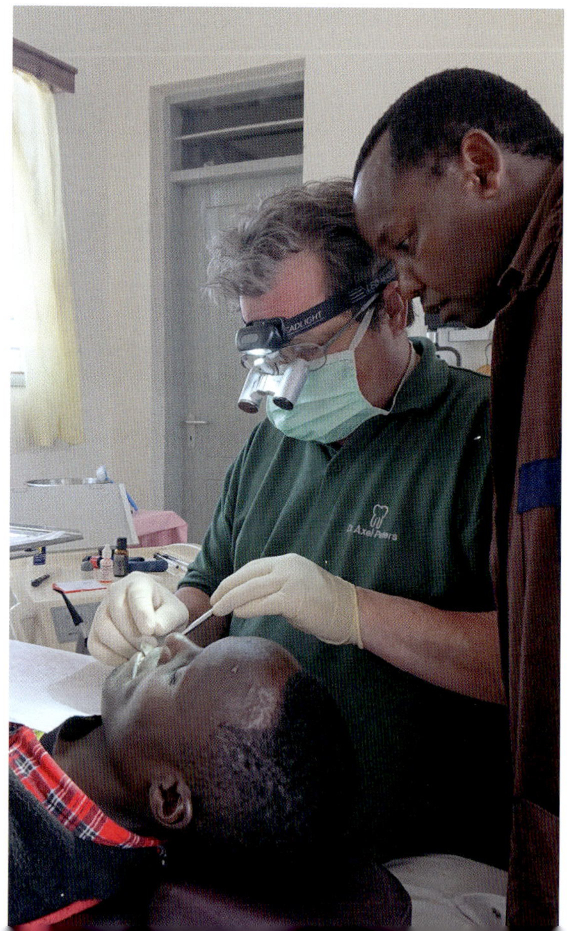

Mein Mann Axel, als Schatzmeister unseres Vereins und in Puma, Tansania, als ehrenamtlicher Zahnarzt der Interplast e.V. und bei Dentists for Africa aktiv.

Nichts liegt mir ferner, als zu missionieren. Ich möchte zum Neudenken anregen und meine eigenen Erfahrungen und Denkschleifen teilen. Und wenn für dich und viele andere Menschen ein paar neue Impulse dabei sind, über Afrika, über dich selbst und über das Spendenthema bezüglich sinnvoller Unterstützung nachzudenken, dann ist bereits viel erreicht. Dann ist mein Herz für den ersten Schritt meiner Mission erfüllt.

Verändern wir unsere Art zu spenden, indem wir stattdessen teilen!
Afrika braucht keine weißen Retter mehr, die sich wegen großer oder nicht brauchbarer Spenden auf die Schulter klopfen. Denken wir noch einmal an Rose und ihren Wunsch, eine Nacht in einem zu Bett schlafen. Dann lautet die Frage, die alles verändern kann: »Was brauchst du wirklich?«

Ehrliches Interesse und persönliche Gespräche sind ein Schritt, um diesem Szenario ein Ende zu bereiten. Fragen wie »Was brauchst du konkret, um dein nächstes Ziel zu erreichen? Wie können wir das gemeinsam lösen?« sind oft viel geeigneter und auf den jeweiligen Menschen und sein echtes Wohl ausgerichtet.

Lasst uns gemeinsame Heldengeschichten schreiben, indem wir zusammen lebensverändernde Win-win-Projekte für beide Seiten entwickeln – aber nicht aus Mitleid, sondern aus Freude am gemeinsamen Tun, am gegenseitigen Lernen und am inneren Wachstum.

5.6 Auf Augenhöhe und Herzensebene

Unsere LIFE-Safari®-Teilnehmer sind schon richtig aufgeregt, denn gleich sind wir da. Wir haben Laptops, Speicherkarten, Werkzeuge und Medikamente in unserem Land Rover dabei – auch Wachsmalstifte, um die Kreativität und Lust am Lernen in unserem Needs&Dreams-Projekt in

Südafrika mitzugestalten. Alles Dinge, um die uns die Menschen, die wir besuchen, gebeten haben. Jeder einzelne Gegenstand soll die Menschen dabei unterstützen, den nächsten Schritt in die Eigenständigkeit, in neue Fertigkeiten, Kompetenzen und später in die unabhängige Existenzsicherung zu schaffen.

Schon auf der Fahrt habe ich mit der Gruppe besprochen: Was wir hier machen, ist keine Gönnertour, auf der wir rumfahren und großzügig Geschenke und Spenden verteilen. Es geht um mehr, um gemeinsames Wachsen und Lernen voneinander.

Wie kannst du dich selbstständig machen und deine Arbeit gemeinsam mit deinem Team organisieren?

In meinem Unternehmen und in unserem Verein bilden wir auch gezielt Projektmanager aus, die dann Teil dieser Projekte werden und die Unternehmen vor Ort als Sparringspartner oder Mentoren unterstützen.

Ganz wichtig ist uns dabei: Die Projekte und Wünsche kommen von den Einheimischen. Sie sind gleichwertige Partner. Wir gestalten mit ihnen auf Augenhöhe, besser noch: auf Herzensebene. Einheimische und wir als Businesspartner sind vom ersten Schritt an gleichermaßen gedanklich beteiligt, identifizieren uns mit dem gemeinsamen Projekt und übernehmen Verantwortung. Nur so können die Projekte wirklich zum langfristigen Erfolg gebracht und die Gemeinschaft gestärkt werden. Manchmal werden wir nach den Anfängen auch zu BusinessAngels und investieren oder beteiligen uns finanziell am Projekt, wenn die Start-ups dies wünschen.

Wir selbst lernen dabei viel über unterschiedliche Verhaltens- und Arbeitsweisen, Perspektiven und kreative Konzepte. Ich bin mir sicher, dass ich dabei über dreißig Jahre mehr lernen durfte, als ich jemals zurückgeben könnte.

Die afrikanische Kultur und auch die wilde Natur helfen uns wiederum sehr, in unserem eigenen Inneren anzukommen, in unserem Kern, und uns zu fragen:

Wie stelle ich mein eigenes Ego zurück, indem ich andere mit ihren Lösungsideen unterstütze?

Wie mache ich das normalerweise mit meinem Team und Unternehmen in Deutschland?

Wie könnte ich es anders machen?

Welche Ressourcen könnte ich künftig nutzen oder auch anders an eine Situation herangehen?

In den Gesprächen und den Ergebnissen wird schnell klar, was eine starke Gemeinschaft alles erreichen kann. Ich sehe meinen Begleitern an, wie sehr dieser Besuch sie berührt und begeistert. Ein solches Gefühl von Erfüllung ist unbeschreiblich, geht so viel tiefer und ist so viel mehr wert als jede schnelle Überweisung. Das ist Transformation und gelebtes Ubuntu!

5.7 Auf unserem Weg zum Erfolg steht immer ein Wir

Immer mehr Menschen flüchten oder wandern aus Hoffnungslosigkeit nach Europa ab. Wenn wir es nicht schaffen, ein Gleichgewicht von Sicherheit und Wirtschaftlichkeit herzustellen, wird es einen verstärkten Kampf um unterschiedlichste Ressourcen und Lebensräume geben. Dann werden weitere Revolutionen und Kriege stattfinden. Dies sage ich nicht mit dem Ziel, Angst und Schrecken zu verbreiten, doch es ist eine natürliche Folge der derzeitigen Entwicklung, die bereits vor langer Zeit ihren Anfang genommen hat. Ich sehe mit Sorge, wie den Afrikanern ihr eigener Kontinent gerade durch andere Mächte aus den Händen genommen wird. Dies erzeugt im Grunde nichts anderes als einen erneuten Kolonialismus und neue Abhängigkeiten.

Natürlich dient allen eine neue Infrastruktur in Form neuer Straßen und guter Verbindungen zu den Häfen und Absatzmärkten, die viele ausländische Investoren ermöglichen. Doch die Kreditverträge sind so extrem belastend und häufig zum einseitigen Nachteil, dass viele afrikanische Staaten erst jetzt realisieren, was passieren wird und in welcher Abhängigkeit sie sich dadurch befinden. Dieses Übel haben sie verständlicherweise in den letzten Jahren in Kauf genommen. Aber wie lange kann es so noch gehen?

Es ist von höchster Wichtigkeit und Priorität, dass Afrika und Europa jetzt zusammenkommen, zusammen denken und auch zusammenarbeiten.

Tun wir dies nicht, dann werden sich weiterhin viele Afrikaner auf den Weg in Richtung Europa machen. Es werden noch mehr Menschen flüchten und sich auf wilde Wege begeben, noch mehr die Gefahr des Todes für sich und ihre Kinder in Kauf nehmen, um ihr »Paradies Europa« zu erreichen. Und was erleben sie, wenn sie bei uns ankommen?

Ein weniger einfaches, im Gegenteil, ein sehr vielfältiges Europa mit unterschiedlichsten politischen und ethischen Aspekten und Gesetzmäßigkeiten.

5.8 Ownership – weil es oft keine andere Wahl gibt

Während ich all dies schreibe, ist mir natürlich sehr wohl bewusst, dass man nicht ein ganzes Land und schon gar nicht einen ganzen Kontinent pauschalisieren kann. Genauso wie bei uns in Europa gibt es auch auf dem afrikanischen Kontinent Menschen, die ihren inneren Reichtum – ihre innere Kraft, ihre Vielfalt an Ideen und die Chancen, die sich ihnen bieten – nicht so klar und deutlich wahrnehmen wie andere. Es gibt überall Menschen, die gar nicht erst auf die Idee kommen, dass dieses Leben noch etwas anderes für sie bereithalten könnte. Doch die meisten Menschen, die ich persönlich auf meinen Reisen kennenlernen durfte, haben große Träume und die starke Motivation, etwas zu gestalten. Oft haben sie allerdings, im Gegensatz zu uns, nicht die Freiheit zu entscheiden: Will ich angestellt sein oder lieber selbstständig? Auf dem Land sind größere Unternehmen mit vielen Angestellten eher selten, daher gibt es wenig Karrieremöglichkeiten oder Steigerungen ihrer Einkommen.

Das bedeutet: Wenn sie Geld verdienen wollen, etwas erreichen wollen, müssen sie sich selbst aufmachen und Unternehmer werden – schlicht und einfach, weil es keine anderen Möglichkeiten gibt.

Genau weil diese Gestaltungsmöglichkeit fehlt, liegt es mir so sehr am Herzen, die Menschen vor Ort dabei zu unterstützen, in ihr Ownership, in ihre Eigenständigkeit zu kommen.

5.9 Spendest du noch oder teilst du schon?

Die »Success Stories«, die ich auf all meinen Reisen erlebt habe und immer wieder erlebe, würden den Rahmen dieses Buches sprengen. Doch weil sie so gut zu Ubuntu und zu unseren Vereinsthemen passen, möchte ich dir von einigen sehr zuversichtlich stimmenden Projekten und Organisationen berichten, in denen ganz besondere Initiativen ihre Flügel ausbreiten.

Das SINA-Projekt: Wenn Chancen Wurzeln schlagen
SINA – die Social Innovation Academy, die ich Ende 2023 kennenlernen durfte. Hier finden Träume ihren Nährboden und wachsen zu Visionen, die ganze Gemeinschaften prägen können.

SINA ist eine Akademie, die Geflüchteten und benachteiligten jungen Menschen zeigt, wie sie ihr Leben selbst in die Hand nehmen und unternehmerisch tätig werden können.

Die Idee stammt von Etienne Salborn, einem jungen Unternehmer mit Herz und Tatkraft. Er ist in Deutschland aufgewachsen, hat in Uganda eine Familie gegründet und gleichzeitig einen Ort geschaffen, an dem jene Unterstützung finden, die allzu oft übersehen werden: die, die an den Rand gedrängt sind und deren Stimmen kaum gehört werden.

Etiennes Frau Janet engagiert sich für Frauen, die Gewalt erfahren haben. Beide verkörpern Hoffnung und Zuversicht. Sie unterstützen und bekräftigen Menschen, ihren eigenen Weg zu gehen. Jeder soll entscheiden können, wie er leben will.

SINA steht für den Samen der Selbstermächtigung – gepflanzt in Köpfen, Herzen und Gemeinschaften. Genau diese Philosophie lässt Ubuntu lebendig werden. Mittlerweile konnte SINA schon mehr als tausend Menschen erfolgreich auf ihrem Weg ins Unternehmertum begleiten.

Das Projekt SINA (Social Innovation Academy) bekämpft fehlende Bildung und die daraus resultierende Arbeitslosigkeit in Afrika durch die Schaffung selbstorganisierter und freier Lernräume, in denen benachteiligte junge Menschen ihr Potenzial für positive Veränderungen als soziale Unternehmer entfalten können.

Die Website dazu lautet: https://socialinnovationacademy.org/

Bottles for Books:
eine weitere Heldengeschichte aus Nigeria

Ich habe die Gründerin Olufunto Boroffice persönlich auf einer Zukunftsmesse in München kennengelernt. Sie hat in den USA studiert und ihren Master in Global Finance gemacht. Anschließend arbeitete sie in der Wirtschaft und war dort auch als Geschäftsführerin und CEO erfolgreich. Doch ihr Herz zog sie zurück nach Nigeria, wo sie gemeinsam mit Freunden ein Unternehmen gründete, das PET-Flaschen sammelt und an Recycling-Initiativen weitergibt.

Dafür erhalten die Menschen eine Unterstützung, die ihnen ermöglicht, ihre Kinder in die Schule zu schicken – ein Schritt in eine bessere Zukunft.

Diese PET-Flaschen werden vor allem von Frauen und Familien gesammelt. So entsteht für viele Frauen eine Möglichkeit, gemeinsam mit ihren Kindern eine neue Eigenständigkeit zu gewinnen. An den Sammelstationen gibt es eine Bescheinigung für das Schulgeld und Ausstattung für Bücher und Kleidung. Außerdem verdienen die Frauen mit dieser Arbeit genug Geld, um ihre Familien zu ernähren und ihre eigenen Geschäftsideen als anfängliche Nebentätigkeit zu entwickeln.

Diese Initiative, die Olufunto mit ihren gerade mal dreißig Jahren aufgebaut hat, ist längst ein Leuchtturm für viele Menschen – ein Symbol dafür, wie aus kleinen Dingen Großes wachsen kann.

Die Website dazu lautet: www.chanjadatti.com

Die Stone Chicken Farm in Simbabwe: ein Projekt für Selbstverwirklichung und Zukunft
Über meine Business-Freundin Birgit Hermes kam eine besondere Anfrage zu mir und unserem Verein. Sie und ihr Mann Gavin hatten in Südafrika einen Uber-Fahrer kennengelernt, Maulana aus Simbabwe. Auf ihrer gemeinsamen Fahrt erzählte er mit leuchtenden Augen von seiner Idee, in seiner Heimat eine kleine Hühnerfarm aufzubauen. Sein Traum: wieder mit seiner Familie zusammenleben und sich eine eigenständige Zukunft schaffen.

Maulana und seine Frau Sibongule mussten ihre Kinder in Simbabwe bei Verwandten unterbringen, weil das Leben in Südafrika wirtschaftlich zu unsicher war. Doch sie haben

Über Solarpanels werden die Hühner warm gehalten

nie aufgehört, an ihre Idee zu glauben: eine Farm als Fundament für ein Leben in Würde und Selbstbestimmung zu besitzen.

Maulana hatte bereits Land in Simbabwe geerbt und gekauft, das Haus auf dem Grundstück fast fertiggestellt und sparte jeden Cent für den Aufbau.

Die Geschichte hat uns alle berührt. Der Wunsch, mit einer Spende zu helfen, war naheliegend. Doch genau hier beginnt der differenzierte Ansatz unseres Vereins Business4Needs&Dreams e. V. Unser Motto und unser Ziel: Wir geben kein Geld als Spende oder teilen Almosen aus. Aber wir teilen gern Verantwortung und Möglichkeiten.

Statt Geld fließen zu lassen, begleiten wir Maulana und Sibongule mit unternehmerischem Know-how, mit Ideen, Struktur und echtem Zuhören. Erst als die Grundlagen standen und klar war, dass sie bereit sind, Verantwortung zu übernehmen, haben wir gemeinsam den nächsten Schritt gewagt.

Heute steht der Aufbau der Stone Chicken Farm, und sie wächst stetig und gesund. Ein Herzensprojekt mit Perspektive. Denn es geht nicht nur um eine einzelne Familie. Es geht darum, auch anderen Menschen in der Region eine Anstellung, eine Hoffnung und ein Vorbild zu geben – besonders jenen, die von der Gesellschaft häufig vergessen werden oder nicht an sich selbst glauben.

Aus meiner Sicht ein wertvolles Beispiel dafür, wie aus einer kurzen Begegnung ein kraftvoller Weg entstehen kann. In kleinen Schritten, getragen von Haltung, Vertrauen und der tiefen Überzeugung: Ubuntu lebt, wenn wir uns gegenseitig stärken. Mittlerweile haben Maulana und Sibongule einen kleinen Microkredit für ihre Investitionen und ihr Wachstum vom Verein erhalten, den sie selbstverständlich in kleinen Raten zurückbezahlen, wie es für Unternehmer üblich ist und überall auf der Welt hier und da notwendig ist.

Ubomi – ein Zuhause und eine Zukunft in Südafrika

Ein ganz anderer Ort, eine ganz andere Geschichte, und doch dieselbe Idee im Kern: Menschen vor Ort stärken, statt über sie hinweg zu entscheiden. In Kapstadts Brennpunkt, im größten Township Khayelitsha, durfte ich das Projekt Ubomi von Gründerin Birgit Hägemann live vor Ort kennenlernen. Aus einem Impuls von Mut und Tatkraft startete Biggi vor fünf Jahren aus dem Nichts eine Anlaufstation für Kinder, um eine Mahlzeit am Tag und viel menschliche Wärme zu geben. Aus erster Notversorgung entwickelten sich schnell Ubomi-Häuser als Zufluchtsorte für Schutz und Sicherheit, Kindergarten und Ausbildungsförderung.

Es ist bewegend zu sehen, wie viel Halt und Orientierung diese Orte den Kindern und Jugendlichen im Township geben. Die Ubomi-Häuser sind keine Fremdkörper, sondern mitten aus der Gemeinschaft heraus entstanden – Orte, an denen kleinste Kinder und Jugendliche mit Essen versorgt und umarmt werden. Sie lernen, sich gesehen zu fühlen, sich zu entfalten und zu erleben, was es heißt, Teil einer stärkenden Gemeinschaft zu sein.

Genau dort möchten wir auch als Verein einen weiteren Schritt gemeinsam mit Ubomi gehen und gemeinsam mit den Verantwortlichen vor Ort eine Lehrwerkstatt und ein Ausbildungszentrum ins Leben rufen. Die langfristige Idee: ein Ausbildungs- und Start-up-Angebot direkt im Lebensumfeld der Jugendlichen, möglicherweise im Rahmen eines dualen Ausbildungsmodells, anzubieten. Es soll ein Ort entstehen, an dem junge Menschen nicht nur praktische Fertigkeiten erwerben, sondern auch ihre Stärken entdecken und in eine berufliche Richtung wachsen können, die zu ihnen passt. Für mich persönlich ist besonders beeindruckend, dass hier Ubuntu-Werte gelebt werden. Denn in diesem Projekt werden nicht weiße Lehrer wie weiße

Retter beschäftigt, um die »Weisheit« der Industriewelt anderen überzustülpen und einseitige Sichtweisen zu lehren. Sondern hier entsteht ein Mix aus kultureller Vielfalt, der auch ein Lernen auf Augenhöhe und über alle Generationen hinweg zulässt.

Dieses Konzept ist ein afrikanisch-deutsches Projekt und wird unter anderem von Menschen getragen, die selbst in den Townships aufgewachsen sind. Denn sie wissen genau, was gebraucht wird, wo die Herausforderungen liegen – und auch, welches Potenzial in der Gemeinschaft steckt. Ubomi bindet die Community rundherum ab dem ersten Schritt mit ein. Nur so kann weitergetragen werden, was so wichtig ist: Gemeinschaft, Bildung, Eigenverantwortung und eine Perspektive jenseits von Hilfsbedürftigkeit.

Ein Projekt wie Ubomi zeigt auf eindrucksvolle Weise, wie kraftvoll Ubuntu wirken kann, wenn es mit Vertrauen, echten Beziehungen und lokaler Expertise verbunden wird. Und genau deshalb werden wir als Verein diesen Weg mitbegleiten – innerhalb von Partnerschaften auf Augenhöhe. Die Website dazu lautet: www.ubomi.net

Ebenso liegt mir und unserem Verein auch **kommTOGOgehweiter e. V.**, gegründet von meinem Lufthansa-Kollegen Blaise-Pascal d'Almeida, in Togo am Herzen. Neben den Ausbildungslehrgängen Angewandte Informatik, Erneuerbare Energien, Mechatronik und Lebens-

mittelverarbeitung werden Workshops und Weiterbildungen im Sinne von »Train the trainer«-Methoden angeboten, zum Beispiel im Hausbauwesen, in Installationstechnik, in Solarenergie und zukünftig mit unserem Verein zu Entrepreneurship. Zusätzlich werden Unterkünfte und Wohneinheiten, besonders für junge Frauen geschaffen, damit sie in geschütztem, sicherem Raum lernen und ihren eigenständigen Weg in die Zukunft zu Entrepreneurship und Medizintechnik gehen können. Natürlich benötigen alle vorgestellten Projekte auch Sponsoren, um die jeweiligen Kosten decken zu können. Eine Beteiligung aller Nutzer in Form von späteren Rückzahlungen oder persönlichem Einbringen und Unterstützung für andere Start-ups und die Gemeinschaft ist und bleibt aber die Grundlage.
Die Website dazu lautet: https://www.kommtogogehweiter.de

Ohemaa Green Housing in Ghana

Und auch in Ghana entsteht Neues aus scheinbar Unbrauchbarem. Aufmerksam wurde ich auf diese Initiative bei einem Netzwerkabend hier in Deutschland. Ich lernte damals Studentin Alice Oheema kennen und war direkt begeistert, weil sie mit ihrer Schwester Augustina zwei große Herausforderungen auf beeindruckende Weise miteinander verbindet: fehlenden Wohnraum in Ghana zu reduzieren und die stetig wachsenden Plastikmengen zu recyceln. Das heutige Team um CEO Augustina Busiah verwandelt recycelten Kunststoff in modulare Bausteine. Daraus entstehen Tiny-Häuser, die sich in wenigen Tagen errichten lassen. Kostengünstig, ökologisch, mobil.

Der erste Prototyp wurde bereits im Accra Impact Hub in Ghana aufgebaut und kann sogar über Airbnb gemietet werden. Ein lebendiges Beispiel dafür, dass nachhaltiges Bauen und ästhetisches Wohnen kein Widerspruch sind. Für eine Wohneinheit von 40 Quadratmetern werden bis zu 6 Tonnen Plastikmüll wiederverwertet. Die Baukosten liegen deutlich unter denen herkömmlicher Gebäude.

Ohemaa Green Housing steht exemplarisch für das, was möglich wird, wenn Innovation, unternehmerisches Denken und ökologische Verantwortung zusammenkommen. Die Vision geht dabei weit über Einzelprojekte hinaus: In Zukunft soll eine eigene Produktionsstätte entstehen, die lokalen Plastikmüll aufbereitet, Transportwege verringert und zusätzlich Arbeitsplätze in Ghana erschafft. So wird aus Abfall ein Fundament für neues Leben.

Über unser Netzwerk möchten wir dieses Projekt mit dem Unternehmen **Kubik in Äthiopien** aktiv begleiten – mit Know-how, strategischen Kontakten und konkreten Impulsen für weiteres Wachstum. Hier verbinden sich Unternehmertum und Nachhaltigkeit auf kraftvolle Weise. Ganz im Sinne von Ubuntu: gemeinsam gestalten, gemeinsam leben und Lebensräume schaffen, die tragen. Die Website dazu lautet: https://www.buildkubik.com

Auf unseren Safariwegen durch Afrika lernen wir einige dieser Heldengeschichten und herausragenden Projekte kennen. Wir begegnen einheimischen Unternehmern und ihren Ideen persönlich, lernen ihre Sichtweisen, Hintergründe und Motivationen kennen und lassen den Kontinent Afrika nicht fern und unbegreiflich erscheinen, sondern nahbar und lebendig. Für mich sind diese Treffen immer wieder freudige Highlights, die unsere Herzen höher und schneller schlagen lassen. Denn wir lernen so viel voneinander. Sie sind Brücken für Kulturverständnis, Persönlichkeitsentwicklung und Innovation in gleichem Maße, besonders wenn ich spüre, wie das gemeinsame innere Feuer entfacht wird und alle voneinander profitieren.

Denn um die Haltung des Lernens geht es. Niemand möchte von uns behandelt werden nach dem Motto: »Wir glauben, alles verstanden zu haben, als hätten wir die Weisheit für uns gepachtet!« Afrika hat andere Regeln und Gepflogenheiten, und auch jeder Staat und jede einzelne Community für sich. Wir können diesem Kontinent mit seinen Kontrasten und Facetten nicht einfach unser Ding überstülpen, auch wenn wir meinen, einiges an zertifiziertem Wissen mitzubringen. Oder wollen wir wirklich unser deutsches Bildungssystem als erfolgreiches Konzept afrikanischen Communitys anpreisen?

Das Wissen aller Beteiligten sollte einbezogen, angepasst sowie weiterentwickelt und zu einer tiefgreifenden gemeinsamen Lern- und Lebensaufgabe mit grandiosen Erfolgsgeschichten werden.

5.10 Eine »total abgefahrene Tour«

Um genau diese Themen zu vertiefen und gleichzeitig meine stetige Abenteuerlust zu stillen, ist sehr spontan aus einer Projektidee und einem 30 Jahre alten Mercedes als Erbstück unserer »Mama Mia« eine »total abgefahrene Tour« entstanden:

Zwei Schwestern, 20 Tage, 20 Nächte und über 7.000 Kilometer Weg vom Sauerland über das Siebengebirge bis in den Senegal

Unser Ziel ist, nicht nur die legendäre Strecke Paris–Dakar zu fahren, sondern Teil der Rallye Humanitaire zu sein, unseren Oldtimer W202 C180 am Ende zu verkaufen und den Erlös für ein Kinderprojekt der Mauretanienhilfe zu spenden. Sicherlich wäre dies ganz im Sinne unserer Mutter gewesen, die ihr Leben lang mit Begeisterung und Hingabe ehrenamtlich aktiv war. Unser Auto ist also nicht nur ein bloßes Erinnerungsstück, sondern steht als Symbol für unsere Familienwerte: Unternehmertum, Respekt, Freude, Freiheit und kultureller Austausch.

Die Rallye Humanitaire – gut gedacht, aber ist da nicht noch Potenzial für mehr?

Auf den letzten Drücker und mit nur einem Tag Vorlaufzeit ist unsere Entscheidung gefallen. Wir sind dabei und nehmen die herausfordernde Tour in Angriff. Zwei Tag vor Anmeldeschluss, am 22. November 2023, höre ich zum ersten Mal von dieser Rallye. Spenden? Na ja, das ist nicht wirklich mein Ding, wie du jetzt von mir schon erfahren hast. Aber ich will wissen, wie sie hier das Spendenthema handhaben. Die Zeit ist knapp bis zum Start am zweiten Weihnachtsfeiertag, und die Vorbereitung an sich ist schon ein kleines Abenteuer: Visa und Carnet de Passage (Zollpapiere) für unseren 30 Jahre alten Mercedes organisieren, die technische Durchhaltefähigkeit überprüfen und den Wagen für die Durchquerung der Sahara höherlegen. Gleichzeitig starten wir wertvolle Gespräche mit Sponsoren, die uns im Notfall mit Ersatzteilen oder notwendigen Kostenübernahmen unterstützen wollen.

Zeitlich geschafft! Die Organisation der Anmeldeformalitäten übernimmt das veranstaltende Team, und eine Vielzahl von Sponsoren unterstützen großzügig die Charity-Aktion. Von Herzen: danke schön! Nun sind wir Teil der bunten Gruppe von Ärzten, Handwerkern, Studenten und Unternehmern jeden Alters – alle auf der Suche nach einem außergewöhnlichen Erlebnis und einem guten Zweck zum Spenden.

ROADTRIP DURCH AFRIKA

Das Abenteuer beginnt mit der Entscheidung, einem Erbstück eine besondere Bedeutung zu geben. Eine Amateur-Rallye mit dem Ziel, PKWs nach Westafrika zu fahren. Am Ende der Rallye werden die überführten Autos verkauft und der Erlös einem sinnvollen, sozialen Projekt gewidmet.

Am 26. Dezember startet Vera Peters mit ihrer Schwester Sabine Miensok (Co-Pilotin) als Schwesternteam **"Wild Lioness Power"** ihre spektakuläre Reise über mehr als 7.000 km vom Sauerland über das Siebengebirge entlang der afrikanischen Westküste bis in den Senegal.

Eine staubige, aber faszinierende Rallye über Fés und Marrakesch, der „Perle des Südens", entlang der wilden marokkanischen Atlantikküste direkt in die Weiten der westafrikanischen Wüste Mauretaniens.

Nach 21 Tagen voller Herausforderungen, mühsamer Offroad-Etappen und scheinbar endloser Sandpisten erreichen sie das Ziel: den Markt von St. Louis im Senegal.

Von Schmallenberg in den Senegal

Mit altem Erbstück, einem Mercedes W202 C 180 in 20 Tagen vom Sauerland in den Senegal.

Sauerland | Engagement | Sauerländer/in

27. Dezember 2023 | 3 Minuten Lesezeit

Vera Peters und ihre Schwester Sabine Miensok, beide geboren in Schmallenberg, Weihnachtstag auf eine Abenteuerreise über mehr als 7.000 km vom Sauerland üb entlang der afrikanischen Westküste bis in den Senegal begeben. Die erste Etappe hinter den beiden Abenteuerinnen. Heute geht es über die spanische Grenze wei

Rallye Humanitaire

Schwestern aus Unkel fahren für den guten Zweck in den Senegal

Unkel · Vera Peters aus Unkel und ihre Schwester Sabine Miensok nehmen an einer Rallye entlang der afrikanischen Westküste teil. Die Tour bestreiten die Schwestern mit einem alten Mercedes Benz, ein Familienerbstück. Allerdings werden die beiden ohne das Auto wieder zurückkommen, das ist für einen guten Zweck.

28.12.2023, 18:00 Uhr · Eine Minute Lesezeit

SauerlandKurier › HSK › Schmallenberg

Wüsten-Rallye für den guten Zweck: Schwestern-Duo fährt 7.000 Kilometer vom Sauerland bis in den Senegal

22.12.2023, 15:45 Uhr
Von: Jessie Kristen

Vera Peters und ihre Schwester Sabine Miensok (l.) unternehmen einen gemeinsamen Roadtrip durch die Wüste Afrikas und spenden ihr altes Erbstück. © Privat

Zwei Schwestern, 20 Tage und Nächte, unterwegs auf vier Rädern quer durch die Sahara: Mit dieser Mission im Gepäck starten die gebürtigen Schmallenbergerinnen Vera Peters und Sabine Miensok ihren „Spenden-Roadtrip" an Weihnachten.

Schmallenberg - Die Strecke – mehr als 7.000 Kilometer vom Sauerland entlang der afrikanischen Westküste bis in den Senegal. Während die meisten daheim unter dem Weihnachtsbaum sitzen, heißt es für das Schwestern-Duo am zweiten Weihnachtstag: Aufbruch ins ferne Westafrika. Ihr Gefährt – ein alter Mercedes W202 C180. Das Herzstück des Abenteuers mit tiefer

WAS HAT DAS ERBE DES HOCHSAUERLANDES MIT DER POWER WILDER LÖWINNEN ZU TUN?

„Das Herz unserer Rallye ist ein Mercedes W202 C180, ein Erbstück unserer "Mama Mia" . Wir spenden dieses Auto, das in Afrika dringend benötigt wird. Diese Entscheidung wäre sicherlich ganz im Sinne unserer lebenslustigen Mutter gewesen, die sich ihr Leben lang auch wegen ihres ehrenamtlichen Engagements einen Namen gemacht hat.

Unser Mercedes-Oldie ist ein Teil unserer Familiengeschichte und steht für die tiefen Werte unserer Eltern in Bezug auf "Familienunternehmertum, Respekt, Freude, Freiheit und kulturellen Austausch" .

Diese Rallye ist für uns nicht nur eine abenteuerliche Fahrt, sondern eine Reise mit tiefem Sinn. Unsere Mission im Leben ist es, einen bedeutsamen Unterschied zu machen. Wir sind bereit, unser Erbstück zu verschenken / zu spenden, unsere Zeit und Energie zu investieren, um Veränderungen zu bewirken und unsere ehrenamtlichen Projekte persönlich, nah und im Alltag zu erleben. Als Schwesternteam sehen wir uns seit Jahrzehnten als "Wilde Löwinnen" , die auch in beruflichen Männerdomänen ihr erfolgreiches Standing mit Leichtigkeit und Begeisterung leben."

Vera Peters

Einige von ihnen haben sich schon viele Monate oder auch Jahre auf dieses Abenteuer vorbereitet, alte Autos gekauft, repariert oder das erstbeste Auto vom Schrottplatz besorgt, um sich mit Freunden, Kollegen oder mit ihren Ehepartnern auf eine ungewöhnliche Reise einzulassen. Die meisten Rallye-Teams hatten noch nie 24 Stunden am Stück zusammen in einem Auto gesessen, noch nie afrikanischen Boden betreten, geschweige denn gemeinsame Zeit in einem Zelt verbracht. Da können sich schnell »Cooking-Pot«-Emotionen entwickeln. Jeder hier weiß schon jetzt, dass eine solche Tour deutlich mehr bedeutet als »reinsetzen, Motor starten und losfahren«. Viel mehr.

GROW
FUTURE PROOF VENTURES
GROW
BRAND CRAFTERS
SCHINDLER CIRCLE
LIONESS POWER
HSK-P 210

Eine solche Tour kann ein positives Ubuntu-Erlebnis werden, um gemeinsam etwas Großes auf die Beine zu stellen – oder sogar, so wie ich es am liebsten mag, eine tiefgehende Transformationsreise werden. Denn bei allem, was ich im Unbekannten erlebe, stelle ich mir die Frage, was ich daraus für meinen Alltag, beruflich und privat, als Learning mitnehmen kann. Mit jedem Kilometer, den wir gemeinsam von unserem Treffpunkt in Tarifa (Spanien) bis nach Dakar (Senegal) fahren, wird mir allerdings bewusst, dass die Teilnehmer hier auf sich selbst gestellt sind. Kein Auffangen bei Übermüdung, kulturellem Schock oder Teamkonflikten, kein Analysieren von Gefahrensituationen oder Entdecken von Entwicklungspotenzialen. Drei Wochen Lebenszeit, die nicht intensiv auf allen Ebenen aus-

Übergabe der mitgebrachten, gesponserten Medikamente (Fiebersäfte) und bildliche Übergabe unseres Autos »Old Lady« an die AEPN in Mauretanien

geschöpft werden. Schade. Aber mir wird wieder klar, dass es wichtig ist, Menschen in ihren persönlichen Change-Prozessen durch ihre körperlichen und emotionalen Prozesse zu begleiten – als Sparringspartner, Trainer oder Mentor. Eben genau so, wie wir es bei unseren LIFE Safaris® verantwortungsvoll tun. Aus nur zwei oder drei Wochen Zeit kann sich ein für immer lebensveränderndes Lebens- und Unternehmenskonzept entwickeln.

Geschafft! Jetzt sind wir angekommen. Nach über 7.000 Kilometern ist unser Mercedes W202 C180 mittlerweile liebevoll zur »Old Lady« getauft worden. Sie hat uns schnurrend und ohne großartig zu mucken durch nächtliche Kälte, trockene Hitze und durch kilometerweiten roten Wüstensand gebracht. Hier, vor der Kindertagesstätte in Nouadhibou (Mauretanien), warten schon die Kinder auf uns, in den besten Kleidchen herausgeputzt. Sie singen für uns und stehen diszipliniert – wie es unsere eigenen Kinder nie so lange durchgehalten hätten – in der glühenden Sonne und halten durch, für die »weißen Retter«. Ich spüre in mir die unangenehme innere Anspannung und Leere zugleich. Genau dieses Gefühl wollte ich nie wieder erleben.

Was passiert hier gerade? Welche Botschaft vermitteln wir den Kindern?

»Da kommen sie wieder, die europäischen Weißen, und bringen uns Geld. Wir müssen dankbar sein, klatschen, singen und uns freuen. Wir müssen gleich neben ihnen im Klassenzimmer sitzen, wenn sie Fotos von sich und uns machen und so tun, als würden wir sie verstehen und uns schon lange kennen.«

Ist das die Opferrolle, die wir immer noch vermitteln wollen?

Keine Frage. Geld, Medikamente, Schulmaterial, alles Dinge, die sie dringend benötigen, um das Analphabetentum zu reduzieren und die Versorgung der Kinder sicherzustellen. Genau deshalb sind wir hierhergekommen. Aber wie wertschätzend wäre es gewesen, wenn wir die Kinder in den Prozess des gegenseitigen Gebens von sich heraus einbezogen hätten, sei es durch den Verkauf selbstgemachter Dinge oder kleiner Bastelarbeiten. Ich kenne es so aus anderen Projekten in Kenia und Tansania. Das macht so viel Spaß, an den Tischen der Kinder vorbeizugehen und zu betrachten, wie sie ihre Kreativität umgesetzt haben. Und natürlich greifen wir dann tatkräftig in unsere Geldbörse. Wenn am Ende dann die Tische leer sind, glänzen ihre Augen, und sie erleben zum ersten Mal in ihrem Leben voller Stolz das Gefühl »Ich habe mit dem, was ich kann, Geld verdient!« Dies könnte vielleicht auch hier in Mauretanien ein erster Schritt in die eigene Wertschätzung, in die Selbstwirksamkeit, in die Berufsfindung und in die Marktwirtschaft sein.

Jetzt wirst du vielleicht denken: Vielleicht war es aber für den einen oder die andere schön, sich an diesem Tag schick zu machen. Ja, vielleicht. Vielleicht haben sie auch gern für uns gesungen. Ja, vielleicht. Wir wissen es nicht. Nur mein Gefühl erzählt mir etwas anderes.

Aber weißt du, wann die Herzen so richtig zum Tanzen kommen?

Wenn wir ein echtes Miteinander fühlen. Wie zum Beispiel beim gemeinsamen Fußballspiel mit den Jungs der Kindertagesstätte oder als Alex, mit 28 Jahren unser Youngster der Rallye, die Idee hatte, Papierflieger zu bauen und durch die Klassenräume fliegen zu lassen. Das Eis war gebrochen, und die eingefrorene Atmosphäre entspannte sich im Nu. Und das ist es doch, worum es geht. Es sind diese normalen und dennoch magischen Momente, die wir alle im Herzen tragen, wenn wir fühlen, dass wir an den gleichen Dingen Freude haben, und sich unsere Augen und Herzen mit Begeisterung füllen.

Hinterfragen wir also, ob unsere »Hilfsaktionen« schon vollkommen ausgereift sind oder ob es noch Verbesserungspotenzial gibt. Wenn wir dieses Potenzial voll ausschöpfen, leben wir Ubuntu in seiner schönsten Form. Afrika braucht keine weißen Retter! Wir brauchen Afrika, um bei uns anzukommen.

5.11 Ubuntu und Leadership

Stell dir vor, deine Art zu führen und zu leben wäre nicht nur effektiv, sondern zutiefst menschlich. Ubuntu erinnert uns daran, dass echtes Leadership nicht im Alleingang entsteht, sondern durch das Miteinander. Die afrikanische Weisheit **»Ich bin, weil das Wir wichtig ist«** kann auch in deinem Unternehmen lebendig werden.
Stark führen heißt: andere groß machen.

Starke Führung zeigt sich nicht in Kontrolle. Auch nicht in Durchsetzungskraft, Status oder lautem Auftreten. Wirklich starke Führung beginnt da, wo wir den Fokus von uns selbst nehmen und ihn auf die Menschen richten, die wir begleiten dürfen. Es geht nicht darum, selbst zu glänzen, sondern andere zum Leuchten zu bringen.

Ein guter Leader stellt sich nicht über sein Team, sondern stellt sich in den Dienst des gemeinsamen Wachstums. Wer Führung ernst nimmt, weiß, dass der eigene Erfolg untrennbar mit dem Erfolg der anderen verbunden ist. Und dieser Erfolg entsteht dort, wo Menschen sich gesehen, gefordert und ermutigt fühlen.

In Unternehmen, in Teams, sogar in Familien gilt:
Wertschätzung stärkt Vertrauen – und Vertrauen schafft Verbindung.

Wenn wir andere unterstützen, tun wir mehr, als nur nett zu sein. Wir legen den Grundstein für echte Loyalität. Menschen bleiben nicht, weil sie müssen. Sie bleiben, weil sie spüren, dass ihr Beitrag zählt. Weil sie merken, dass jemand an sie glaubt – auch in Momenten, in denen sie selbst zweifeln. Intrinsische Motivation und Leistungsbereitschaft entstehen nicht durch Druck, sondern durch das Gefühl, ein wichtiger Mensch am richtigen Ort zu sein. Wenn Führung dazu beiträgt, dass Menschen ihr Potenzial entfalten, entfaltet sich gleichzeitig auch die Kraft eines ganzen Unternehmens.

Doch wie geht das konkret? Was bedeutet es, andere stark zu machen?

Es sind oft die kleinen Dinge, die den größten Unterschied machen. Wenn Erfolge sichtbar werden – auch die leisen –, dann entfaltet ein ehrliches Lob im richtigen Moment mehr Wirkung als jede Prämie. Führung zeigt sich darin, Wachstum zu ermöglichen: durch Aufgaben, die fordern, aber nicht überfordern, und durch Räume, in denen Lernen erlaubt ist – auch durch Fehler. Sie zeigt sich im Zuhören, das nicht nur mit den Ohren geschieht, sondern mit echtem Interesse. Wer so zuhört, erkennt, was Menschen wirklich bewegt.

Ebenso wichtig sind Rückmeldungen zu Verhaltensweisen, die nicht kleinmachen, sondern aufrichten, liebevoll und konsequent. Ein Leader lebt vor, was er selbst von anderen erwartet. Die Haltung einer Führungskraft ist immer spürbar – ob bewusst oder unbewusst.

Leadership und Ubuntu sind deshalb keine Frage der Position, sondern der inneren Haltung. Eine Haltung, die andere bestens arbeiten und gleichzeitig wachsen lässt. In guten Zeiten, aber vor allem dann, wenn es schwer wird. Denn genau dann zeigt sich, wer wirklich führt.

Doch wie genau lässt sich diese Haltung im Alltag umsetzen?

Wie kannst du die Ubuntu-Perspektive ganz konkret in deinem Leben, deiner Familie, deinem Team oder deinem Unternehmen verankern?

Wie lässt sich deine Führungsrolle so gestalten, dass deine Mitarbeiter echte Beteiligung spüren und Arbeit mit Sinn erleben?

Wie kannst du heute schon zeigen, dass Ubuntu ein Wettbewerbs- und Wirtschaftsfaktor ist?
Vielleicht liegt die Lösung in kleinen Gesten:

- Könntest du deinen privilegierten Chef-Parkplatz an Kunden, Gäste oder Mitarbeiter abgeben und damit Respekt, Wertschätzung und »Du bist heute wichtig« ganz sichtbar machen?
- Könnt ihr als Team (als Familie) gemeinsam überlegen, wie eure Werte im Alltag wirklich gelebt werden – nicht nur in Hochglanzbroschüren?
- Wie achtet ihr im Unternehmen auf Menschen am Rande der Gesellschaft?
- Was spricht dagegen, mit regionalen Unternehmen und Start-ups Projekte zu gestalten – und kulturelle Vielfalt sichtbar zu machen?

Ubuntu fragt nicht nur: Was kann ich geben? Sondern auch:
Mit wem können wir kooperieren, um die Zukunft gemeinsam zu gestalten?
Wie gehen wir mit unserer Umwelt um?
Wie viel Müll produziert unser Unternehmen – und was davon ist wirklich notwendig?
Wie können wir klüger regional agieren, um Zeit, Ressourcen und Emissionen zu sparen?
Wie überbrücken wir den Graben zwischen den Generationen?
Können wir Reverse Mentoring bei uns einführen?
Vielleicht mit einer ganz einfachen Frage im Bewerbungsgespräch:
»Was kann ich von dir lernen?« –
eine Frage, die sich nicht auf Berufserfahrung, sondern auf Lebenserfahrung bezieht.
Was kann ich von den Weisheiten anderer Kulturen für unsere Familien, unsere Partnerschaften und Generationsunterschiede lernen?
Wie kann ich mein eigenes Ego zurücknehmen, andere ohne Neidgefühle wachsen lassen und einen größeren Sinn im großen Ganzen erkennen?

5.12 Summary: Safari-Learnings

Wieder neigt sich ein ereignisreicher Tag dem Ende zu. Wir sind im besten Sinne »geschafft«, unsere Köpfe und Herzen quellen über vor Eindrücken.

Wir haben die weitreichende Philosophie Ubuntus kennengelernt und uns mit unseren eigenen Themen wie Vertrauen, innerem Wachstum und der glücklich machenden Zusammenarbeit mit anderen auseinandergesetzt. Wir haben ebenfalls gelernt, dass hinter kleinen Gesten, die wir früher nicht hinterfragt haben, wie dem Geldgeben, ein großes Thema steckt.

Unser Fazit:
Ich ändere, was ich kann – mich!

In unserem Leben treffen wir nicht nur auf Menschen, die uns guttun, sondern auch auf einige, die uns reizen, nerven und uns an unsere Grenzen bringen. Sie wegzuwünschen, wird nicht funktionieren, denn das Thema dahinter bleibt unseres. Indem wir lernen, das Positive zu sehen und das Learning, das sie für uns bereithalten, haben wir die Chance, diese Beziehung zu verbessern und selbst zu heilen.

Du erinnerst dich, Geparden verscheuchst du auch nicht, indem du sie tötest. Denn dann rücken nur neue nach und noch mehr. Lerne sie stattdessen tiefer kennen, verstehe ihr Verhalten, und ändere gemeinsam mit ihnen den gemeinsamen Weg.

Ubuntu ist eine Philosophie und ein Wirtschaftsfaktor Afrikas, den wir uns zum Vorbild nehmen können, um Gemeinschaften mit Sinn, Verstand und gemeinsamen Werten voranzubringen. Ubuntu ist Vorreiter des agilen Arbeitens.

Dabei wird das große Ganze betrachtet und das Bewusstsein jedes Einzelnen gestärkt, sich selbst als Teil des Ganzen zu verstehen – sich einzeln wertvoll zu fühlen, aber gleichzeitig zu erkennen, dass wir als Gemeinschaft noch Größeres bewirken können.

Wenn wir dies verinnerlichen, werden die Spuren, die wir hinterlassen, tief und beständig sein. Unser Leben erhält eine Bedeutung, auch für andere.

Das kann bedeuten, dass jemand aus deinem Team besser sein darf als du selbst, nach dem Motto »Lead yourself and empower others«. Der Schlüssel dabei ist es, in die Fülle zu schauen statt in den Mangel und eine Perspektive einzunehmen von »Was erhalten wir?« anstelle von »Was wird uns genommen?«. So entstehen echte Ubuntu-Leader!

Loslassen und akzeptieren, dass andere besser sein könnten, ist befreiend und setzt eine enorme Energiemenge frei.

Afrika braucht nicht uns – aber wir brauchen Afrika!
Wenn Menschen sich gegenseitig mit dem Herzen berühren und unvergesslich machen, können unendlich viele Potenziale und wertvolle, große Projekte zusammengebracht werden. Viele kommen überdies aus der Opferhaltung heraus in die Rolle der Selbstermächtigung über Ownership und Verantwortungsübernahme.

Spenden sind gut und notwendig. Doch Geben sollte nicht aus Mitleid geschehen, sondern aus Freude am gemeinsamen Erschaffen, am Lernen und an innerer Bereicherung. Dabei erhalten wir auf allen Seiten viel mehr, als wir jemals zurückgeben können und erwartet hätten.

Dazu gehört natürlich, dass wir Fülle und Reichtum erst einmal selbst spüren können. Dass wir uns bewusst werden: Mit wie viel oder wie wenig komme ich aus? Was macht mich wahrhaft glücklich? Und was von meinen Dingen oder meinem Wissen kann ich mit anderen teilen, um sie reicher zu machen?

Nur wer Fülle in sich selbst spürt, kann andere daran teilhaben lassen und unendlich davon abgeben.

Lokale und auch generationsübergreifende Projekte und Initiativen ermöglichen Austausch von Wissen, Erfahrungen und Perspektiven.

In einem von Ubuntu inspirierten Umfeld entsteht auf diese Weise eine Kultur des gegenseitigen Lernens und Verständnisses. Das ist besonders in dynamischen und herausfordernden Zeiten unverzichtbar: Vorurteile werden abgebaut, Verständnis und Verständigung erst richtig möglich. Jeder fühlt sich als wertvoller Teil der Gemeinschaft, unabhängig von seinem Alter oder Hintergrund.

Menschen sind in der Lage, große Dinge zu bewirken, wenn sie zusammenarbeiten und sich gegenseitig unterstützen.

Dass es Ängste oder Unsicherheiten auf beiden Seiten gibt, ist völlig normal. Sie wahrzunehmen und darüber zu sprechen, ist heilsam für alle Beteiligten.

Prüfe die Unterstützung, die du geben willst, oder Hilfsprojekte vorher genau daraufhin, ob sie schon das volle Potenzial entfalten. Wem kommt das Geld wirklich zugute? Und wird etwas Nachhaltiges geschaffen, oder bleiben die Empfänger langfristig weiter in der Opferhaltung?
Der Ahnenbaum erinnert uns an den Wert derjenigen, die vor uns gegangen sind. Die Schritte, die wir heute gehen, sind möglich, weil sie ihre Schritte vor uns gegangen sind. Regelmäßiges Gedenken und gleichzeitig die Ausrichtung auf die Zukunft stärken unsere Wurzeln – und lassen unsere Flügel noch kräftiger und weiter werden.

Indem du diese Prinzipien in dein tägliches Leben integrierst, gestaltest du ein Umfeld mit Stärke, Zusammenhalt und Menschlichkeit. Und dieses Umfeld trägt – in guten wie in schwierigen Zeiten.

Wir entscheiden nicht über unsere Zukunft, nur darüber, was wir tun oder lassen wollen.

Mungi Ngomane, die Enkelin von Desmond Tutu (1931-2021), dem früheren Erzbischof von Kapstadt, hat ein wertvolles Buch geschrieben, wie man jeden Tag Ubuntu leben kann: „I AM BECAUSE YOU ARE". Du findest in unserem Workbook viele nützliche Tipps, eine 21-Tage-Challenge und weiterführende, inspirierende Literatur dazu.

»Ich habe verstanden, dass ein starkes Team aus Mitunternehmern besteht, nicht aus Mitarbeitenden. Wenn man die Träume seiner Leute kennt, verändert sich alles: die Energie, die Motivation, das Miteinander, das Leben.«

Teilnehmer LIFE Safari 2021

Es scheint immer unmöglich, bis es getan ist.

Nelson Mandela

6 Leading by Results –

Wenn Träume Strategie lernen

Unsere Offroad-Abenteuer durch Tansania, die verrückten »Boda Boda«-Fahrten in Uganda – und natürlich auch diese Reise von Namibia bis Simbabwe –, all das ist mehr als nur ein Sprung in die Kultur. Jede LIFE Safari® ist pure Transformation, äußerlich wie innerlich! Denn innerhalb weniger Tage verwandelt sich die Landschaft vor unseren Augen: von endlosen Wüsten und Mondlandschaften zu üppig grünen, pulsierenden Oasen im Caprivi-Streifen und schließlich zu den gigantischsten Wassermassen der Welt, den Victoriafällen in Simbabwe. Es ist eine Reise, bei der nicht nur die Landschaft, sondern auch wir selbst mit jeder Kurve, jeder neuen Szenerie und jedem Hauch Fahrtwind ein Stückchen mehr wachsen und uns verändern.
Feste Straßen gibt es kaum. Wir bewegen uns auf Schotterpisten, durch tiefe Strandflächen und das ein oder andere getrocknete Flussbett vorwärts. Zu Beginn der Fahrt durch die Wüstenlandschaft ist zumindest für unsere Augen scheinbar kaum Leben zu sehen. Nur wenige Tiere sind hier unterwegs, Oryxantilopen, Strauße, ein paar Esel. Und doch können wir dank Mikes erfahrenem Auge Wüstenelefanten und Löwen entdecken. Giraffen in der Steppe – selbst ein Gepard begegnet uns, allein, mitten in der Geröllwüste. So weit im Süden Namibias ist dieses Erlebnis recht selten.

Ich bin diese Strecke schon oft gefahren. Dennoch beeindruckt sie mich mit ihren Kontrasten immer wieder. Selbst die Dürre und Kargheit faszinieren nicht nur mich mit ihrer Schönheit und Stille. Sie bringen uns alle zurück zu den Ursprüngen, zu uns selbst. »Hier ist ja nichts als Weite«, könnte man denken. Schaut man genauer hin, entdecken wir Details, die in der Fülle ablenkender Dinge oft untergehen: Hyänen, Schakale, Chamäleons, Skorpione und viele kleine Winzlinge und wertvolle Insekten, die das Zusammenspiel der Natur so dringend braucht.

Wovon die wenigsten Menschen wissen und auch an der Oberfläche nichts spürbar ist: Unter der Erde, in etwa 350 Metern Tiefe, gibt es riesengroße Süßwasser-Reservoirs. Vor etwa 15 Jahren wurden große Quellen entdeckt, die sich unterirdisch bis nach Angola erstrecken. Könnte man sie anzapfen, wäre es möglich, mehr als 400 Jahre die Region zu bewässern oder den ganzen Kontinent damit zu versorgen. Hättest du das vermutet?

Wie würden sich das Leben, dieses Land, dieser Kontinent und seine Menschen verändern, wenn sich solche Wassermengen so einfach an die Oberfläche bringen ließen?

Landschaften wie diese gibt es bei uns in Europa nicht.
Hier saugen wir alles auf, jeden Stein, jeden trockenen Baum, jede einzelne Schlucht zwischen den Bergen, jedes unaussprechliche Gefühl von unendlicher Schönheit auf diesem Planeten. Und dann sieht unser Auge das erste Grün seit Hunderten von Kilometern! Es kommen Büsche und saftige Bäume in unser Blickfeld. Wir durchfahren kleine Flusslandschaften und dann, mit einem Mal, explodiert die Natur. Das Meer liegt vor uns. Der raue Atlantik mit seinem blauen Wellenband. Das Kontrastprogramm könnte nicht größer sein!

Über den gemeinsamen Funk in unseren Autos hören wir alle begeistert jubeln. Wir haben es geschafft: die Wüste durchquert, fünf Reifen gewechselt, drei Felgen demoliert, und ein Motorgetriebe ist dem Wüstensand zum Opfer gefallen, sodass wir das Fahrzeug zurücklassen mussten.

Wir sind überwältigt vom Anblick des Meeres. Die Wellen rollen ans Ufer, unbeeindruckt von uns, die wir dastehen und mit offenem Mund und breitem Grinsen auf sie schauen. Seit Urzeiten bewegt sich der Ozean in Richtung Küste und an ihr vorbei. Über 2.000 Kilometer erstreckt sich die Küste Namibias am Atlantik entlang bis nach Angola. Das ist fast doppelt so lang wie von den Alpen bis nach Sylt. Die Größenverhältnisse Afrikas sind wahrhaftig gigantisch.

Auch wir befinden uns hier als Abenteurer der LIFE Safari® auf diesem Weg vom anfänglichen Purismus der Wegstrecke bis zum Überfluss. Wir sind in unseren Gedanken längst im Prozess von zu wenig und Mangeldenken hin zu Fülle, Weite und zum gigantischen Universum der Möglichkeiten unterwegs. Vom Kleindenken bis zur Weite des Ozeans und einem plötzlichen, unerwarteten Anblick, der uns vor Begeisterung den Atem nimmt: Am Strand vor uns steht ein einzelner, reich gedeckter Tisch mit Köstlichkeiten. Extra für uns von unserem einheimischen Team vorbereitet. Sie winken uns heran und freuen sich mit Musik und ausgelassener Stimmung, uns endlich willkommen heißen zu dürfen. Jetzt laufen wir die weißen Dünen hinunter und feiern unsere Freude und unser Wiedersehen mit dicken Umarmungen. Sharon und das ganze Kochteam servieren uns lokale Spezialitäten von der Ostküste. Was für ein Geschenk – sich hinsetzen und genießen dürfen, was andere Menschen für uns mit Liebe zubereitet haben.

Nicht nur der Geruch von gegrilltem Gemüse, frischem Fisch und Fleisch, sondern auch die Vielfalt von Obst und die Kunst des Anrichtens lassen uns das Wasser im Mund zusammenlaufen. Einige von uns sehen manche Obst- oder Gemüsesorten zum ersten Mal, beispielsweise die kürbisähnliche Gem Squash, die Magunifrucht, die nach Orange schmeckt, oder die leckere süßsaure Guave. Auf unseren Reisen werden wir stets sehr lecker und vielseitig von unserem mitreisenden Team bekocht, was auf vielen Wegstrecken nicht einfach ist, da die Versorgung mit frischen Lebensmitteln gut organisiert sein muss. Hier sitzen nun auch Mike und Jeff als Beschenkte und Genießer strahlend am Tisch. Sie sprechen vorab leise ein Gebet und erinnern uns noch mehr daran, wie dankbar und demütig wir öfter durchs Leben gehen dürfen.

Wir fahren weiter durch die Sand- und Dünenlandschaft Richtung Norden, an der so schicksalhaften Skeleton Coast entlang, die viele Seefahrer wegen ihrer starken Strömung und schwierigen Sichtverhältnissen das Leben gekostet hat. Für diese Nacht, für unseren heutigen Prozess der Fülle, des Überflusses und des Luxus, haben wir eine besondere Übernachtung in der exklusiven Shipwreck-Lodge gewählt. Ein Traum!

»Ich habe mein Lachen wiedergefunden. Die Wildnis hat mir gezeigt, dass echte Lebensfreude entsteht, wenn man aufhört, alles kontrollieren zu wollen.«

Teilnehmerin LIFE Safari 2025

6.1 Wenn deine Sehnsucht still wird

Eine unmögliche Vision wird zur Realität: die Shipwreck Lodge

Die Shipwreck Lodge ist ein sehr kleines Luxusresort, erst 2017 erbaut, das Schiffswracks nachempfunden ist und als einzigartiges Objekt hier in einem der abgelegensten Gebiete Afrikas mitten im Naturschutzgebiet steht. Völlig abgeschieden. Und obwohl für Privatpersonen nicht zugänglich, haben wir eine Sondergenehmigung zur Durchfahrt durch dieses Naturschutzgebiet erhalten. Wir alle sind vom Anblick der Lodge im Sonnenuntergang, der fließenden Einbindung in die Natur und ihrem ökologischen Zukunftskonzept fasziniert. Auf der einen Seite ein gigantischer 180-Grad-Blick auf das scheinbar unendliche Meer und im Rücken die ins Landesinnere führende weiße, saubere Sandlandschaft, so weit das Auge reicht.

An diesem Ort sind Worte machtlos.
Wir sind schon mittendrin – im Großdenken, im Perspektivenwechsel und in der übermächtigen Emotion von »wenn die Sehnsucht still wird«.

Genau hier an diesem Ort muss vor einigen Jahren eine legendäre visionäre Persönlichkeit mit außergewöhnlichem Mut, innerer Stärke und Durchhaltevermögen gestanden haben. Wem gelingt es sonst, ein solch magisches Anwesen mit architektonischer Schönheit und ökologischer Balance in einem Naturschutzgebiet zu erschaffen?

Wir lassen unseren Tränen der Rührung und des Erstaunens ihren Lauf.

Diese Emotionen verdienen Freiheit, denn der Visionär Piet du Plooy hatte diesen einzigartigen Traum und den Willen, an diesem Ort etwas Außergewöhnliches entstehen zu lassen. Piet war eine Legende der namibischen Reisewelt, mit Fokus auf einzigartigem Gästeservice. Bedauerlicherweise hat er die Fertigstellung der Lodge nicht mehr erlebt.

Dennoch oder gerade deshalb können wir von Piet du Plooy, genauso wie von Walt Disney, Bob Proctor oder Richard Branson, so viel über das Visualisieren von Visionen und Erreichen von Zielen lernen. Denn sicherlich hat der Erbauer dieser Lodge in der Planungs- und Finanzierungsphase von vielen Seiten immer wieder gehört: »Ein Luxushotel fernab von allem im Sand und mitten im Naturschutzgebiet? Dazu noch im militärischen Sperrgebiet? Das wirst du niemals schaffen! Das wird dir keiner genehmigen!«

Und doch haben Piet du Plooy und die Erbauer an ihr Ziel, mehr noch, an ihre Vision von nachhaltigem Bauen unter Einbeziehung der natürlichen Gegebenheiten und der Geschichte geglaubt. Sie wollten etwas Besonderes errichten, an einem Ort, der unmöglich für die Umsetzung schien. Aber ihre Herzen haben allein bei dem Gedanken an die Erfüllung schneller geschlagen. Sie haben sich nicht von ihrem Weg abbringen lassen. Auch wenn die Hindernisse größer als bei jedem anderen Projekt zuvor waren, haben sie nicht aufgegeben.

Schon viele Jahre studiere ich das Vorgehen von erfolgreichen Unternehmern genauso wie von Privatmenschen überall auf der Welt. Ihre Geschichten, Strategien und Lebenswege inspirieren und motivieren mich, auch meine Visionen in die Realität zu bringen.

Sechs Dinge habe ich über das Erreichen von Zielen gelernt:

1. Du brauchst große Ziele, die über das bisher für dich Denkbare hinausgehen, sogenannte C-Ziele.
2. Du brauchst die Kompetenz von »Feeling into results«.
3. Du brauchst eine klare, realistische Einschätzung deiner Fähigkeiten und Kompetenzen und gegebenenfalls deines Teams
4. Du brauchst ein unterstützendes, vertrauensvolles Umfeld, ein starkes Team und eine Ubuntu-Community, damit deine Energie nicht versiegt und du immer wieder aufstehen kannst.
5. Du brauchst ein starkes Mindset und Achtsamkeit, um dankbar zu sein.
6. Du brauchst die gesamte Safari-Strategie mit Leading by Results, damit du alle Chancen nutzt, auch die, die am Wegesrand stehen.

Anhand von Leading by Results lernen wir, wie wir auf anderem Wege und über andere Denk- und Verhaltensweisen unsere Ziele erreichen können. Leading by Results ist eine Fortführung von »Thinking into Results«, wie es Napoleon Hill, Bob Proctor, Earl Nightingale und viele andere erfolgreich gelehrt haben. Wieso nicht die Weisheiten der afrikanischen Kulturen und Ubuntu-Erkenntnisse damit verbinden?

Obwohl es vielleicht nicht jeder vermutet, können wir von vielen afrikanischen Völkern das Großdenken und weitreichende Handeln lernen. Zentralafrika war ein Zentrum für Diplomatie und Handel, das strategische Allianzen mit Europa und Asien aufbaute. Eine frühe Kultur der Globalisierung?

Wir besitzen auch heute das Potenzial, groß zu denken und weitreichend zu handeln. Wir können unsere Visionen mit Umsetzung verbinden und generationsverantwortlich unsere Zukunft leben.

Warum glauben dennoch so wenige Menschen daran, ihre Träume verwirklichen zu können?
Viele Menschen haben die Zuversicht und Hoffnung verloren, dass ihre Wünsche in Erfüllung gehen. Ich glaube fest daran, dass sie bisher einfach nicht die richtige Strategie, kein Vertrauen in sich selbst sowie die Welt hatten und ihre eigenen Fähigkeiten nicht genutzt haben.

Im Kapitel »Leading by Dreams« haben wir schon damit begonnen, uns über unsere tiefen Wünsche und Träume Gedanken zu machen. Wir wissen bereits, dass unsere Träume von heute unsere Zukunft von morgen prägen werden.

Nun dürfen wir noch weiter und größer träumen. Jetzt lernen wir, wie wir unsere Ziele mit einer erfolgreichen Strategie verwirklichen können. Auf unseren Touren nutzen wir die frühen Morgenstunden bei Sonnenaufgang, wenn unsere Gedanken noch frisch und unser Kopf noch offen für Neues ist.

Was wäre, wenn?

Wovon träumst du?

Was hat dir früher Freude gemacht, bevor du gelernt hast, dich im Träumen zu stoppen?

Was wäre, wenn Zeit, Gesundheit und Geld keine Rolle spielen würden?

Schon in diesem Moment der Vorstellung spüren wir das schöne, wärmende Gefühl von Zufriedenheit und Glücksmomenten. Unsere Vorstellungskraft darf noch größer werden und in das Bild zum Zeitpunkt des Erreichens hineintauchen. Wir alle brauchen ein lohnenswertes, begeisterndes Ziel, eine große, sinnhafte Vision und dann aktives Tun (»Leading by Doing« im Kapitel 7^{2} hoch ^{2}). Es reicht nicht nur der Wille, dafür loszugehen. Wir brauchen Ziele, die über das bisher für uns Denkbare hinausgehen, die unsere Fantasie anregen und uns zum Staunen über uns selbst bringen. Uns allen sind große Visionäre wie Steve Jobs, Richard Branson, Howard Schultz von Starbucks oder die Gebrüder Albrecht bekannt.

Lass uns genauer ansehen, was sie verbindet. Kennst du die Unterscheidung von A-, B- und C-Zielen?

A-Ziele: Die Ziele, die du bereits beherrschst

A-Ziele sind jene Ziele, bei denen du genau weißt, wie du sie erreichen kannst, weil du sie bereits einmal erreicht hast. Du bist dir sicher, dass du diese Ziele wieder erreichen wirst, weil du die Fähigkeiten und Erfahrungen dafür bereits besitzt. Diese Ziele sind wie vertraute Meilensteine, die du mit Selbstvertrauen und Routine erreichst.

B-Ziele: Die Ziele, die du erreichen kannst, wenn du dich ein bisschen streckst

B-Ziele sind für dich ambitionierte, aber realisierbare Herausforderungen; Dinge, die du für erreichbar hältst, aber noch nicht erreicht hast. Du glaubst daran, dass du mit den richtigen

Schritten und Anpassungen zu deinem Ziel gelangen kannst. Diese Ziele fordern dich heraus, aber sie liegen innerhalb deiner Fähigkeiten und Möglichkeiten.

C-Ziele: Die Ziele, über die andere und du selbst lachen

C-Ziele sind so groß, so krass und abgedreht, dass andere darüber lachen oder dich für verrückt erklären. In deiner Vorstellung fühlt sich das Ziel erstklassig an, aber auch unerreichbar. Du weißt nicht im Ansatz, wie du dieses Ziel erreichen kannst. Andere Menschen könnten es vielleicht schaffen, aber doch nicht du. Dennoch lässt allein der Gedanke daran dein Herz schneller schlagen, du fühlst dich positiv aufgeregt, und eine innere Stimme sagt dir: »Und trotzdem, genau das will ich! Da will ich hin!«

Du fragst dich jetzt vielleicht: Warum brauche ich C-Ziele, wenn sie eher unrealistisch und zu groß oder zu schwer zu erreichen sind?

Unser Unterbewusstsein ist sehr aufmerksam und arbeitet ständig – 24/7 – für uns. Und dieses Phänomen, was durch die Neurowissenschaften belegt wird, sollten wir positiv nutzen, denn alle Themen, über die wir uns schon irgendwann einmal Gedanken gemacht haben, sind in unserem Gehirn abgespeichert. Sollten wir uns also in unseren größten Wünschen mit einem speziellen Thema beschäftigen, so sucht das Unterbewusstsein nach jeglichen Impulsen und Informationen zu diesem Themen.

Du hast sicherlich genügend eigene Beweise dafür. Wenn du beispielsweise einen Kinderwunsch hast, siehst du anders als zuvor überall schwangere Frauen oder Familien mit Kinderwagen. Oder wenn du dir ein außergewöhnliches, selten gefahrenes Automodell wünschst, siehst du auf einmal überall dieses Auto in deiner Lieblingsfarbe im Alltag. Unser Unterbewusstsein ist schon längst auf dem Weg, Schritt für Schritt Informationen zusammenzutragen, um zu unserem Ziel zu gelangen. Wie lange es dauern wird, liegt allerdings an dir und an deinem weiteren

»Füttern« deines Gehirns. Also, warum sollten wir dann nicht unsere Träume schon jetzt träumen? Unsere C-Ziele mit einem breiten Lachen willkommen heißen – egal, ob das Lachen von uns oder von anderen kommt!

Ich glaube nicht, dass jeder alles erreichen kann. Aber ich glaube – nein, ich weiß aus eigener Erfahrung –, dass wir alles erreichen können, was wir uns vorstellen und in unseren Träumen ausmalen können.

Vera Peters

Vor 27 Jahren habe ich mein erstes LIFE Story Board erstellt, angeleitet von Art Reade, in den 80er-Jahren Top-Trainer und Coach erfolgreicher Nationalmannschaften in den USA.

Seine Erkenntnisse basieren auf der Human-Growth-Bewegung und den Traditionen seiner indigenen (Native American) Vorfahren. Bis 2018 hat er auch ein- bis zweimal pro Jahr Präsenzseminare in Europa durchgeführt. Für mich ist Art Reade bis heute der wirkungsvollste und intensivste Begleiter meiner Persönlichkeitsentwicklung gewesen. (Angeblich soll auch Anthony Robbins von ihm gelernt haben.)

Heute kennen viele Vision Boards, Zukunfts- oder Wunschräder oder die Big Five for Life. Aber das LIFE Story Board hat damals schon tiefergehende Aspekte, auch für unser Unterbewusstsein, geboten. Mein Team und ich haben das LIFE Board mit den Erkenntnissen von zwei Jahrzehnten mittlerweile zu einem 5D-LIFE Story Board für alle Sinne weiterentwickelt. Es ist so erfolgreich einsetzbar für jeden von uns. Vor etwa zehn Jahren habe ich vor meinem eigenen Board aus dem Jahr 2002 gestanden. Vor lauter Glücksgefühlen sind mir die Tränen gelaufen, da alle meine Wünsche und Sehnsüchte, die ich dort platziert hatte, bereits erfüllt und in meiner Realität vorhanden waren!

»Beam me up, Scotty!«

Wie konnte das so »nebenbei« passieren?
Wie kann es wahr werden, was ich mir vorstelle?
»Leading by Results« ist meine Antwort – sich selbst und andere anhand der Ergebnisse und nicht anhand der Ziele zu führen.

Viele Menschen, Teams und Unternehmen haben auf dem Weg zu ihrem Ziel etwas Wichtiges nicht gelernt: sich in das gewünschte Ergebnis »reinzubeamen« und mit allen Sinnen das erreichte Ziel wahrzunehmen. Doch genau darum geht es: sich in das Ergebnis hineinzudenken, es von allen Seiten zu betrachten, Vor- und Nachteile zu erkennen und sich dann tief hineinzufühlen. Also, »Beam me up, Scotty« aus meiner Kindheits-TV-Serie »Raumschiff Enterprise« begleitet uns auch hier zu unseren gewünschten Ergebnissen.

Wir brauchen also als Erstes ein großes Ziel. Es darf auch gern außerhalb deines jetzigen Universums liegen. Es darf unsere große Sehnsucht stillen.

6.2 Drei Merkmale machtvoller Ziele

Von der großen Wanderung, der Great Migration, in der afrikanischen Wildnis habe ich dir schon einen kleinen Einblick gegeben. Millionen von Tieren sind unterwegs, um ihren Sehnsüchten nach wertvoller, saftiger Nahrung und dem Fortbestand ihrer Art zu folgen. Sie haben ein wahrlich lohnenswertes Ziel. Interessant finde ich, dass viele Tiere diese Route noch nie zuvor hinter sich gebracht haben. Dennoch folgen sie den erfahrenen Tieren ihrer Herde.

Es ist also nicht immer unbedingt das Wissen um das Ziel, sondern auch das Vertrauen in die Erfahrungen anderer, das diese Herde in ihrer Gesamtheit vorantreibt.
Die Natur lehrt uns, wie das Setzen und das Verfolgen großer Ziele in der Gemeinschaft, im Team, im Unternehmen funktionieren kann.

Folgender Aspekt ist es, den wir auf uns als Privatmenschen und als Unternehmer übertragen können:

Du brauchst ein Ziel, das stark genug ist.
Dein Wille und deine Energie müssen stark genug sein, wenn du dich selbst und andere über unbekannte und möglicherweise gefährliche Pfade leiten willst. Wenn die Welt, die Politik oder die Wirtschaft um uns mal stürmt und wackelt, muss das Ziel sichtbar und fühlbar bleiben. Dein Ziel sollte also immer größer sein als die Stolpersteine auf dem Weg – so groß, dass du immer über deine Hindernisse hinweg deinen Erfolg vor dir liegen siehst.

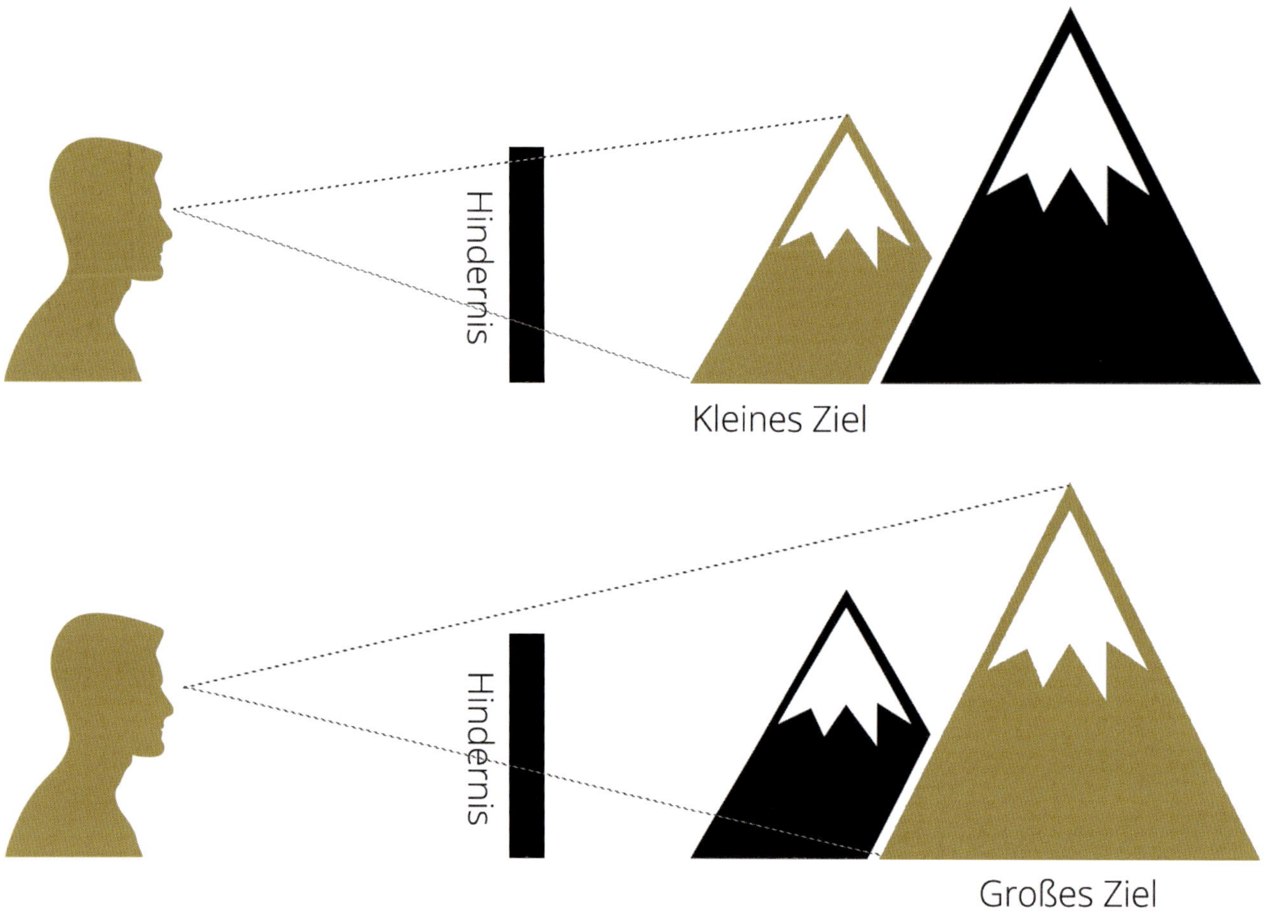
Hindernis
Kleines Ziel
Hindernis
Großes Ziel

6.3 Walt Disneys Welt

Nichts ist unmöglich – auch wenn es auf den ersten Blick verrückt oder unrealistisch erscheinen mag. Ein gutes Beispiel für Großdenken ist Walt Disney. Sicherlich hast du schon von ihm gehört oder kennst vermutlich seine Werke. Als visionärer US-amerikanischer Filmemacher und Zeichner hat er ganze Generationen mit Mickey Mouse und vielen weiteren Geschichten geprägt. Allerdings ist mir wichtig, mich von ihm als Mensch eindeutig zu distanzieren, da er dunkle Seiten in Form von Rassismus und Antisemitismus gelebt hat, die ich nicht toleriere.

Dennoch erwähne ich hier Walt Disney, da er für seine großen Visionen, seine Kreativität und seine Umsetzungsstärke bekannt war. Er kombinierte seine Träume und seinen Geschäftssinn, um außergewöhnliche Unterhaltungserlebnisse zu schaffen. Die bekannte Walt-Disney-Strategie – du findest sie auch bei uns im Workbook – geht auf seine Vorgehensweise zurück. Angewendet wird sie noch heute von vielen Menschen und Organisationen, um innovative Ideen und uneingeschränkte Visionen zu entwickeln.

Die Strategie basiert darauf, dass man drei verschiedene Rollen einnimmt: den Träumer, den Realisten und den Kritiker. Durch diese mehrfachen Perspektivenwechsel werden Ideen systematisch durchdacht – von der Vision bis zur Umsetzung. So entstehen Projekte, die die Welt verändern können. Es gibt viele solcher Beispiele, die als Idee starteten und heute nicht mehr aus unserem Leben wegzudenken sind, ob Produkte oder Services.

Die Walt-Disney-Strategie ermutigt uns, groß zu denken, groß zu träumen, um dann in gesundem Maße Kritik und Realismus einzuschalten. Dein Geist formt die Realität. Was ist das Ziel, das du jetzt bewusst kreieren willst?

6.4 Nicht jeder Pfeil trifft – der Richtige aber schon

Im Jahr 1998 entstand meine Vision von einem eigenen Seminar- und Gästehaus. Mein Mann und ich waren kurze Zeit zuvor in unser gemeinsames Zuhause in Unkel am Rhein eingezogen. Rückblickend hatten wir ohne Kinder scheinbar unendlich viel Zeit – so viel, dass ich oft einfach nur, ohne etwas zu tun, in unserer riesigen Hängematte lag, den Garten betrachtete und mich in Tagträumen von der Zukunft wiederfand.

Wieder einmal fiel mein Blick auf die Villa unserer lieben Nachbarn nebenan. Das war eine alte Jugendstilvilla, allerdings konnte man von ihrem Charme nicht viel erkennen, da sie rundherum mit wildem Wein zugewuchert war. Häufig waren auch die Fensterläden geschlossen, wie ich später erfuhr, zum Schutz der Möbel vor der Sonnenbestrahlung. So wirkte sie etwas verwahrlost und auch ein bisschen unheimlich. Doch irgendwoher wusste ich, da steckt ein Juwel hinter dieser Fassade. Wäre das nicht wunderbar, so nah an unserem Familienzuhause ein Büro oder Seminarräume für meine Beratungen zu haben?

Unsere Nachbarn, ein Pfarrerehepaar in ihren Achtzigern, waren immer sehr freundlich, und wir hatten vom ersten Tag an interessante Gespräche über Gott und die Welt – nur nicht über ein Thema: Was wird mal aus ihrem Haus?
Auch Jahre später war es noch völlig unrealistisch, dieses Haus zusätzlich kaufen zu können:

1. Es war von den Nachbarn bewohnt und nicht zu verkaufen.
2. Wir hatten kein Geld mehr dafür, da wir selbst gerade unser Familienhaus umbauten, um mehr Platz für unsere Kinder zu bekommen.
3. Das Haus war bereits der Kirche als Erbe vermacht. Aus, Ende, kein Thema.

Dennoch wusste ich damals schon: Dies ist der Platz, um mit Menschen zu arbeiten, eine Oase für Kreativität und Ideen zu entwickeln oder vom Büro aus auf meine spielenden Kinder in unserem Garten zu schauen.

Innerlich malte ich mir schon aus, wie ich die Wände streichen würde: hell, mit spannenden Kontrasten. Ich konnte mir die Möbel bis ins Detail vorstellen, fühlte, wie ich Menschen dort begrüßte, wie wir gemeinsam arbeiteten, lachten. Ich sah unsere Kinder im Garten Fußball spielen, während ich im Büro mit Blick zu ihnen arbeitete.

Nun, du weißt es sicher aus eigener Erfahrung: Das Leben geht manchmal seltsame Wege. Denn fünf Jahre später passierte zunächst etwas Sonderbares. Unsere lieben Nachbarn zur Linken, auf der anderen Seite unseres Wohnhauses, boten uns ihr Haus zum Kauf an. Es war überhaupt nicht das Haus, von dem ich geträumt hatte. Zwar war es ebenfalls eine alte Jugendstilvilla, doch sämtlicher Stuck war entfernt, Fenster zugemauert, und von der ehemals vorhandenen Schönheit war nicht mehr viel zu erkennen. Da mein Wunschhaus auf der rechten Seite jedoch immer noch nur ein Traum war, könnte ich über dieses angebotene Haus wenigstens schon einmal mit meinen Seminaren in den eigenen vier Wänden starten. Okay, wir waren mutig und kauften das Nachbarhaus zur linken Seite.

»Be careful with your goals!« Diese Worte vom Meister des Pfeil und Bogens vom Naturvolk der Hadzabe kamen mir sofort in Erinnerung. Die Hadzabe sind eines der letzten verbliebenen Jäger-Sammler-Völker Ostafrikas, deren Jagd wir am Eyasisee in Tansania begleiten durften. **»Lenke nicht irgendeinen Pfeil auf die Herde, sondern wähle für jede Wildart einen speziellen Pfeil!«**

Er meinte das wörtlich. Für jede Spezies, für jede Tiergruppe hatte er einen anderen Pfeil. Aber was ich damals verstand, ging weit über die Jagd hinaus. Es geht darum, sich nicht vom Ziel treiben zu lassen, sondern es vorher zu fühlen.

Was sollten mir diese Worte sagen?
»Präzisiere deine Wünsche sehr genau.« Nicht einfach den Wunsch kognitiv aussprechen: »Ich möchte unser Nachbarhaus oder eine Jugendstilvilla kaufen.« Nein, dann wird dir vielleicht ein anderes Nachbarhaus oder eine andere Villa angeboten. Sondern fühle dich hinein, emotional, körperlich, lebendig: »Ich spüre, wie es sich anfühlt, darin zu stehen, dort zu arbeiten, Menschen zu empfangen.« »Also werde ich die verwunschene Villa auf der rechten Seite von uns besitzen, unsere Nachbarn werden sehr glücklich darüber sein und wir werden alle viel Freude darin haben!«

Ich nenne das heute: **»Feeling into Results«.**
In den Moment tief hineingehen, in dem du das Ergebnis fühlst, bevor es sichtbar wird.

Kein Studium, keine Businesspläne haben mir dies beigebracht.
Das habe ich im Busch gelernt – von den Hadzabe, mit dem Bogen in der Hand, mit verbundenen Augen und einem offenen Herzen, um ins Schwarze zu treffen.
Anspannen und Loslassen. Freigeben und Vertrauen. Innere Stärke, Gelassenheit und vergessene Weisheit spüren.

Von nun an verliefen meine inneren Dialoge anders. »Wie fühle ich mein Ergebnis, und welche Vorgehensweise passt dazu, um die Villa doch noch zu besitzen? Wie werden unsere Nachbarn über meine Wünsche denken und fühlen?«

Unsere Gespräche mit den Nachbarn änderten sich schlagartig. Wir fanden den richtigen Ton und die besten Gelegenheiten, auch über das sensible Thema Tod und Erbe zu sprechen. Ich nenne das noch heute die »Gummiband Methode«. Mal darfst du auf Spannung gehen und dranbleiben, mal darfst du loslassen und das Thema sich von selbst entwickeln lassen. Das richtige Timing ist dann die große Kunst.

2018 hatten wir es dann endlich nach 22 Jahren passiver und aktiver Verhandlung geschafft: leicht und dennoch mit Beständigkeit das Ziel im Fokus, genauso wie es die Hadzabe so erfolgreich tun. Selbst die protestantische Kirche war uns Katholiken wohlgesonnen, indem sie den Prozess des Übergangs in unsere Hände aktiv unterstützt hat. Heute heißt die denkmalgeschützte Jugendstilvilla liebevoll »Das Schlösschen« und erfüllt nicht nur mich jeden Tag, sondern auch mein Team und Gäste aus der ganzen Welt mit Freude.

Mein Traum vom »richtigen« Seminarhaus auf der rechten Seite wurde wahr. Warum?
Weil ich nie daran gezweifelt habe und das Ergebnis vor mir gesehen habe: das Haus zu besitzen und jeden Tag darin zu arbeiten. Ich habe mich immer wieder in dieses Ergebnis hineingefühlt, ein Foto vom Haus in meiner Geldbörse nah bei mir getragen, es tief in mir lebendig gemacht

und jeden Tag, wenn ich zur Seite schaute, visualisiert, emotionalisiert, wie es sich anfühlt, in diesem Haus zu leben und zu arbeiten.

Was mich besonders fasziniert: Ich hatte nie das Gefühl, diesen Traum loslassen zu müssen. Es gab nie einen Moment, in dem ich dachte: »Vielleicht ist es nicht möglich.«
In unseren wahren Zielen wohnt eine besondere Kraft, die uns immer wieder zeigt, dass alles, was wir uns vorstellen können, auch Realität werden kann, wenn wir uns mit innerer Stärke und Strategie, Vertrauen und Gelassenheit darauf ausrichten.

Hast du dein Ziel, deine Vision auch schon vor Augen?

Nein? Nur Geduld. Vielen Menschen geht es so. Gib dir Zeit und nutze vielleicht eine völlig entgegengesetzte Denkrichtung, indem du alles aufschreibst, was du nicht in der Zukunft haben möchtest. Ein »Negative Vision Check« oder, wie ich es gern beschreibe: die »Hadzabe-Entscheidung« das, was nicht mitkommt.

- Was lässt du wie ein Hadzabe-Jäger im Busch zurück, weil es dich bei der Jagd auf das Wesentliche behindert?
- Was willst du nicht säen? Was soll nicht wachsen?
- Was dient deinem Leben nicht?

Wenn du weißt, was du nicht in deiner Zukunftsvision haben möchtest, kannst du die notierten Aspekte nun in eine positive Vision und Zielformulierung umdrehen. Vielleicht hilft dir auch die Frage: *Gibt es Träume und Ziele, die du schon als Kind oder Jugendlicher hattest?*

Dein Ziel und deine Vision sind der Wegweiser, der Fokus, während das Ergebnis das gefühlte, erlebbare, fertige Resultat ist – das sinnliche Empfinden deiner Belohnung für deine Anstrengungen.

Der Weg zum Ergebnis kann sich in Schlangenlinien abzeichnen und sich unterwegs verändern, aber das Gefühl im Ziel ist dein Kompass für deine Motivation und für deinen Erfolg.

Feeling & leading yourself into results & empower others.

Der Pfeil der inneren Klarheit
Statt Ziele nur kognitiv zu planen, kannst du den Ausgang innerlich erleben, bevor du losgehst. Du verbindest dich nicht mit dem Weg, den du gehen musst, sondern mit dem Gefühl, schon angekommen zu sein. Als wäre das Ziel bereits Realität.

»Feeling into Results« – so nenne ich diesen Prozess, in dem du dich ganz bewusst mit deinem Ziel verbindest. Nicht im Kopf. Sondern mit dem Herzen, dem Körper, all deinen Sinnen, deinem ganzen Wesen. Es ist der erste Schritt auf einem Weg, der nicht über Anstrengung führt, sondern über innere Klarheit. Ohne Umwege. Ohne Zwang.
Aber auch nicht ohne Schmerz.

Denn wenn du dich tief in dein Ergebnis hineinfühlst, zeigt sich vielleicht nicht nur das Erwartete. Vielleicht tut es auch weh, etwas nicht zu sehen und zu fühlen.

Manchmal spürst du dann auch, wer oder was nicht mehr dazugehört.
Vielleicht hast du dir dein Ziel mit bestimmten Menschen an deiner Seite ausgemalt und merkst jetzt: In deinem inneren Bild sind sie nicht da.
Diese Wahrheit kann leise kommen – oder brennen.

Die Wahrheit des Feuers
Ein Feuer wärmt. Aber es kann auch verbrennen.

Du willst den »Feeling into Results«-Prozess erleben?

Dann spüre zuerst, was du wirklich willst – dann wähle den passenden Pfeil, die passende Vorgehensweise.
Stell dir nun vor: Du bist schon da.

- Wo genau befindest du dich? An einem anderen Ort, in einem anderen Land? Oder bei dir zu Hause, im Garten?

Vielleicht aber auch, wie wir, im vollendeten Prozess einer LIFE Safari® durch Namibia, im grünen, fruchtbaren Caprivi-Streifen? In der Fülle der Erlebnisse und Erkenntnisse?

- Was siehst du um dich herum? Eine Preisverleihung? Dein Traumauto? Fröhliche Menschen?
- Was hörst du? Vielleicht Meeresrauschen? Oder das Lachen deiner Kinder?
- Was riechst du? Frische Luft, Kaffee, Holz, Wildblumen? Oder den Duft der Ledersitze deines Wunschautos?
- Was schmeckst du? Das Salz auf deinen Lippen, wenn du am Gipfel deines erklommenen Berges ankommst?
- Und vor allem: Wie fühlst du dich? Wie fühlt sich für dich dein Erfolg an?

Welche Energie erfüllt deinen Körper? Ist es Ruhe? Freude? Erleichterung? Kraft?
Wer bist du als Mensch, mit welcher Haltung und welcher Botschaft?
Erlaube dir, diesen Zustand jetzt schon zu spüren. Nicht im Kopf, sondern im ganzen Körper.
Bleibe einen Moment in diesem inneren Bild. Lass es lebendig werden.

Und dann halte für dich fest:

- Was war das stärkste Gefühl in deinem Bild? Wer oder was hat es ausgelöst?

- Wer oder was war bei dir?
- Welche Menschen haben dich umgeben, oder warst du allein?
- Was war vielleicht auch nicht mehr da? Vielleicht Zweifel, Druck, Zeitnot?

Hast du bestimmte Menschen vermisst?

- Was steckt wirklich hinter deinem Wunsch? Welcher tieferliegende Grund? Was möchtest du jemandem beweisen? Wenn du dir nicht sicher bist, ob es noch weitere Gründe für deinen Wunsch gibt, dann führe die Übung »GURUDUMU: Was ist der eigentliche Gedanke dahinter?« im Workbook durch.

- Welche neuen Erfahrungen möchtest du, im Ziel angekommen, machen?

- Welche neuen Erkenntnisse möchtest du gewinnen?
- Möchtest du diese Erkenntnisse an andere weitergeben?
- Was möchtest du wirklich fühlen?
- Was bedeutet es für dein Umfeld, wenn du dein Ziel erreichst?
- Was bedeutet es für dein Unternehmen, wenn du das Ziel erreichst?
- Welche Träume deiner Partner, Familie oder Mitarbeiter werden durch deine Zielerreichung vielleicht zerstört?
- Wie sieht deine Zukunft aus?
- Welche Farben hat dein Ergebnis?
- Wie groß ist es? Stehst du davor, bist du mittendrin?
- Was bewegt sich darin?
- Und wie fühlt es sich an, wenn du weißt: Ich bin angekommen?

- Was sagt dir dieses Gefühl über deinen nächsten Schritt?

Wenn du tiefer in diese Gedanken eintauchen möchtest, findest du in unserem Workbook weitere Anleitungen.

6.5 Trainiere, dein erreichtes Ziel zu fühlen, zu visualisieren, zu manifestieren

Unsere menschliche Vorstellungskraft ist so viel mächtiger, als es uns häufig bewusst ist. Sicher hast auch du schon Situationen erlebt, in denen du etwas »erschaffen« hast. Es hat zu dir gefunden – zum perfekten Zeitpunkt und in der perfekten Konstellation. Hol dir dieses Bewusstsein, dieses innere Wissen darum, wieder in dein Leben zurück.

Wie kannst du das tun? Nimm dir jeden Tag, am besten gleich morgens, ein paar Minuten Zeit, in denen du dich mit all deinen Sinnen in den Zustand hineinversetzt, den du erreichen willst. Nutze dazu am einfachsten das 4D-LIFE Story Board, welches deine Sinneswelt wachrüttelt und dich mit Freude und Fokus auf dein Ziel in den Tag starten lässt.
Werde innerlich schon zu der Person, die du sein willst, wenn du dein Ziel erreicht hast!

Gleiches gilt für deine Familie oder auch dein Unternehmen, für dich als Führungskraft oder als Mitarbeiter. Starte mit allen und »Feeling into Results« in den Tag, und werdet gemeinsam zum besten Unternehmen, das du dir vorstellen kannst. Ein Unternehmen, in dem du wirklich arbeiten möchtest. »Create your best place to work.«
Warum funktioniert das?

Weil wir unsere Kraft, unsere Klarheit und unsere nächsten Schritte nicht aus dem Mangel ziehen, sondern aus der Fülle, der Verbindung zu dem Menschen, der wir in unserer besten Vorstellung bereits sind.

Wenn wir beginnen zu fühlen, zu sehen und so zu handeln, als wären wir bereits da, richten wir unsere Energie auf genau das aus, was jeder von uns werden will.

Wir holen uns die Zukunft nicht irgendwann – wir lassen sie heute schon wirken.

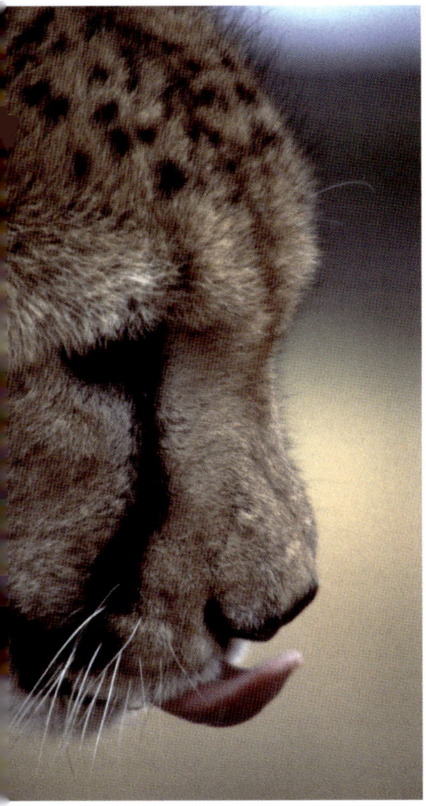

Gepard fokussiert im Reverse Engineering

Und je klarer dieses innere Bild wird, desto leichter folgen wir heute schon Handlung, Haltung und Mut. Denken wir noch mal an die Meister der Fokussierung in der Wildnis, an die Geparden. Sie beobachten, sie fühlen sich in das Ergebnis hinein, bis ihnen der Sabber aus dem Mund fließt. Ab jetzt, mitten im »Feeling into Results«, sind sie nicht mehr aufzuhalten. Mit dem richtigen Timing und der richtigen Umsetzungsstrategie überwinden sie jedes Hindernis und sind unaufhaltsam erfolgreich.

Die Leoparden gehen sogar noch einen Schritt weiter in Hinsicht auf ihre Strategie und Zielstrebigkeit. Sie verfolgen ihre Beute mit einer gezielten Strategie, bei der Geduld und Präzision entscheidend sind. Aus einem Versteck heraus beobachten sie ihre Beute, warten auf den perfekten Moment und konzentrieren sich dabei ganz auf das eine Ziel. Ihre Tarnung und die Fähigkeit, sich leise und vorsichtig zu bewegen, ermöglichen es ihnen, sich unbemerkt näher zu schieben.

Bevor sie angreifen, bleiben sie flach auf dem Boden liegen und minimieren jede Bewegung. Sie warten, bis ihre Beute sich in die richtige

Position begibt oder bis sie in Reichweite ist. Erst dann starten sie ihren überraschenden Sprung und greifen mit voller Präzision an. Es ist diese intensive Konzentration und Geduld vor dem Angriff, die die Jagd des Leoparden so erfolgreich macht.

Das hört sich stark an, oder? Aber wie erreichen wir, genauso wie die Geparden oder Leoparden, im richtigen Moment so körperlich und mental fit, so strategiestark, geduldig und fokussiert zu sein?

Indem wir, wie die Tiere, die Struktur und den Plan des **Reverse Engineering**, der Rückschau, nutzen. Vom erfolgreichen Ziel zurück auf den Anfang blicken.

Am Anfang an das Ende denken und vom Ende zum Anfang planen.

Wenn der Gepard das Ziel oder die ausgesuchte Beute erlegen will, wird er aus Erfahrung wissen, dass er nur kurzzeitig einen Sprint hinlegen kann und daher seine Power gut einteilen sollte. Der Leopard kennt ebenfalls seine Potenziale und sein Leistungsvermögen sehr gut. Er weiß, dass er nicht so sprintstark wie ein Gepard, dafür aber ausdauernder ist. Daher nutzt er die Stärke der Versteck- und Anschleichtaktik. Er sollte also schon vor

Weibliche Leopardin, von den Massai liebevoll Luluka genannt, fokussiert hier im außergewöhnlichen Spähstand

dem Start näher an seiner Beute sein. Nach dem Fang der Beute hat er gegenüber den Geparden allerdings einen großen Vorteil: Da der Leopard ein geschickter Kletterer ist und seine Beute hoch in die Bäume mitnimmt, ist seine Beute erst einmal vor anderen Tieren sicher.

Reverse Engineering: Schritt für Schritt voran, mit der jeweils auf das Ziel ausgerichteten, passenden Strategie und mit dem jeweils passenden Tempo.

Wieder einmal können wir von den Tieren lernen und physische und mentale Ziele vom Ende zum Anfang betrachten. Wo und in welcher Situation befindet sich die Beute oder das Ziel? Wie sollte dann rückwärtsdenkend unser letzter und erster Schritt aussehen?

Damit wir wirklich erfolgreich ans Ziel kommen, ist es jetzt wichtig, unsere bereits vorhandenen Fähigkeiten, Kompetenzen und Ressourcen wie beim Start eines Abenteuers realistisch einzuschätzen und einzubringen. Genau so, wie wir zu Beginn unserer LIFE Safari® in Kapitel »1.0 Leading by Adventure« unsere Checklisten bearbeitet und jede einzelne Etappe der Tour geplant haben uns vom gewünschten Ergebnis, »alle wohlbehalten und mit den besten Erkenntnissen für ihr Leben« nach Hause zu bringen, auf den Start ausgerichtet haben.

Mit messbaren Zielabschnitten planen wir, mit emotionalem Erleben des gewünschten Ergebnisses können wir uns und andere intensiver und langfristiger motivieren und über längere Strecken durchhalten. Sollten wir nicht alle wesentlichen Themen des Lebens so angehen? Wenn wir uns wünschen, mit 99 Jahren auf ein erfülltes Leben mit freudvollen Partnerschaften zu schauen, dann sollten wir JETZT unsere Beziehungen hinterfragen und gegebenenfalls entsprechende klärende Gespräche führen. Oder jetzt einen Finanzplan aufstellen, um ausreichend im Alter versorgt zu sein. Klingt sicherlich plausibel und »eigentlich normal«, machen aber dennoch die wenigsten.

Die Frage ist: Wann erreichen wir unsere Ziele?
Ab jetzt! Den genauen Zeitpunkt der Zielerreichung kann natürlich niemand vorhersagen. Doch jede unserer Handlungen, jeder Gedanke und jedes Gefühl im Hier und Jetzt sind ein Schritt auf unserem Weg dorthin. Darauf können wir vertrauen und in dieser inneren Ruhe, Gelassenheit und Ausdauer an unseren Zielen arbeiten. Unsere Ziele werden wir erreichen, indem wir die beschriebene »Gummiband-Methode« nutzen und eine Balance zwischen Dranbleiben und Loslassen finden.

Ich durfte lernen, dass so manches, was wir uns wünschen, auch ohne Anstrengung zu uns kommt. Auch für diese Wunder am Wegesrand, die wir gar nicht wahrnehmen, sollten wir unsere Sinne öffnen. Denk an unsere Wahrnehmungsübungen zu Beginn dieses Buches. Schärfe deine Wahrnehmungsfähigkeiten und »pflücke« deine Chancen, die überall auf dich warten.

Heute bin ich mehr denn je davon überzeugt, dass unser Vorstellungsvermögen und die emotionale Wahrnehmung in Kombination mit der Fokussierung auf klare Ziele eines der mächtigsten Werkzeuge ist, die wir als Mensch haben. Unser Unterbewusstsein sucht wie ein Radar nach den Dingen, die wir uns gezielt vorstellen. So kommt es dann, dass wir scheinbar zufällig jemanden treffen, der uns weiterhelfen kann: mit einem Tipp, einem Buch, einem Kontakt, einer Idee … Umgekehrt geschieht es genauso: Stellen wir uns immer wieder nur Misserfolge und Katastrophen vor, dann sorgt auch diese Fokussierung für eine Bestätigung in Form wiederkehrender negativer Situationen.

Daher ist es umso wichtiger, positive Begleiter in unserem Leben zu haben. Begleiter, die uns in unserem Ziel bestätigen und uns an positive Gedanken und ein positives Mindset erinnern. Wir brauchen ein starkes Team zur Verstärkung unserer Umsetzungskraft, um dranzubleiben, wenn der Alltag nach »Mache ich morgen« schreit. Und genau hier kommt die Bedeutung eines unterstützenden, vertrauensvollen Umfelds ins Spiel. Denn mit einem starken Team und einer

Ubuntu-Community an deiner Seite wirst du nicht nur die notwendige Energie aufbringen, um immer wieder aufzustehen, sondern auch die Kraft finden, deine Ziele konsequent zu verfolgen. Ein solches aktives Netzwerk stärkt deine Resilienz und hilft dir, selbst in herausfordernden Zeiten nicht aufzugeben. Bei all meinen Reisen auf dem afrikanischen Kontinent habe ich diese Stärke ganz besonders erlebt.

6.6 Deine Zukunft braucht ein Umfeld voller Unterstützer

Gerade in Phasen gravierender Veränderungen ist es wichtig, dass wir ein stabiles Umfeld haben, in dem wir offen über unsere Ängste und Gedanken sprechen können. Im Idealfall besteht dein Umfeld aus Menschen, denen du dein Herz ausschütten kannst, ohne Urteile oder Konsequenzen fürchten zu müssen. In einer immer komplexer werdenden Welt sind solche Beziehungen unser sicherer Hafen und Anker, wenn es mal stürmisch wird.
Wie wichtig ist es dabei, auch andere Perspektiven einzubeziehen, besonders interkulturelle Betrachtungsweisen oder andere Wertesysteme, um Verständnis sowie Toleranz für ein weltweites Miteinander zu erreichen. Wir kennen diese vertraute Unterstützung auch gut von unserem gemeinsamen Reiseteam. Aus anfänglich Fremden wird ein riesiger, aktiver Unterstützerkreis, der nach der Reise zusätzlich über Buddy- oder Peergruppen intensiv und oft noch lange Zeit bestehen bleibt.

So findest du dein Unterstützerteam
Stell dir einen Kreis vor, den du in sechs Teile unterteilst. In jedes Sechstel trägst du jene Menschen ein, die dein Raketenbooster auf dem Weg zu deinem Erfolg sein können. Das können Eltern, Lehrer, Freunde, Chefs, Autoren, Prominente, Kollegen oder aber dein Team und Kollegen sein. Mit einem starken Unterstützerteam in jedem Bereich hast du die besten Voraussetzungen, an dein Ziel und zu deinem gewünschten Ergebnis zu kommen.

- **Vorbilder und charismatische Menschen:** Sie zeigen dir, was möglich ist, und inspirieren dich, dein Bestes zu geben.
- **Mentoren:** Sie sind deine Wegweiser, da sie schon dort sind, wo du hinwillst.
- **Fachexperten:** Sie bringen das nötige Fachwissen und Know-how zu deinem Thema ein, um deine Fähigkeiten und Kompetenzen zu verbessern.
- **Visionäre:** Diese Menschen ermutigen dich, groß zu denken und neue Wege zu gehen, auch wenn sie auf den ersten Blick abwegig erscheinen mögen.
- **Motivatoren:** Sie pushen dich, weiterzumachen, und geben dir den nötigen Rückenwind, wenn es mal schwierig wird.
- **Vertraute Personen:** Diese Menschen, die dich und deine wichtigen und unwichtigen Lebensmomente schon lange und sehr gut kennen und dir wohlwollend auch deine blinden Flecken zeigen.

Stell dir jetzt auch die Frage, ob du selbst ein guter Unterstützer für andere bist. Welche Funktion, welche Rolle übernimmst du bei der Unterstützung deiner Familie, deiner Freunde, deines Teams, deiner Unternehmerkollegen?

Kannst du andere neben dir wachsen sehen? Kannst du es ertragen und aushalten, wenn andere an dir vorbeiziehen? Ihre Ziele schneller erreichen und erfolgreicher werden als du?

Wie ist deine Ubuntu-Haltung, wenn du als Unterstützer für andere gefragt bist?

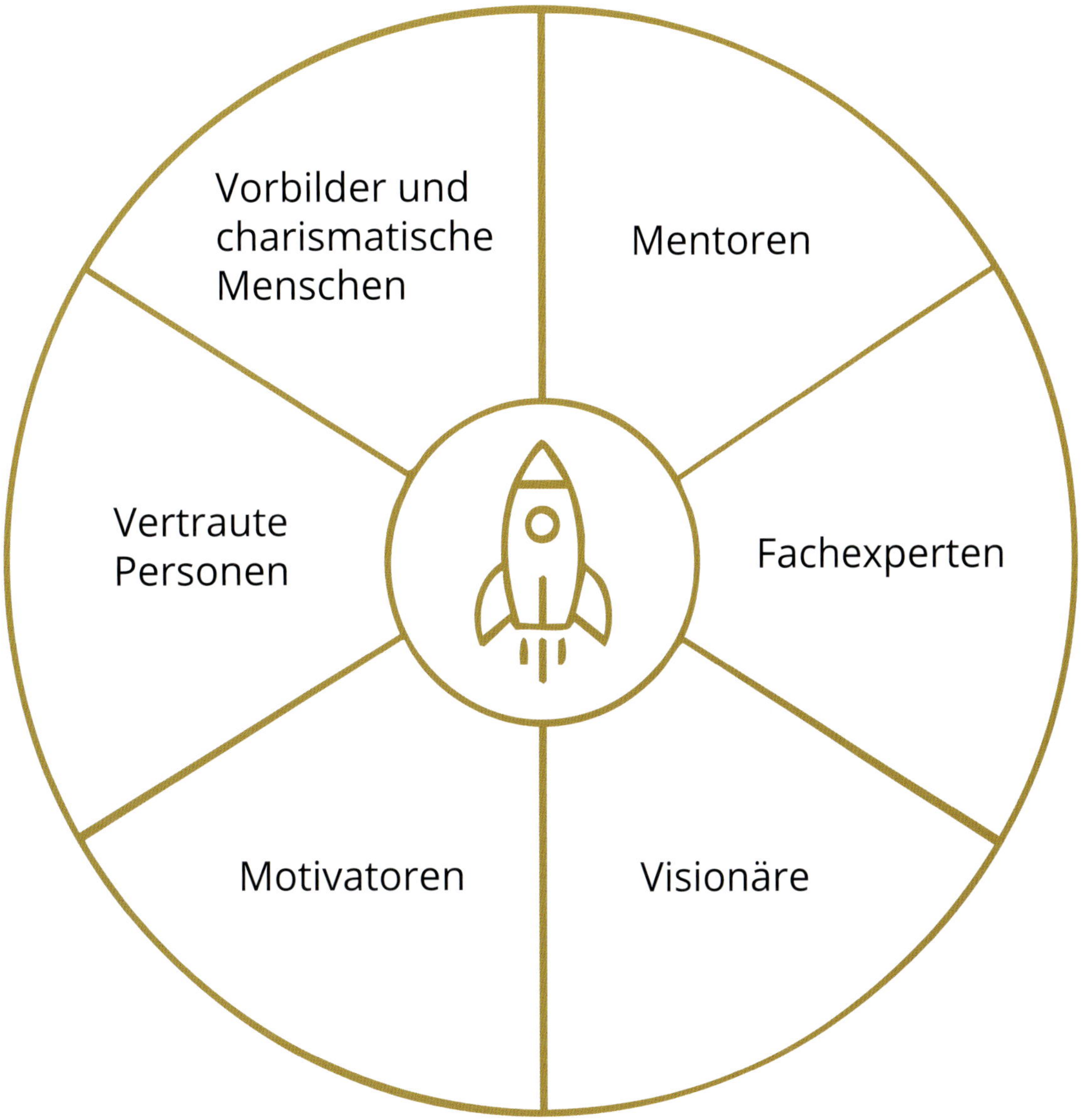

6 wichtige Unterstützer für deinen Erfolg

Isaac und Jeff – Best Friends, denen ich nicht nur mein Geld, meine Ausweise, meine Kreditkarten anvertraue – sondern auch meine Gäste und mein Leben

Theo – Anti Poaching Control Professional Wildlife Ranger

Meine Schwester Sabine, die mit mir jede noch so abenteuerliche Idee, wie die Rallye Paris Dakar und weiter, umsetzt.

Gleichgesinnte Visionäre und Unternehmer

Joseph – Bester Spurenleser, zertifizierter Field Guide und Fallenaufspürer

Women Safari Power – reines Frauenteam als Field Guides in Botswana

Wende dein Gesicht der Sonne zu, dann fallen die Schatten hinter dich.

Südafrikanisches Sprichwort

Auch wenn uns die Welt, das Universum und alle Unterstützerteams wohlgesonnen sind und uns aktiv begleiten:

Unsere größte Bremse bei der Realisierung unserer Wünsche sind wir selbst!

Wir bremsen uns so oft mit den verschiedensten Bedenken und »Aber-was-wenn-das-nicht-funktioniert-Theorien« oder »Wenn ich mehr Geld, Zeit und große Kinder habe, dann kann ich dies oder das machen« selbst aus. Unsere Ängste haben viele Gesichter. Doch wovor haben wir denn eigentlich genau Angst? Ist es nicht zudem so, dass 90 Prozent der Katastrophen, die wir uns vorstellen, gar nicht eintreffen?

Betrachte deine Ängste und Sorgen doch mal aus dieser Perspektive: Wenn für uns der »Worst Case«, der schlechteste Fall, wirklich einmal eintreten sollte, ist das nicht in vielen Fällen immer noch ein Traumzustand für viele Menschen auf dieser Welt?

Die meisten Menschen auf dieser Welt kennen keine finanziellen, medizinischen oder staatlichen Absicherungen.

Ich stelle immer gern die Frage: »Was wäre, wenn es super läuft?« Die meisten Menschen erkennen dann selbst sehr schnell, dass sie zuerst eher negative Gedanken säen und in den Schatten anstatt in die Sonne schauen. Wie wäre es, wenn wir ab heute diese positive Frage zuerst stellen würden? Wie würde sich das auf unsere Kreativität, unsere Gesundheit, unsere Partnerschaften und auch auf unseren unternehmerischen Erfolg auswirken? Unsere Macht der Gedanken ist neben Handwerk, erlerntem Wissen und gelebter Erfahrung unser wichtigstes Werkzeug. Ist es nicht an der Zeit, sie nach vorn zu holen, sie in den Fokus zu bringen?

Mein Motto lautet in vielen Fällen: Einfach mal weiterdenken – es könnte ja super werden!

Was wir also brauchen, ist ein **starkes Mindset und die Achtsamkeit, um dankbar zu sein.** Über ein starkes, positives Mindset könnte ich sicherlich ein gesondertes Buch schreiben, da die Beherrschung und Fokussierung der Gedanken aus meiner Sicht eine wahre Kunst sind. Gern möchte ich hier aber einige Aspekte aus meiner Erfahrungswelt beschreiben.

Machst du aus einer Mücke oft einen Elefanten? Dann drehe deine Strategie ab jetzt um! Mach den Elefanten einfach wieder zur Mücke.

Das gilt im Übrigen auch für unsere Sorgen und Ängste, die uns emotional aufwühlen. Sicherlich kennst du das auch – besonders nachts, wenn unser Kopfkino der Probleme startet und wir uns schlaflos mit scheinbar unlösbaren Problemen von einer Seite zur anderen drehen. Machen wir dann nicht häufig aus einer Mücke einen Elefanten? Unsere Sorgen erscheinen uns größer und schwerwiegender, als sie in Wirklichkeit sind. Doch genau hier liegt der Schlüssel: die richtige Perspektive.

Wenn du negative Gedanken, Sorgen oder Ängste hast, lenke deinen Fokus sofort auf Dankbarkeit. Für wen und für was kannst du dankbar sein?

Diese Strategie durfte ich von den Massai und San in Kenia und Namibia lernen. Wir können nicht zwei konträre Emotionen gleichzeitig fühlen. Die Dankbarkeit bringt uns in »Good Vibes« und positive Gedanken. Dann werden unser Kopf und unser Herz schnell wieder klar.

6.7 Wie Gedanken Gefühle und Ergebnisse formen

Große Ziele beinhalten oftmals große Hindernisse oder Grenzen. Auch Helden in Hollywood-Blockbustern haben es nie einfach. Dafür sind sie am Ende wahre Helden. Und manchmal liegen doch die wahren Hindernisse und großen Grenzen nicht nur im Außen – sie liegen ganz besonders tief »zwischen unseren zwei Ohren«. Das bedeutet, viele unserer Hindernisse bestehen nur in unserer Art zu denken. Sie sind selbstgeschaffen und resultieren aus unseren Ängsten, Sorgen, alten Prägungen oder einem Umfeld, das nicht wie du nach vorn schaut.

Die Gnus hingegen schreiten instinktiv und ohne Zögern voran. Sie können uns daran erinnern, dass viele unserer Hindernisse nicht real sind. Unsere Art zu denken bestimmt, ob und wann wir unsere Ziele erreichen. Denn wir können Hindernisse überwinden, indem wir unsere Möglichkeiten realistisch einzuschätzen lernen und ihnen mit der richtigen Dynamik und Entschlossenheit begegnen.

Erfolg erfordert das richtige Mindset und den Mut,
die Dinge anders zu machen.
Strive Masiyiwa, Gründer von Econet Wireless, Simbabwe

90 Prozent unserer Ängste und Sorgen werden nicht Realität.

Von Frühjahr bis Sommer 2023 durfte ich als Beraterin und Botschafterin von »Manager ohne Grenzen« ein sehr innovatives, bereits mit Umweltpreisen ausgezeichnetes Unternehmen in Uganda im Bereich Marketing, Produktionsverbesserungen und Leadership beraten. Eine Kooperation mit Win-win-Erfahrungen, wie ich sie jedem nur empfehlen kann. Vier Monate waren wir online während regulärer Arbeitszeiten, aber auch hin und wieder am Wochenende und zu unterschiedlichsten Tageszeiten miteinander im Gespräch. Je nachdem, wie und wann eine taugliche Internetverbindung aufgebaut werden konnte – per Computer oder auch nur per Mobiltelefon. Ich war begeistert vom Wissen und der Kompetenz der gesamten Führungsmannschaft und der bis ins Detail ausgearbeiteten Excel-Listen über Produktions- und Vertriebsparameter. Natürlich wollte ich dieses Unternehmen auch live und im Alltag kennenlernen. Denn aus meiner langjährigen Erfahrung als Managerin und Businessmentorin weiß ich, dass sich das Leben nicht in Excel-Tabellen abspielt. Im Oktober 2023 reiste ich also kurz entschlossen allein nach Kampala, die Hauptstadt Ugandas, um das Führungsteam und die Abläufe im Unternehmen hautnah kennenzulernen.

Schon immer in meinem Leben habe ich die Nähe, die Sichtweisen der Mitarbeiter in der Produktion gesucht und geschätzt. In der Operation, im knallharten Betrieb, erkennt man schnell, wie das Zusammenspiel zwischen Mensch und Maschine, Anzugträgern und Blaumännern, Kunden und Lieferanten funktioniert.

Genauso hier in Uganda. Nach herzlichem Empfang von Zasi und Deborah, der Betriebsleitung, werden wir alle gemeinsam vom Fahrer Omara mit dem Auto durch die menschengefüllte Großstadt und über unbefestigte Straßen zwischen kleinen Wohnsiedlungen aus Steinhäusern zur Produktionsstätte der Firma gebracht. Ein großes Tor öffnet sich, und vor uns zeigt sich ein räumlich offener Produktionsbetrieb, nur mit Palmzweigen und Folie vor Sonne und Regen geschützt. Alles steht auf unebenem Lehmboden.

Zwischen lauten Dieselmotoren und aufgeheizten Extruder-Maschinen pulsiert das Arbeitsleben. Freundliche Arbeiter, die mir zuwinken und mich lächelnd begrüßen. Sofort setze ich mich zu ihnen an die heiße Extruder-Maschine, die dieselbetrieben ist und von Hand mit der Maniokmasse von oben gefüllt wird. Ähnlich wie mit einem Fleischwolf, werden hier organische Briketts zum Heizen und für Kochöfen produziert. Eine sehr anstrengende Arbeit, die mich schon nach wenigen Minuten zum Schwitzen und alle Mitarbeiter zum Lachen bringt. »Heute wird die Produktionsmenge sicherlich nur zum halben Preis zu verkaufen sein«, verkünde ich, da mir – recht ungelenkig und ungeschickt – die langen, heißen Brikettstäbe häufig zerbrechen oder nur in halber Länge zum Trocknen ins Lager gebracht werden können. Ausgestattet mit dickem Ohrenschutz und Arbeitshandschuhen, halte ich dennoch zwei Stunden durch. Das Team erklärt mir detailliert und geduldig die Produktionsabläufe, die technischen Schwierigkeiten und langen Wege zwischen den einzelnen Arbeitseinheiten.

Sie wissen natürlich, dass nicht alles rundläuft, aber sie strahlen, wenn sie von ihrer Arbeit erzählen oder mich mit Stolz durch die verschiedenen Trocknungsbereiche führen. »Chakula, Chakula« – Mama Baba ruft zum Mittagessen. Gemeinsam mit zwei weiteren Mitarbeiterinnen hat sie seit Stunden am Boden über dem Feuer das Essen zubereitet, immer eins ihrer kleinen Kinder mittendrin und überall dabei. Hühner laufen im kleinen Gehege hin und her und picken ganz ruhig ein paar Krümel oder Samen auf.

Schon seit unserer Ankunft habe ich auf diese »Küche« im dunklen Eck geschaut und mich selbst gefragt: »Was kochen diese Frauen da wohl? Wird mir dieses Essen zur Mittagspause angeboten?«

Schnell schiebe ich dieses Gefühl des Unbehagens zur Seite, und dennoch schießt es wie ein Pfeil immer wieder am Vormittag durch meine Gedanken.
»Was ist dort im Topf? Wird es mir schmecken? Wird mein Magen dieses Essen vertragen oder eher rebellieren? Was mache ich, wenn es mir nicht schmeckt? Darf ich es ablehnen, oder ist es verletzend für alle, wenn ich das Essen ablehnen werde?«

Und jetzt werden wir zum Essen gerufen. Alle Produktionsarbeiter, Zasi, Deborah und ich setzen sich um die vorbereiteten Tische. Mein Gefühl des Unbehagens wird immer größer, da ich die großen Schüsseln sehe, in die sie randvoll füllen. Mama Baba nickt mir liebevoll zu und übergibt mir meine übergroße Müslischale als erste Probierration. Ich bedanke mich und traue mich nur langsam, meinen Esslöffel in die heiße Masse zu geben. Viele große und kleine Stücke sind in einem Potpourri aus Grüntönen erkennbar. Allerdings lässt sich der Inhalt für mich nicht mit ähnlichen Dingen, die ich in meinem bisherigen Leben gegessen habe, vergleichen oder bestimmen.

Ich nehme eine kleine Menge auf meinen Löffel und probiere ... Oh, meine Güte, welch ein Genuss! Was für ein leckeres Essen. Ein intensiver Geschmack von Gemüseeintopf. Köstlich!

Mir fällt nicht nur ein Stein vom Herzen, sondern ich genieße das Mittagessen in vollen Zügen. Erst jetzt bemerke ich, dass alle Augen auf mich gerichtet sind. Ich bedanke mich von ganzem Herzen, und Mama Baba strahlt. Was auch immer Bestandteil dieses Eintopfs ist, es schmeckt einfach wunderbar. Bis zum letzten Löffel genieße ich mein Essen und den heißen Zitronengrastee dazu. Ich bin erleichtert und gleichzeitig peinlich berührt. Was habe ich mir bloß für Sorgen gemacht?

Und da war sie wieder, die Lektion, die ich schon oft gehört hatte:
90 Prozent unserer Ängste und Sorgen werden nie Realität! Dieser Aussage ist zwar keine evidente Studie hinterlegt, bestätigt sie jedoch die Lebenserfahrung vieler Menschen.

Wieder eine große Lerneinheit für mich! Genau diese Begegnungen im wahren Leben und im Alltag miteinander brauchen wir. Der afrikanische Kontinent und die Menschen hier in Uganda zeigen mir, Vertrauen zu haben. Sie offenbaren meine voreiligen Denk- und Sichtweisen, meine unbegründeten Ängste und Sorgen und lassen mich mit Liebe spüren, dass sie meine Gedanken lesen und gleichzeitig nachvollziehen können.

Jetzt will ich natürlich wissen und sehen, was ich gegessen habe. Mama Baba nimmt mich an die Hand und zeigt mir ihr kleines Paradies. Direkt neben der Produktionsstraße befindet sich ein großes Beet mit Kochbananen-Pflanzen und ein gut gepflegter Permakulturgarten mit Süßkartoffeln, Cassava (Maniok), Yams (Wurzelknolle), verschiedenen Bohnensorten und vielen weiteren, mir unbekannten Gemüsesorten, die alle sehr farbenprächtig aussehen. Einfach wundervoll!
Wenn wir Menschen uns mit den Herzen begegnen, wird immer alles gut!

Welche Sorgen trägst du mit dir herum? Sind sie in dieser Dimension wirklich berechtigt? Wie viel Energie und Gehirnkapazität verschwenden wir manchmal für unnötige Denkrichtungen!

Jede negative Denkweise raubt uns Energie.
Jeder dankbare Gedanke gibt uns Energie!

Wie könnte dein Leben aussehen, wenn du immer nur das tust, was für dich wesentlich ist – was für den Weg zu deinem Ziel wichtig und notwendig ist?

Dein Denken bestimmt deine Gefühle.
Deine Gefühle bestimmen deine Handlungen.
Deine Handlungen bestimmen deine Ergebnisse.

Denk dran: Bei jedem Gedanken an deine Träume und deine Ergebnisse zaubert dir das Leben ein Lächeln ins Gesicht.
Du bist auf deinem Weg und bestimmst selbst, wie oft du an deine Träume denkst.

Was für ein Tag! Ich fühle die energiegeladene Hochstimmung gigantischer Träume und großer Visionen beim Sonnenuntergang. Die beeindruckende Shipwreck Lodge taucht immer wieder als lebende Metapher in unseren Gesprächen und Gedanken auch in den folgenden Tagen auf.

Ich atme die noch warme Luft ein und spüre die Erde unter meinen Händen. Nichts als große Dankbarkeit ist in mir. Für mein Leben, für den ganzen Weg, den ich gegangen bin. Natürlich habe ich auch nicht nur Sonnenschein erlebt, auch ich bin durch große Widerstände und über manche Hindernisse gegangen.

Ja, und auch ich habe wieder große Visionen und Träume. Doch in diesem Moment, hier mit mir selbst in die weite Landschaft schauend, ist meine eigene Sehnsucht still, gefüllt, satt. Eines der schönsten aller Gefühle. Stille und Frieden. Sie breiten sich aus, wenn wir wirklich bei uns angekommen sind. Ja, und manchmal fließen dabei auch ein paar Tränen. Auch das darf sein. Alles ist im Fluss.

Dein Ziel ist nicht das Ende!

Du wirst es selbst erleben. Dein erreichtes Ziel und die emotional verankerten Resultate werden dich weiter inspirieren und motivieren, deine Vision auszubauen, noch größer und weitreichender zu denken, als du es dir heute vorstellen kannst. Dann mach einfach weiter. Du bist nun daran gewöhnt, dass du erreichst, was du dir vorstellen kannst.

Erstelle jetzt dein persönliches 5D-LIFE Story Board, nicht einfach nur ein Vision Board. Dein inneres Bild der Zukunft, das nicht nur sichtbar, sondern spürbar wird. Dieses Board ist ein 5D-LIFE Story Board für alle Sinne, zum Beispiel in Form einer Collage, erweitert durch ein Video und Audio oder durch haptische Gegenstände. Das Bedienen möglichst vieler Sinne unterstützt unser Unterbewusstsein, unsere Ziele detaillierter zu erfassen. Gleichzeitig aktiviert es die Kraft, das Gewünschte zu erschaffen und die richtigen Menschen, Lösungen, Situationen und Gelder in unser Leben zu ziehen. Du findest die detaillierte Anleitung in unserem Workbook.

6.8 Summary: Safari-Learnings

In unseren wahren Zielen steckt eine enorme Kraft, die uns hilft, auch Zeiten des Mangels und der Unsicherheit zu überwinden. Wenn andere sagen: »Das schaffst du niemals!«, halte dir vor Augen, dass es Luxushotels in der Wüste gibt.

Mit der Walt-Disney-Strategie überprüfst du deine Ideen auf Umsetzbarkeit und kannst so die richtigen Menschen von deinem Projekt überzeugen und die nächsten Schritte einleiten.

Statt Zahlen auf Papier, die bei vielen Unternehmen als Ziele gelten, besteht der Turbo darin, uns in das Ziel wirklich hineinzufühlen: Wer sind wir, wenn wir angekommen sind? Welche Fähigkeiten oder Gewohnheiten sollten wir dazu entwickeln?

In den Träumen, die wir als Kinder oder Jugendliche hatten, sind oft wichtige Hinweise verborgen auf das, was wir schon immer sein oder haben wollten.

Machtvollen Zielen liegen drei Aspekte zugrunde:
Ein Ziel, das groß genug und lohnenswert ist. Eine Führung, der wir vertrauen. Und die Fähigkeit, Grenzen ohne Zögern zu überwinden. Beam dich in dein Ziel und dann in dein Ergebnis.

Mit vielen für dich zusammengestellten Methoden, wie beispielsweise dem »12-Wochen-Jahr«, verkürzt du die Strecke zu deinen Etappenzielen, wodurch deine eigene Motivation und die deines Teams grandios verstärkt werden kann. Denn mit kurzfristigeren Zielen kannst du flexibel Anpassungen vornehmen.

Dein Team von Unterstützern wird dir dabei helfen, dein Ziel zu erreichen. Wenn du dir klar bist, wen du in welcher Rolle an deiner Seite haben willst (Vorbilder, Mentoren, Experten, Visionäre, Motivatoren, Vertraute), kannst du dein Team dementsprechend aufbauen. Frage deine Unterstützer, ob sie deine gewünschte Rolle annehmen möchten, und sprecht über eure jeweiligen Erwartungen aneinander.

Frage dich auch: Welche Rolle möchte ich für andere einnehmen? Wie kann ich andere mit meinem Wissen und meinem Spirit unterstützen?

Reflexionsfragen für dich:

- Welcher Gedanke, welche Zielvorstellung setzt bei dir Energie frei?
- Was hilft dir dabei, dir dein Ziel ganz genau vorstellen zu können?
- Wie fühlst du dich dabei?
- Wie kannst du dieses Gefühl in deinen Alltag integrieren?
- Was bedeutet es für dich, (langfristige) Ziele zu verfolgen?
- Welche Eigenschaften hat deine neue Persönlichkeit, die bereits am Ziel angekommen ist?
- Was kannst du von ihr für das Hier und Jetzt lernen?
- Welche Erfahrungen willst du nach dem Erreichen deines Ziels machen?

Tipps und Tools

Du findest in den »Tipps und Tools« im Workbook viele weitere wertvolle und erprobte Management-Methoden zum Thema Reverse Engineering und Umsetzungshilfen. So erlebst du unmittelbar, was zu dir passt und wie du deine Vision schnell zur Realität werden lässt.

Ein Bereich meines 5D-LIFE Story Board liegt hier direkt vor meinen Füßen

»An diesem Ort habe ich auf einmal entdeckt, was für mein Unternehmen wirklich wichtig ist: Stille und eine klare Strategie. Nun plane ich eine weitere Filiale und gehe mit Zuversicht in die Expansion. Wir haben gemeinsam am Lagerfeuer sogar mein neues Logo und einen Werbeslogan entwickelt.«

Teilnehmer der LIFE Safari 2024

Mosi-oa-Tunya – der Rauch, der donnert.
Victoria Falls Simbabwe – eines der 7 Naturwunder

7 Leading by Transformation –

Innere Stärke entwickeln und andere im Wandel mitnehmen

Ein herrlich blauer Himmel spannt sich über uns. Die Morgensonne taucht Bäume, Erde und Steine in warmes Licht. Zwischen den Schatten scheint alles in Bewegung – als hätten selbst sie ein Eigenleben. Schon früh am Morgen genießen wir mit einer Tasse »Early Morning Tea« in der River Lodge das Kommen und Gehen der Elefanten, Giraffen und Zebras am nahe gelegenen Wasser. Stille! Meditation! Vor sich hin träumen! Dankbar sein!

Wir sind im Vierländergebiet Namibia, Botswana, Sambia und Simbabwe, dem Juwel Afrikas, angekommen.

Nur wenige Kilometer von uns entfernt stürzen majestätisch bis zu 550 Millionen Liter Wasser pro Minute die Abhänge hinunter. Die Victoriafälle, eines der sieben Naturwunder der Welt, erwarten uns heute – die gigantischsten Wasserfälle der Erde, gespeist aus dem Fluss Sambesi. Es ist ein unbeschreibliches Erlebnis, wenn entlang einer 1,7 Kilometer langen Kante unvorstellbare Wassermengen mit ohrenbetäubendem Lärm über den Abgrund stürzen und eine gewaltige Wasserwolke erzeugen, die oft bis zu 300 Meter in die Luft aufsteigt und alle Farben des Regenbogens erscheinen lässt.

Dieses Naturwunder durfte ich schon 1993 mit meinem Mann bei unserem ersten Afrikaerlebnis bestaunen. Seitdem lässt mich auch dieser Ort nicht mehr los. Begriffe von Fülle, Überfluss, Paradies und Wunder der Naturgewalten schießen mir sofort durch den Kopf. Hier ist Mangel- und Kleindenken nicht möglich.

Seit zwölf Tagen sind wir unterwegs. Eingetaucht in die Wildnis und zugleich in uns selbst, in unsere Geschichten, in unsere Leben. Jeder hat dabei eine vollkommen persönliche Reise erlebt – nach außen wie nach innen. Manche Erkenntnisse werden geteilt, andere wirken still in den Herzen weiter und werden erst viel später ihre volle Kraft entfalten. Glaub mir, ich weiß, wovon ich spreche.

Wirkliche Transformation bei Menschen findet tief im Inneren statt – in den Gedanken, Überzeugungen und Gefühlen, die unser Handeln und unsere Entscheidungen leiten. Sie ist oft ein schrittweiser Prozess, der mit der Bereitschaft beginnt, alte Muster und Denkweisen zu hinterfragen und neue Perspektiven zuzulassen. Transformation geschieht dann, wenn wir uns selbst und die Welt um uns herum aus einer anderen, bewussteren Sicht betrachten.
Ein wichtiger Faktor dabei ist, sich einfach darauf einzulassen und das Geschehen von ganz allein zu ermöglichen. Natürlich solltest du dazu bereit sein, dich selbst zu beobachten, deine Wahrnehmung über all deine Sinneskanäle zu intensivieren oder einfach nur deine Zeit mit dir und den anderen zu genießen und zu teilen. Schon jetzt gibt es mindestens zwei gute Gründe, deine Transformationsreise erleben zu wollen:

Entweder sie verändert dein Leben, oder du veränderst das Leben anderer!

Denn Transformation geschieht auch im Austausch mit anderen – sei es in persönlichen Gesprächen, in Workshops oder durch Perspektivenwechsel von außen. Es sind Vorbilder und Unterstützer, denen wir begegnen (am Wegesrand, in der Wildnis oder in der Gruppe), mit denen uns ein für immer prägendes Erlebnis, ein bleibendes Gefühl oder eine weise Sicht auf die Dinge verbindet.

Der Schlüssel zur Transformation liegt oft für dich selbst verborgen: Erlebnisse, die tief emotional berühren, sei es durch ungewöhnliche Sichtweisen, herausfordernde Situationen oder besondere Lernmomente, können einen Wendepunkt für immer markieren.

Wirkliche Veränderung geschieht dann, wenn wir die Verantwortung für unser eigenes Leben übernehmen, unsere Ziele und Visionen klar definieren und vor allem selbst erkennen, wie wir langfristig und dauerhaft Veränderung in unser Leben integrieren. Transformation ist eine Neuausrichtung auf allen Ebenen, eine Metamorphose der Lebenseinstellung.

In der afrikanischen Welt gibt es zahlreiche Tiere, die auf faszinierende Weise Metamorphosen durchlaufen und uns wertvolle Lektionen über Transformation und Veränderung lehren. Hier am Wasserloch können wir ein besonders starkes Beispiel beobachten:

7.1 Das Krokodil, unser Lehrer für tiefe Transformation

Hättest du das gedacht? Krokodile durchlaufen einen bemerkenswerten Lebenszyklus, der metaphorisch auch für Transformation steht. Während ihres Lebens wandeln sie sich in verschiedenen Phasen und symbolisieren den Prozess der tiefen und oft unsichtbaren Veränderung.

Krokodile wandeln sich ihr Leben lang, oft unbemerkt. Sie häuten sich regelmäßig und werfen damit alte Schichten ab – ein starkes Symbol für Erneuerung und Wachstum. Mit Geduld und Fokus passen sie sich unterschiedlichsten Lebensräumen an, ob Wüstensand oder Wasser. Ihre langsame, stetige Veränderung zeigt: Tiefe Transformation geschieht nicht plötzlich, sondern Schritt für Schritt. Dass Krokodile zu den ältesten Tierarten der Erde gehören, macht sie zu einem Sinnbild für Beständigkeit und Anpassungsfähigkeit.

Am Himmel, weit über uns, zieht lautlos ein Flugzeug seine Kondensstreifen. Ich frage mich, wo es landen wird. Noch hier, auf afrikanischem Boden? Oder erst in Europa?
Der Gegensatz zur Wildnis wirkt geradezu surreal, wie aus einer anderen Zeit. Und doch ist sie real. Sie steht für eine Welt, die parallel zu unserer existiert. Eine Welt voller Technik, Daten, Systeme, die unsere Leben prägen, oft, ohne dass wir es bemerken. Eine Welt, die hier auf dem afrikanischen Kontinent genauso existiert wie auch zu Hause.

Technologische Entwicklungen wie autonomes Fahren, intelligente Systeme oder lernende Maschinen sind überall längst Teil unseres Alltags geworden. Dinge, die vor wenigen Jahrzehnten noch reine Fantasie aus Science-Fiction-Büchern und Filmen waren, sind heute Realität.
Auch die Luft- und Raumfahrt, einst unvorstellbar, hat unseren Alltag verändert. Ohne sie wären wir nicht hier – oder hätten eine lange, mühsame Reise über Land und Wasser hinter uns. Diese Entwicklungen zeigen, wozu der Mensch fähig ist. Sie erinnern uns daran, wie weit unser Denken reichen kann. Doch sie werfen auch Fragen auf. Wie wirkt sich der technologische Fortschritt auf uns aus? Was davon nehmen wir bewusst wahr – und was läuft unbemerkt im Hintergrund? Und vor allem: Wie führen wir als Menschen in einer Welt, die sich schneller verändert, als wir es oft selbst erfassen können?

7.2 Vom Zweifel zur Selbstverständlichkeit

Auch in unserer Gruppe tauschen wir uns über Vertrauen in neue Systeme aus, über Innovationen und den Umgang mit neuen Technologien in unserem Leben. Was haben diese Themen, die schon immer wichtiger Bestandteil unserer menschlichen Evolution waren, mit unseren heutigen Denk- und Verhaltensweisen zu tun – mit der Technik, aber auch mit uns selbst? Vom Autopiloten bis zum realitätsnahen Avatar, vom einfachen Leben ohne Strom bis zur digitalen Transformation in unseren Haushalten und Unternehmen.

Gern erzähle ich von der Entwicklung, die in der Luftfahrtgeschichte aus meiner Sicht einen großen Wendepunkt markierte: »Fly-by-Wire« – Fliegen mittels Computer.

Seit den 1980er-Jahren ersetzt diese Technologie die mechanischen Steuerungssysteme im Cockpit durch elektronische Signale. Mensch und Maschine arbeiten seitdem auf neue Weise zusammen. Sensoren, Elektronik und Aktoren übernehmen einen Teil der Steuerung. Auch damals mussten sich Piloten, die gesamte Crew und Passagiere auf eine neue Art des Fliegens einlassen, auf neue Ausbildungen, neue Prozesse und neue Verhaltensweisen. Ich glaube, das Schwierigste daran war: Sie mussten ein Stück Kontrolle abgeben und Vertrauen lernen.

Damals löste die neue Technologie bei vielen Beteiligten und in den Medien eine große Skepsis aus. Die Vorstellung, ein technisches System könne bei einer so sensiblen Aufgabe über Leben und Tod mitentscheiden, schürte Ängste. Dabei ging es auch um Ethikfragen, ob das Individuum oder die Gruppe als bedeutender bei wichtigen Entscheidungen anzusehen ist.

Seit Jahren ist Fly-by-Wire in der Luftfahrt längst Standard und Normalität. Millionen Flüge starten und landen täglich mit größter Sicherheit. Was anfangs Unsicherheit ausgelöst hat, ist zur neuen Selbstverständlichkeit geworden.

Diese Entwicklung zeigt: Transformation beginnt nicht mit dem perfekten System, sondern mit der Bereitschaft, Altes loszulassen und sich auf Neues einzulassen. Sie fordert unser Vertrauen – nicht blind, sondern wach und lernbereit. Veränderung braucht Mut. Doch wenn wir uns ihr stellen, kann aus anfänglichem Zweifel echte Stärke entstehen.

Fly-by-Wire erinnert uns daran, dass Wandel gelingt, wenn wir ihn bewusst gestalten und offen bleiben für das, was wir noch nicht kennen. Nicht, weil wir ohne Angst sind, sondern weil wir gelernt haben, sie wahrzunehmen und mit ihr umzugehen.

7.3 Warum neue Technologien unsere Ängste schüren

Neue Technologien – von lernenden Systemen über Digitalisierung und Automation bis hin zu künstlicher Intelligenz – stehen heute im Zentrum vieler gesellschaftlicher, politischer und auch ganz persönlicher Diskussionen. Sie bringen ungeahnte Möglichkeiten mit sich – und zugleich eine Welle von Unsicherheiten, Sorgen und Widerständen.

Viele Branchen, nicht nur die der Luft- und Raumfahrt, zeigen uns: Technologischer Fortschritt ist oft berechenbarer als die Kräfte der Natur. Wir legen Parameter fest, steuern Prozesse, können nachjustieren – und lernen stetig dazu. Trotzdem ruft fast jede große Neuerung erst einmal Skepsis und Ängste hervor.

Das ist zutiefst menschlich. Wir Menschen haben eine lange Geschichte darin, Unbekanntes zuerst mit Zweifeln zu betrachten. Doch wenn wir diesen Zweifeln ins Auge schauen, liegt darin oft das größte Potenzial: für Entwicklung. Für Fortschritt. Für echten Wandel. Für Evolution!

Ohne Vertrauen gibt es keine Transformation.

Wenn Unsicherheit dominiert, erblicken viele gute Ideen nie das Licht der Welt. Es bleibt eine der größten Herausforderungen unserer Zeit: zu erkennen, dass Wandel zum Leben, auch zur Natur gehört – und dass wir ihn mitgestalten dürfen.

Wie denkst du über die Zukunft?
Was fühlst du, wenn du über neue Technologien nachdenkst?
Ist es Neugier oder Sorge? Hoffnung oder Überforderung?

Aus meiner Erfahrung ist es selten die Technologie selbst, die uns zu schaffen macht. Es ist unsere Fähigkeit – oder Unfähigkeit –, uns auf Veränderung einzulassen und Kontrolle abzugeben.

Je mehr wir in uns ruhen, je klarer wir unsere Werte kennen, und je verantwortungsvoller wir mit neuen Möglichkeiten umgehen, desto größer ist unsere Chance, einen evolutionären Schritt zu tun – als Mensch und als Gesellschaft.

Nicht die Technologien verändern uns,
sondern unsere Haltung dazu.
Vera Peters

Dazu braucht es innere Stabilität, Mut zur Reflexion und die Bereitschaft, Fehler zu benennen und Verantwortung zu übernehmen.

Hast du dich schon einmal gefragt:
Welche Innovationen der Vergangenheit haben dir bereits Gutes gebracht?
Welchen Unternehmen vertraust du – und warum?
Wo würdest du deine Daten bewusst einsetzen, um zu heilen, zu helfen, zu verbessern? Zum Beispiel zur Erforschung lebensbedrohlicher Krankheiten in der Medizin oder zur gesunden Verlängerung von Leben?

Denn nicht alles, was sich neu und schnell anfühlt, ist bedrohlich.
Manches ist einfach ungewohnt – und braucht unseren wachen, ethischen Blick. Ist es nicht paradox, dass viele Menschen vor autonomem Autofahren Angst haben, aber seit Jahrzehnten mit dem Flugzeug und einem System »Autopilot« in den Urlaub fliegen? Eins ist sicher: Wir brauchen Menschen, denen wir vertrauen können. Menschen, die verantwortlich für viele Generationen denken und die feinsinnig, kritisch und weitsichtig handeln.

7.4 Mittelstand als Raketenbooster für neue Technologien

Viele von uns nutzen längst täglich neue Technologien. Oft, ohne es bewusst zu merken. Navigationssysteme, Streaming-Empfehlungen, Spracherkennung im Smartphone, all das sind lernende Systeme, die sich im Hintergrund mit unseren Gewohnheiten vertraut machen und Entscheidungen erleichtern.

Sie verändern dabei nicht abrupt unser Leben, sondern schleichen sich Schritt für Schritt in unseren Alltag ein. Deshalb fühlen sie sich oft weniger bedrohlich an – weil wir gar nicht merken, wie vertraut sie längst geworden sind.

Ich gehe immer wieder gern auf Messen, da ich dort die Energie der Innovationen spüre und eine ganz besondere Art der Gesprächsintensität mit Kunden und Besuchern wahrnehme. Es freut mich sehr, zu sehen, wie viele mittelständische Unternehmen bereits mit Robotik, Automatisierung und intelligenten Assistenzsystemen arbeiten. Von außen sehen wir oft nur das fertige Produkt, das uns im Alltag dient. Doch bei näherer Betrachtung erkennen wir, welche Innovationskraft dahintersteckt – und wie viel Vertrauen es braucht, solche Technologien im eigenen Unternehmen zuzulassen.

Gleichzeitig nutzen viele Betriebe bisher nur einen winzigen Bruchteil der Möglichkeiten, die ihnen bereits heute über neue Technologien offenstehen. Die meisten AI-Tools werden zum Beispiel aktuell hauptsächlich lediglich zur Text- und Fotogenerierung eingesetzt – dabei sind sie Teil einer größeren Entwicklung. Sie basieren auf sogenannten LLMs, Large Language Models, also lernenden Sprachsystemen, die mit Milliarden von Daten trainiert wurden. Sie können komplexe Zusammenhänge verstehen, Fragen beantworten und sogar ganze Anwendungen entwickeln. Und dies ist erst der Anfang: Die Technologie wird sich exponentiell und mit rasanter Geschwindigkeit verändern.

Doch bei aller Faszination bleibt die entscheidende Frage: Wie gehen wir damit um?
Nutzen wir neue Technologien als Werkzeuge, die uns unterstützen? Oder spüren wir Widerstand, weil wir fürchten, etwas von uns selbst abgeben zu müssen?
Technologie an sich ist neutral. Die Wirkung entsteht erst durch unsere Haltung. Durch das, was wir daraus machen.

Transformation gelingt nicht durch Technik allein, sondern durch Menschen, die bereit sind, sich zu verändern – die mutige Fragen stellen, aktiv zuhören und dabei ihren inneren Kompass nicht verlieren.

In der Medizin sehen wir eindrucksvolle Beispiele: Forschende arbeiten an Implantaten, die es ermöglichen könnten, Sprache oder Bewegung wiederherzustellen oder depressive Symptome zu lindern.
Stellen wir uns vor, dass Menschen dadurch ihre Lebensfreude zurückgewinnen, wieder arbeiten, wieder Teil unserer Gemeinschaft sein können.
Können wir es uns leisten, solche Chancen pauschal abzulehnen?
Oder braucht es gerade hier einen bewussten Dialog, in dem ethische Fragen, Lebensqualität und Menschlichkeit Hand in Hand gehen?

Vielleicht werden wir eines Tages sogar in der Lage sein, unsere Erfahrungen und unser Wissen als Eltern oder Großeltern direkt an die nächste Generation weiterzugeben – nicht mehr nur über Geschichten, sondern über Systeme oder Chips, die unsere Lernprozesse verstehen und als Basis evolutionären Denkens dienen.

Beim Ausklang des Abends, auf der Bootsfahrt zum Sonnenuntergang auf dem Sambesi-Fluss, sitzen wir alle an Deck und lassen unseren Gedanken freien Lauf. »Ganz ehrlich, dieser Gedanke macht mir Angst«, sagt Eva. Alle aus der Runde nicken. Sie ist mit diesem Gefühl nicht allein.
Toby hingegen grinst. »Wenn ich dadurch weniger Zeit in der Schule hätte verbringen müssen – warum nicht? Das meiste davon haben wir doch sowieso längst vergessen. Ich hätte schon gern das Wissen meiner Vorfahren, um dann mein Wissen obendrauf zu setzen.«
Beide Sichtweisen haben sicherlich ihren Platz. Was zählt, ist der Raum dazwischen – der Raum, in dem wir nicht sofort urteilen, sondern erst einmal hinhören.
Wenn wir neuen Entwicklungen ausschließlich mit Skepsis begegnen, schließen wir uns selbst von der Chance auf Gestaltung aus.
Doch genau darum geht es:

Nicht darum, dass alles so bleibt, wie es ist.
Sondern, dass wir bewusst mitentscheiden, wohin es gehen darf.

Autoren wie Christoph Santner oder Sven Gábor Jánszky beschreiben sehr eindrücklich, wie sich unsere Welt verändert – ob wir es wollen oder nicht.

Es geht hier nicht um »Mensch gegen Maschine«, sondern um »Mensch mit Maschine«. Nicht um Konkurrenz, sondern um Kooperation. Wir sind ja auch nicht beleidigt, weil Autos und Züge schneller fahren, als wir laufen können.

Christoph Santner, Alles KI? Die neue Welt der künstlichen Intelligenz verstehen und nutzen

Neue Technologien eröffnen neue Arbeitsbereiche, neue Berufe, Denkweisen und Lebensrealitäten, die wir uns heute kaum vorstellen können. »Predictive Cities«, lernende Systeme, automatisierte Prozesse.
Je früher wir beginnen, uns mit dieser Zukunft auseinanderzusetzen, desto besser können wir sie mitgestalten – als Menschen, als Eltern, als Führungskräfte, als Gesellschaft. Und vielleicht ist der erste Schritt gar nicht so komplex, sondern nur etwas kompliziert. Vielleicht beginnt er mit einer einfachen Haltung:

Nicht Angst vor dem Neuen. Sondern kritisches Hinschauen und dann Vertrauen in das, was uns als Menschen einzigartig macht.

Trotz aller Chancen, die neue Technologien mit sich bringen, begegnen wir ihnen oft mit Zurückhaltung oder sogar Ablehnung. Begriffe wie Manipulation, Kontrolle oder Ersetzbarkeit schwingen mit – manchmal bewusst, oft unbewusst.

So entsteht Widerstand. Nicht nur gegen Technik, sondern auch zwischen Menschen und innerhalb von Teams. Zwischen Prozessen, Systemen und Haltungen.
Doch dieser Widerstand ist nicht das Problem. Er ist ein Signal.

Ein Zeichen dafür, dass wir noch nicht klar genug verstanden haben, welche Rolle wir selbst in diesem Wandel einnehmen wollen und welche wir der Technologie zugestehen.

Wenn wir neue Entwicklungen ausschließlich als Bedrohung empfinden, verlieren wir den Gestaltungsspielraum. Wir ziehen uns zurück, statt aktiv in Beziehung zu treten. Doch genau diese Beziehung entscheidet: Wird Technologie ein kaltes Werkzeug oder ein unterstützender Partner?
Besonders im Bereich lernender Systeme stellt sich die Frage: Was bleibt eigentlich spezifisch

menschlich? Was passiert, wenn Maschinen eines Tages Muster erkennen, Entscheidungen vorbereiten, vielleicht sogar etwas wie Intuition simulieren?

Diese Fragen können wir nur beantworten, wenn wir uns unserer eigenen Werte bewusst bleiben: unserer Würde, unserer inneren Weisheit, unserer Fähigkeit zu fühlen, zu lieben und zu verbinden.

Noch mehr als zuvor brauchen wir eine stabile Balance in unserer Persönlichkeit. Wir brauchen ein gutes Selbstmanagement. Denn wenn wir uns selbst nicht führen können, können wir auch niemand anderen und kein System dorthin führen, wo es Sinn ergibt.

Für die Zukunft brauchen wir künstliche, natürliche, interkulturelle und besonders emotionale Intelligenz.

Aus meiner Sicht sollten wir uns daher mit den Menschen beschäftigen, deren integre Haltung und Einstellung in eine Welt der Zukunft passen. Diese Form von Intelligenz – emotional, menschlich, zutiefst lebendig – wird unser Überleben sichern.

Von wem wir diese Haltung und Lebenseinstellung lernen können?

Von den Weisheiten alter Kulturen, der Natur und sehr intensiv von der Wildnis.
Denn hier zählt kein Algorithmus, keine Effizienz. Hier zählt der Moment. Das Jetzt.

7.5 Die Weisheit der San und Himba: Leben, Tod und Transformation

Ich erinnere mich noch gut an meine erste Begegnung mit den Ureinwohnern der Kalahari im Jahr 1997. Dort, in dieser abgelegenen, wilden Landschaft, lebten die San im Einklang mit der Natur. Schon damals hat mich ihr einzigartiger Umgang mit Generationen, mit dem Leben und Tod beeindruckt. Der Tod ist für die San kein dramatisches Ende, sondern einfach der nächste Schritt in einem natürlichen Zyklus des Lebens. Eine natürliche Transformation. Die Ältesten spüren, wenn ihre Zeit gekommen ist. Sie ziehen sich bewusst zurück. Sie verabschieden sich von der weiterziehenden Familie. Sie bleiben allein zurück. Sie fasten, meditieren und bereiten sich auf ihren Übergang vor. Es gibt keine Angst, nur eine tiefe Akzeptanz, dass das Leben einen natürlichen Verlauf hat.

Für die San ist es ein Abschied in völliger Harmonie. Sie haben gelernt, in Frieden zu gehen, ohne ungelöste Konflikte oder unerledigte Aufgaben mitzunehmen. Eine unglaubliche Transformation und Erkenntnis für mich.
Diese Weisheit hat mir schon damals eine neue Perspektive auf das Leben gegeben. Wenn wir Konflikte bereinigen, Frieden mit uns selbst schließen und uns von allem lösen, was uns noch an das alte Leben bindet, können wir am Ende wirklich sagen: »Ich bin frei und bereit, zu gehen.«

Auch das nomadische Volk der Himba durfte ich ein paar Monate später im Norden Namibias treffen. Dort begegnete ich einer sehr faszinierenden Methode, mit Neuerungen und Generationskonflikten umzugehen. Ich nenne sie noch heute die »Himba-Hütten-Strategie«.

Himba-Hütten in Namibia

Die Weisheit der Himba als Lösungsgeber zwischen Traditionen und Generationen

Auch das Volk der Himba kennt Auseinandersetzungen und Diskussionen über Traditionswahrung versus Akzeptanz und Integration der »neuen Welt«, besonders mit ihrer jüngeren Generation. Viele ihrer jungen Leute studieren mittlerweile in Großstädten oder arbeiten in Bürohochhäusern großer globaler Unternehmen.

Wenn die jungen Menschen dann am Wochenende oder in freien Zeiten aus der Stadt zu ihren Familien in die Wildnis zurückkehren, besuchen sie zuerst eine ganz besondere Hütte. Dort ziehen sie ihre moderne Kleidung und vielleicht auch ihre hochhackigen Schuhe aus, schlüpfen in ihre bekannte, traditionelle Stammeskleidung und cremen sich mit der typisch ockerfarbenen Paste ein, um ihre Haut vor Sonne und Mücken zu schützen. Interessant, oder?
Dieser Wechsel ist jedoch nicht nur äußerlich, sondern ein tiefer mentaler Übergang. So, als ob sie ihre städtische Identität ablegen und sich wieder mit ihren Wurzeln verbinden.

Diese Art des Perspektivenwechsels ist ein respektvolles Rückkehren und Aufeinander-Zugehen verschiedenster Generationen. Sie treffen sich auf dem Level von Traditionen und Einfachheit.

Das hat mich tief bewegt. Die Generationen gehen den Weg der Gemeinsamkeiten, ohne das Neue, das andere zu ignorieren. Was für eine Geste. Was für eine mentale Transformation.

Ich habe diese Weisheit seit vielen Jahren auch in mein eigenes Leben übernommen: Bevor ich mit anderen Menschen in Kontakt trete – sei es vor einem wichtigen Meeting oder einem Gespräch mit älteren oder jüngeren Generationen –, halte ich inne und stimme mich auf die unterschiedlichen Perspektiven und Energien ein. Ich überlege mir, welche unterschiedlichen Persönlichkeiten ich antreffen werde und in welcher Rolle ich in diesem Moment unterwegs bin. Bin ich Unternehmerin, Mutter, Tochter, Botschafterin oder noch Unbekannte für andere?

Erst in diesem Jahr habe ich mich wieder auf den Weg gemacht, die San in Botswana zu besuchen. Zusammen mit Anthony, einem Unternehmerfreund, fliege ich mit einem kleinen zweimotorigen Buschflugzeug über die weiten, unberührten Wasserlandschaften Botswanas. Es ist ein spektakulärer Anblick – und dann, im Gegensatz dazu, die weite Kalahari-Wüste, die sich über Kilometer erstreckt. Wir landen auf einem kleinen Airstrip, auf einer kurzen grasbewachsenen Landepiste, für die wir allerdings mehrere Anflüge brauchen, denn Anthony darf erst eine Herde Elefanten liebevoll mit seinem Flugzeug von der Bahn winken.

Natürlich hat sich auch im Laufe der Jahrzehnte bei den San und Himba vieles verändert. Vom romantischen, freien Leben aus der alten Vergangenheit ist häufig nicht mehr viel zu erkennen. Ihre Völker haben eine lange Geschichte von Diskriminierung und Ausbeutung hinter sich. Sie wurden von ihrem Land verdrängt, es wurde ihnen verboten, auf öffentlichem Land zu jagen, und die negativen Einflüsse der Zivilisation haben auch vor ihnen nicht haltgemacht und ihren ursprünglichen Lebensstil verändert. Nicht nur Konsumgüter, Plastikverpackungen und Medien haben ihre Welt verändert, sondern auch der enorm gewachsene Umgang mit Alkohol, Drogen und Arbeitslosigkeit, die wiederum zunehmende finanzielle Abhängigkeiten mit sich bringen.

In einigen Regionen, wie hier in der Kalahari, finden die San noch in wenigen, abgelegenen Gemeinschaften ihre Rückzugsmöglichkeiten. Doch für die meisten Menschen dieser erfahrenen Kulturen dreht sich das Leben mittlerweile eher ums finanzielle Überleben. Die jungen Generationen besitzen nur noch selten die Fähigkeiten des Jagens und das Wissen über die Symbiose mit der Natur.
Auch das ist Transformation.

In den stadtnahen Gebieten gibt es heute sogenannte »Living Villages« oder »Living Museums«, in denen die San oder Himba den Besuchern einen Einblick in die Traditionen und Lebensweisen ihrer Gemeinschaft geben. Früher habe ich solche Orte gemieden, weil ich die Authentizität meiner Erlebnisse mit ihnen für mich bewahren wollte. Doch heute sehe ich diese Living Villages in einem anderen Licht. Sie sind eine erstaunliche Möglichkeit, Traditionen zu bewahren und sich gleichzeitig mit der modernen Welt zu verbinden. Sie erwirtschaften Geld und bieten nicht nur einen Ort des Lernens für Besucher, sondern auch eine Plattform für den Erhalt ihrer kulturellen Identität.

Ich erkenne diese Dörfer heute als Brücke zwischen der traditionellen Lebensweise und den Herausforderungen der modernen Welt. Die San und Himba, die diese Brücke erschaffen haben, erinnern mich daran, dass Traditionen nicht immer hinter uns gelassen werden müssen, um im modernen Leben zu bestehen. Im Gegenteil: Sie können ein wertvoller Bestandteil der Transformation sein, der uns hilft, zwischen verschiedenen Welten zu navigieren, uns selbst zu finden und, wenn wir wollen, unser Leben mit Tiefe und Authentizität zu leben.

Unsere moderne Zivilisation stört oft das ursprüngliche, zufriedene Zusammenleben wissender Gemeinschaften, obwohl wir gerade heute so viel von ihnen lernen können.

Wir brauchen nicht mehr die hektische Jagd nach immer mehr, sondern die Weisheit in der Stille der Natur, die uns in unserer überladenen Welt oft fehlt.

In einer Zeit, in der wir von der digitalen Flut überrollt werden, ist es umso wichtiger, sich bewusst auf Abgeschiedenheit einzulassen. Auf unseren Safari-Touren begegnen wir Kulturen, die uns lehren, wie wir uns wieder mit uns selbst verbinden können und unsere Wurzeln des Menschseins bewahren.

In der Ruhe finden wir Zugang zu unserer inneren Weisheit. Nur wenn wir innehalten und in uns selbst hineinhören, können wir die Antworten finden, die uns auf unseren Weg zur Transformation führen. Diese Weisheit, die tief in uns steckt, lernen wir durch den Kontakt mit diesen alten Kulturen und ihrer tiefen Verbindung zur Natur.

Wir machen uns deutlich, was es bedeutet, einfach da zu sein. Nichts zu müssen. Nur zu spüren – wie sich Stille anfühlt, Weite, Natur, das Universum und unser Herzschlag.
Es ist wichtig, wieder zu spüren, was uns im tiefsten Inneren als Mensch ausmacht. Wem und auf was wir vertrauen dürfen.

Afrika und sein starker Kontinent schaffen das!
Gerade weil Technologie uns immer mehr Aufgaben abnehmen kann, wird es umso wichtiger, dass wir diesen inneren Kontakt nicht verlieren. Und genau hier liegt auch unsere familiäre, unternehmerische und gesellschaftliche Verantwortung.
Nicht nur, neue Technologien einzuführen, sondern sie sinnvoll zu gestalten.
Mit Weitblick. Mit Ethik. Mit Menschlichkeit. Mit Ubuntu.

Innovation braucht Raum für unterschiedliche Perspektiven.
Und sie braucht einen geschützten Rahmen, in dem auch Unsicherheiten ihren Platz haben dürfen, ohne gleich als Blockade zu gelten.
Wenn wir Ängste unterdrücken oder sie ins Lächerliche ziehen, errichten wir Mauern zwischen Menschen und Ideen. Dann kann kein Wandel entstehen – zumindest kein nachhaltiger.

Führung bedeutet in solchen Momenten, nicht alles wissen zu müssen, aber präsent zu sein. Zuhören, einordnen, Klarheit geben. Und vor allem: das Team dazu einladen, Teil der Lösung zu werden.

Steffie bringt das Gelernte auf den Punkt: »Wenn ich nicht im Vertrauen bin, dann kann ich dieses Vertrauen auch nicht an meine Leute weitergeben. Egal, ob es um Technologie geht oder andere Themen. Wenn meine Haltung nicht stimmt, reißt es mein Team irgendwann auseinander.«

Sie macht eine kurze Pause und ergänzt: »Ich habe hier erkannt, wie oft ich Entscheidungen allein getroffen habe. Nach dem Motto ›Als Frau muss ich Stärke zeigen‹. Aber vielleicht ist stark sein heute etwas anderes: offen sein, den kritischen Dialog auch mal wieder aushalten und in den Austausch gehen.«

Denn genau hier liegt der Kern von Führung in Zeiten des Wandels: Nicht alles allein wissen oder entscheiden zu müssen, sondern andere als Ubuntu-Expertenrunde zu nutzen und präsent zu sein. Offen, zuhörend, zugewandt.

Veränderung beginnt oft mit einem persönlichen Impuls – und braucht dann ein Umfeld, das Lernen ermöglicht. Ein Team, das sich mitentwickeln darf und einen Rahmen gibt, in dem Sicherheit und Klarheit wachsen können.

Wie uns das gelingen kann, zeigt ein Blick in die Neurowissenschaft. Denn auch unser Gehirn ist ein Wunderwerk der Anpassung – und oft viel wandlungsfähiger, als wir denken.

7.6 Neuroleading – wie unser Gehirn Wandel unterstützt

Auch das Konzept des Neuroleading, eine Verbindung aus Neurowissenschaft und moderner Führung, kann uns helfen, in Zeiten der Veränderung sicher zu navigieren – mit uns selbst und mit unserem Team.

Moderne bildgebende Verfahren wie fMRT oder PET (Methoden der medizinischen Diagnostik) zeigen: Unser Gehirn bleibt ein Leben lang lernfähig. Immer wenn wir neue Erfahrungen machen, entstehen neue Verbindungen. Unser Denken passt sich an. Unser Verhalten kann sich verändern.

Das Gehirn ist nicht darauf ausgelegt, alles perfekt zu wissen. Aber es liebt sinnvolle Reize, klare Ziele und echte Zugehörigkeit.

Interessanterweise reagiert unser Gehirn auf Bedrohung mit Rückzug: Es schaltet in den Überlebensmodus. Angriff. Flucht. Erstarren. In diesem Zustand sind kreative Lösungen kaum möglich.

Ganz anders, wenn das Belohnungssystem aktiviert wird. Dann sorgen Botenstoffe wie Dopamin, Serotonin oder Oxytocin für Fokus, Freude und Leistungsfähigkeit.
Diese »Belohnungen« müssen nicht materiell sein – auch Vertrauen, Fairness, Anerkennung und neue Inspirationen wirken stärkend.
Wer führen will, sollte wissen, wie Menschen ticken.
Und wer Wandel gestalten will, sollte verstehen, wie wir lernen.

Neuroleading erinnert uns daran, dass Veränderung nicht mit Druck und Angst funktioniert, sondern mit echter Verbindung. Mit Sinn. Mit Sicherheit.

Das gilt für Technologien genauso wie für neue Arbeitsmodelle oder persönliche Entwicklung. Der Schlüssel zur Transformation liegt im eigenen Erleben und der Verbindung mit uns selbst und der Umgebung um uns herum. Unser emotionales Lernen während unserer Touren ist daher ein evidenter Teil und Voraussetzung für eine lebenslange Transformation.

Transformation braucht Raum.
Aber nicht zwingend Jahre.

Sie braucht Tiefe.
Und Tiefe entsteht durch emotionale Verbindung.

Eine Erfahrung brennt sich nicht nur ins Gedächtnis – sie **v**erankert sich im Körper, im Herzen, in der Seele. Wenn du in der Stille der Savanne stehst, wenn ein Elefant deinen Blick erwidert, wenn du begreifst, dass du gerade nicht irgendwo bist, sondern mitten im Leben, dann passiert etwas, was keine PowerPoint-Folie und kein klassisches Coaching oder Training je erreichen kann.

In solchen Momenten entsteht Transformation nicht durch Denken, sondern durch Erleben.
Nicht durch Analyse, sondern durch emotionale Verknüpfung.

Wenn der Mensch spürt statt nur versteht, verkürzt sich die Zeitspanne für echte Veränderung.
Das Erlebnis wird zur inneren Referenz.
Und diese bleibt – ein Leben lang.

Transformation braucht keine Zeit, sondern mutige Entscheidungen!

Transformation braucht Präsenz und menschliche Wahrnehmungsfähigkeit!

Manche Transformationen brauchen Jahre.
Andere nur einen Sonnenuntergang über der Savanne.
Vera Peters

Wahre Transformation findet nicht in der »Es soll so bleiben, wie es ist«-Zone statt. Sie geschieht dort, wo wir uns wagen, gewohnte Pfade zu verlassen und neue Perspektiven zu entdecken. Genau wie ein Abenteuer, das uns aus der gewohnten Umgebung herausführt. Erlebnisse, die tief emotional berühren, vergessen wir nie wieder. Wenn wir intensive Momente mit allen Sinnen verbinden, können wir sie mit jeder Zelle unseres Körpers wahrnehmen, ein Leben lang. Es entstehen »positive Traumata«, die als besondere Lernmomente transformierende Wendepunkte in unserem Leben herbeiführen.

Wenn wir diese Erkenntnisse ernst nehmen, können wir Veränderungsprozesse gestalten, die nicht überfordern, sondern stärken. Die nicht kontrollieren, sondern befähigen. Ganz leicht, die ganz nebenbei geschehen.

Denn meist beginnt Wandel nicht mit Wissen, sondern mit einer persönlichen Erfahrung und Emotion.
Mit einem Moment in der Wildheit der Natur. Mit einem tiefen Einatmen und in der eigenen Stille. Wir alle besitzen eine innere Weisheit, dass Transformation bereits in uns angelegt ist – wie in jeder Zelle jedes Lebewesens.

Doch Transformation wird nicht sofort wirksam, sie entfaltet sich langsam. Es ist ein Prozess, der eine Reise in mehreren Etappen durchläuft. Die Erkenntnisse, die wir auf der LIFE Safari® oder in anderen besonderen Erfahrungen gewinnen, werden nicht nur erkannt, sondern auch gleichzeitig als positive Erlebnisse tief in unserem Körper verankert. Sie werden zu festen Ankern für das, was wir in unserem Leben verändern möchten. Sie bieten für uns, wenn wir wollen, eine lebenslange Erinnerung an unsere Stärken und die Möglichkeiten, die in uns liegen – nicht nur als Wissen, sondern als gelebte Erfahrung. Sie sind tief verwurzelt und erinnern uns immer wieder daran, wie veränderungsfähig wir sind. Das alles ist nicht völlig neu, es ist erfahrungsbasiertes, emotionales Lernen, wie wir es als Kinder so selbstverständlich und leicht getan haben.

»Leading by Transformation« bedeutet, konsequent und behutsam zugleich Schwierigkeiten zu beseitigen und als Manager, als Eltern oder als Freunde andere positiv durch den Dschungel des Unbekannten zu begleiten.

Dies bedeutet, in der Fülle statt im Mangel zu leben, Freude statt Sorge zu wählen und Optimismus statt Angst zu pflegen. Es geht darum, andere durch die Transformation liebevoll zu begleiten, zu reflektieren, aus Fehlern zu lernen und dann ins Handeln zu kommen. »Leading by Transformation« wird eine wesentliche Rolle in unserer Gesellschaft, Wirtschaft und Politik einnehmen und über Frieden oder Zerstörung entscheiden.

Angst darf hier Raum, aber keinen Nährboden finden.
Unser Handeln ist der entscheidende Moment, in dem Theorie in die Praxis übergeht und Veränderungen spürbar und sichtbar werden. Auf dem Weg liegen alte Muster, die wir loslassen dürfen, aber auch das Dranbleiben, wenn es schwierig wird. Der Weg erfordert eine Balance zwischen der Bereitschaft, Neues zu wagen, und der Disziplin, an unseren Zielen festzuhalten. **Afrika ist für uns der beste Nährboden für Transformation.**

7.7 Die Wildnis als lebendiges Beispiel für Transformation

Die Natur selbst ist in ständigem Wandel begriffen, sei es durch Jahreszeiten, Lebenszyklen oder ökologische Umstellungen. Führung, die auf Transformation setzt, bedeutet, Veränderungen zu begrüßen, als normativ anzuerkennen und eine Kultur zu schaffen, in der sich alle kontinuierlich weiterentwickeln – the Circle of Life.

Die Hyäne ist ein wahrer Meister der Transformation. Sie zeigt uns, wie Veränderung nicht nur das Verhalten, sondern auch den Körper auf tiefgreifende Weise verändern kann. Weibliche Hyänen sind in ihrer Gesellschaft die wahren Anführer. Sie sind stärker, dominanter als ihre männlichen Artgenossen und entscheiden über alles, auch über die Fortpflanzung. Diese unglaubliche Macht kommt nicht nur von ihrem Verhalten, sondern auch von ihrer körperlichen Veränderung. Weibliche Hyänen haben über den Transformations- und Evolutionsprozess hinweg einen hohen Testosteronspiegel und sogar männliche Körperteile entwickelt. Diese körperliche Veränderung macht ihren Geburtsprozess besonders herausfordernd, aber sie ist auch ein Symbol für ihre Stärke und ihre Fähigkeit, sich den schwierigsten Auf-

Siedleragame in Nigeria

gaben zu stellen. Diese außergewöhnliche Transformation auf mehreren Ebenen zeigt uns, wie tiefgreifend Veränderung sein kann – von der inneren Haltung bis hin zur äußeren Erscheinung. Die Hyäne lehrt uns, dass wahre Transformation manchmal genau dort beginnt, wo man es am wenigsten erwartet. Ein einzigartiges Beispiel für Transformation im Tierreich.

Aber auch der afrikanische Lungenfisch zeigt eindrucksvoll, was es bedeutet, sich an veränderte Bedingungen anzupassen. In der Trockenzeit zieht er sich tief in den feuchten Schlamm zurück. Dort bildet er eine schützende Hülle, fährt seinen Stoffwechsel auf ein Minimum herunter und überdauert so Wochen, manchmal sogar Monate. Von außen wirkt er reglos, beinahe erstarrt. Doch in Wahrheit ist er wach. Wachsam, ruhig und bereit für den Moment, in dem das Leben weitergeht. Sobald der Regen fällt und die trockenen Flussbetten wieder mit Wasser gefüllt werden, erwacht der Lungenfisch zum Leben.

Auch wir Menschen kennen solche Phasen. Zeiten, in denen wir innehalten. Zeiten, in denen äußerlich wenig passiert, aber innerlich viel in Bewegung ist.

Die Metamorphose geschieht oft nicht sichtbar, sondern leise. Sie braucht Rückzug, Schutz und ein tiefes Vertrauen in den Prozess.

So wie bei der Raupe, die sich in ihren Kokon einspinnt. Auch sie stellt alles auf Pause. Und wenn die Zeit reif ist, entsteht etwas völlig Neues. Nicht schneller, nicht besser, sondern eine andere Form von Leben.

Auch Amphibien und Insekten verändern sich im Laufe ihres Lebens vollständig. Und nichts davon ist ein Zeichen von Schwäche. Im Gegenteil: Es ist Ausdruck von Anpassungsfähigkeit, Reife und innerer Intelligenz.

Vielleicht ist genau das auch unser Weg. Nicht immer weiter, höher, schneller, sondern bewusster. Mit dem Mut, innezuhalten. Uns selbst neu zu sortieren. Und erst dann, wenn wir bereit sind, in neuer Form weiterzugehen.

Unsere Haltung und Gesinnung nähren unsere Kraft, die die Welt verändern kann. Und selbst wenn es nicht immer die riesigen Spuren im Universum sind: In jedem Unternehmen haben wir täglich die Möglichkeit, der beste Chef, die beste Chefin oder die beste Führungskraft zu sein, die die Mitarbeiter so dringend brauchen – und auch nie mehr vergessen werden. In unseren Familien und Beziehungen gilt das ganz genauso.

Wie wollen wir leben und eines Tages in Erinnerung bleiben?
Welche Spuren wollen wir hinterlassen?

Jeden Tag haben wir die Gelegenheit, etwas von Bedeutung zu schaffen und eine Haltung einzunehmen, die andere fördert und wertschätzt. So schaffen wir eine Atmosphäre des Vertrauens und der Sicherheit in uns und anderen, die es uns ermöglicht, durch die vielen Veränderungen hindurchzuschreiten – voller Zuversicht, frei von Angst.

Und dann werde ich manchmal gefragt:
Wenn Ubuntu und eine positive Community so erfolgreich sein sollen, warum liegt dann der afrikanische Kontinent nicht weiter vorn im Ranking der Weltwirtschaft?

Weil Politik einschränkt, das Denken und Verhalten verändert.

Afrika hat eine lange Tradition des Großdenkens und der Ubuntu-Gemeinschaften, die auf Zusammenarbeit und gegenseitiger Verantwortung basieren. Trotz dieses Potenzials gilt der Kontinent nicht als der erfolgreichste Wirtschaftskontinent, was mehrere Gründe hat:

Die koloniale Geschichte hat tiefgreifende Auswirkungen hinterlassen, mit künstlich gezogenen Grenzen und einer langfristigen Abhängigkeit von den ehemaligen Kolonialmächten. Politische Instabilität, Konflikte und Korruption erschweren das Wirtschaftswachstum, während der Mangel an Infrastruktur das Potenzial Afrikas bremst. Viele Länder sind zudem stark von Rohstoffen abhängig, was sie anfällig für Preisschwankungen macht. Der Bildungssektor kämpft mit Herausforderungen, was zu einem Mangel an qualifizierten Arbeitskräften führt. Trotz dieser Hürden gibt es positive Entwicklungen: Länder wie Ruanda, Ghana, Kenia und Äthiopien zeigen beeindruckendes Wachstum. Die wirtschaftliche Zukunft Afrikas hängt von der Effizienz bei der Ressourcennutzung und einer nachhaltigen, diversifizierten Wirtschaft ab. Das Prinzip von Ubuntu bietet eine starke Grundlage für eine erfolgreiche Transformation.

7.8 Afrikas Transformation

Afrika entwickelt sich immer mehr zu einem Zentrum für technologische Innovationen und Künstliche Intelligenz, und das Potenzial des Kontinents ist enorm. Viele afrikanische Staaten setzen auf Innovation, um die Herausforderungen von heute zu meistern und die Weichen für eine erfolgreiche Zukunft zu stellen.

Nehmen wir noch mal das Beispiel M-Pesa aus Kenia – eine bahnbrechende Mobile-Payment-Lösung, die Millionen von Menschen den Zugang zu Finanzdienstleistungen ermöglicht hat, auch in den abgelegensten Regionen. Und dann gibt es Flutterwave aus Nigeria, das den E-Commerce-Zahlungsverkehr auf ein neues Level hebt, indem es Unternehmen ermöglicht, Zahlungen über Ländergrenzen hinweg zu tätigen.

Im Bereich der Künstlichen Intelligenz spielt Afrika ebenfalls eine führende Rolle. Data Prophet aus Südafrika nutzt KI, um die Produktionsprozesse in der Fertigung zu optimieren und eine präzise vorausschauende Wartung zu ermöglichen – ein großer Schritt in Richtung Industrie 4.0. In Ägypten hat das Cairo University AI Lab bahnbrechende KI-Tools entwickelt, die Ärzten dabei helfen, Krankheiten früher zu erkennen und eine präzisere Diagnose zu stellen.

Die Blockchain-Technologie ist ebenfalls auf dem Vormarsch, vor allem durch Unternehmen wie BitPesa aus Kenia, das den internationalen Zahlungsverkehr revolutioniert und damit für mehr Transparenz und Effizienz sorgt.

Im Bereich Agritech zeigt Hello Tractor aus Nigeria, wie Technologie den Zugang zu wichtigen Landwirtschaftsmaschinen vereinfacht, und Aerobotics aus Südafrika setzt Drohnen und KI ein, um die landwirtschaftliche Produktivität zu steigern und präzise Ernteprognosen zu erstellen.

Auch im Bereich Energie nimmt Afrika Fahrt auf. Solar Sister und SolarNow liefern innovative Solarlösungen, die nicht nur abgelegene Regionen mit nachhaltiger Energie versorgen, sondern auch die wirtschaftliche Entwicklung ankurbeln.

HealthTech ist ein weiterer Bereich, in dem Afrika glänzt. mPharma aus Ghana sorgt dafür, dass Menschen in ganz Afrika Zugang zu erschwinglichen Medikamenten haben, und 24/7 Medical aus Südafrika bringt durch Telemedizin Gesundheitsversorgung direkt in die Haushalte.

Und wenn es um die Städte der Zukunft geht, denkt Afrika groß: Konza Technopolis in Kenia und die Tshwane Smart City in Südafrika setzen auf intelligente Infrastruktur, die den urbanen Raum effizienter, nachhaltiger und lebenswerter macht.

Afrika zeigt der Welt, wie man mit Vision und Innovation große Dinge bewegen kann. Der Kontinent ist auf dem besten Weg, sich als führender Player in der globalen Technologie- und KI-Landschaft zu etablieren. Die Zukunft ist spannend – und Afrika ist mehr als bereit, sie zu gestalten.

7.9 Summary: Safari-Learnings

In einer Welt, die sich schneller verändert, als wir es manchmal begreifen können, wird es immer wichtiger, unsere Aufmerksamkeit nach innen zu richten. Nicht, um dem Wandel auszuweichen, sondern um ihm aus einer tieferen Verankerung heraus begegnen zu können.
Eine LIFE Safari® ist keine Auszeit vom Leben. Sie ist ein Raum für Erkenntnis.
Mitten in der Natur, fern von Ablenkung und Tempo, erfahren wir, worauf es wirklich ankommt: Stille, Klarheit, Präsenz.

Wir begegnen uns selbst – und genau dort beginnt echte Transformation.
Wirkung entsteht nicht mehr durch Beschleunigung, sondern durch Tiefe.
Innere Veränderung ist keine bloße Optimierung. Sie ist eine Metamorphose. Wir brauchen Zeit, Vertrauen und die Bereitschaft, das Bekannte hinter uns zu lassen. Was dabei entsteht, ist nicht einfach eine bessere Version von dem, was war, sondern etwas grundlegend Neues.

Gerade inmitten technologischer Entwicklungen braucht es diese innere Stabilität. Intelligente Systeme können uns unterstützen, Entscheidungen vorbereiten, Abläufe vereinfachen. Doch sie ersetzen nicht, was uns als Menschen ausmacht.

Sie können nicht spüren, nicht fühlen, nicht verbinden. Intuition, Empathie, menschliche Tiefe – all das bleibt unser ureigenes Terrain.

Die Welt verändert sich nicht, weil wir schneller werden, sondern weil wir bewusster handeln. Wenn Mensch und Maschine enger zusammenrücken, ist es an uns, den Kontakt zu uns selbst zu bewahren. Wir sind denkende und fühlende Wesen mit Verantwortung für das, was wir tun – und für das, was wir weitergeben.

Methoden wie Neuroleading helfen uns dabei, zu verstehen, wie Veränderung im Gehirn wirkt und wie wir sie konstruktiv begleiten können. Der Austausch mit anderen Kulturen und Generationen erweitert unseren Blick und erinnert uns daran, dass Entwicklung immer auch etwas
Gemeinsames ist. Ubuntu ist Transformation für unsere Gesellschaft, für unser Leadership und für uns selbst.

Am Ende wird nicht entscheidend sein, wie effizient wir waren oder wie viele Tools wir beherrscht haben.

Was bleibt, ist das, was wir im Leben anderer bewegt haben.

Vielleicht ist genau das wahre Transformation: In uns selbst zur Ruhe zu kommen und aus dieser Ruhe heraus mit Klarheit und Mut in der Gesellschaft voranzugehen.

Und genau das nehmen wir mit – zurück in unseren Alltag, in unser Unternehmen, in unser Leben.

»Ich bin mutig geworden und habe mich an diesem Ort hier entschieden, mich endlich von meinem langjährigen Geschäftspartner zu trennen – wertschätzend, dankbar für den bisherigen, gemeinsamen Weg und mit dem Gefühl von Vertrauen und neuer Freiheit.«

Teilnehmerin der LIFE Safari 2023

Handle mit der Kraft des Elefanten –
und ruhe mit seiner Weisheit.

Afrikanisches Sprichwort

7^2 Leading by Doing –

Einfach machen, einfach lassen

7^2.1 Das Protea-Prinzip: Wie du im Jetzt beginnst

Februar 2015: Ich bin unterwegs in den Hottentots Nature Reserves, auf einer Klettertour durch das wilde Herz Südafrikas. Schon viele Jahre war ich als Sicherheitstrainerin für Hochseilgärten unterwegs, vertraut mit Seilen, Höhen, Karabinern und dem Moment zwischen Spannung und Loslassen. Dort, auf einem abgelegenen Pfad entlang einer der längsten Seilrouten der Region, führt mich der Weg durch die karge Bergwelt Südafrikas. Auf steinigen Pfaden in der Hitze des Tages rechnest du nicht unbedingt mit einer gigantischen Farbexplosion. Und doch, plötzlich, auf 1.300 Metern Höhe, von nichts als Geröll umgeben, steht sie plötzlich da: die Königsprotea. Stolz, kraftvoll, unbeeindruckt von der kargen Umgebung. Hoch aufgerichtet, kräftig im Stängel, mit riesengroßer, leuchtender Blüte in Rosa, Orange und einem Herz aus Weiß.

Eine Pflanze wie aus einer anderen Welt. So lebendig. So unerschütterlich. Eine robuste Schönheit, die das pralle Leben symbolisiert und nach Sonnenaufgang einen Blick ins weiße Blumenherz zulässt. Mitten im Nichts, als hätte sie dort auf mich gewartet.

Und was neben ihrer Schönheit wirklich ganz besonders ist?
Die Protea ist resistent gegen Feuer. Sie ist eine wahre Überlebenskünstlerin und gehört zu den sogenannten Pyrophyten. Sie braucht sogar sehr hohe Temperaturen, um sich vermehren zu können. Denn erst bei extremer Hitze öffnen sich ihre Samenkapseln, sodass ein Neuanfang möglich wird. Die in den Kapseln geschützten Zellinformationen werden mit dem Wind als kleine Fallschirme auf die Reise geschickt, ähnlich wie bei einer Pusteblume.

Das klingt paradox, aber genau das macht sie zu einem Symbol für Wandel und innere Stärke. Erst wenn scheinbar alles in Flammen steht, beginnt bei ihr das Leben. Ein Phönix aus der Asche.

Ein Steppenbrand kann ihr also nichts anhaben, sondern hilft ihr sogar dabei, sich zu entfalten. Denn nur wegen des Feuers existiert diese wunderschöne Blume überhaupt. Sie ist ein Symbol für innere Stärke und Gelassenheit, auf den richtigen Zeitpunkt zu warten. Sie steht für Veränderung und gleichzeitig für Durchhaltevermögen und die Kraft, aus verbrannter Erde wertvolle Energie zu nutzen.

Mich hat diese Pflanze tief beeindruckt. Weil sie uns etwas Entscheidendes zeigt: Die Natur wartet nicht. Sie nutzt alles, was vorhanden ist. Sie beginnt im Jetzt. Ohne Aufschub. Ohne perfekte Bedingungen. Einfach so, wie es gerade geht – und mit allem, was ihr zur Verfügung steht.

Auch in meinem Leben – privat wie unternehmerisch – gab es Momente, die sich angefühlt haben wie ein Steppenbrand. Zeiten, in denen nichts mehr ging. In denen es keinen klaren Plan gab. Keine Ressourcen. Nur Schutt, Asche und das Gefühl, ohnmächtig zu sein. Doch genau dort, in diesem Zustand des Loslassens, keimt oft etwas Neues. Etwas Kraftvolles. Etwas, das erst durch das Brennen möglich wurde.

Ich habe gelernt: Schockstarre und Angst vor neuen Entscheidungen sollten uns nicht blockieren. **Es gibt einen Plan: Feuer löschen, den Schweiß von der Stirn wischen, durchatmen und innehalten – und danach die Potenziale aus der fruchtbaren, nährstoffreichen Asche schöpfen.**

Genau mit dem Blick auf Schutt und Asche sind wir bereit, wirklich etwas zu verändern. Auf einmal erkennen wir unsere bisher verborgenen Potenziale und Ressourcen.
Die Wildnis der Natur zeigt uns, dass die Verwandlung funktioniert, wenn wir sie zulassen, und dass etwas Einzigartiges, Brillantes aus einer vermeintlichen Niederlage entstehen kann.

Wusstest du, dass die Protea als Nationalblume Südafrikas ausgewählt wurde und dass sie auch das erfolgreiche Rugby-Team als Maskottchen in schweren Zeiten begleitet?

Was wäre, wenn wir dieses Prinzip der Protea annehmen? Wenn wir das vermeintliche Chaos, die Ungewissheit, die Krise nicht als Endpunkt sehen, sondern als Startsignal? Was, wenn genau jetzt der richtige Moment ist – nicht morgen, nicht in drei Monaten, nicht erst, »wenn es passt« und alle Einwände des Gehirns beseitigt sind? Wenn du wartest, bis du bereit bist, wirst du dein Leben verpassen.
Die Protea zeigt es uns:
Auch wenn nichts mehr geht, geht noch was.

Und das reicht.

Für den wichtigen Schritt, endlich loszulegen, sollte das Motto lauten:
Einfach machen. Einfach lassen.

Einfach gestalten – 80 Prozent reichen auch für den Start meist aus.
Einfach loslassen – unwichtige Dinge nicht mehr tun.

Wenn wir etwas von der Natur lernen können, dann dies: Sie zweifelt nicht. Sie hadert nicht. Sie beginnt einfach.
Ohne PowerPoint, ohne Zoom-Call, ohne hundert Seiten Konzept.
Nur mit Begeisterung, aktivem Tun und Vertrauen wirst du deinen Erfolg erreichen.
So lautet meine persönliche Erfolgsgleichung.

Und doch verlieren wir uns so oft im Denken. Wir planen, wir sprechen, wir analysieren – und vergessen dabei: Der wichtigste Schritt ist nicht das Reden. Es ist das Beginnen.

Viele Unternehmerinnen und Unternehmer warten auf den perfekten Zeitpunkt. Auf »wenn wir mehr Personal haben«, »wenn die Website fertig ist«, »wenn wir aus dem Urlaub zurück sind«. Doch dieser perfekte Moment kommt nicht. **Der beste Zeitpunkt ist immer jetzt.**

Wenn du eine Idee hast – geh los. Wenn du ein Projekt starten willst – fang an. Mit dem, was da ist. Mit 60 Prozent. Lieber mit halber Kraft starten als gar nicht. Unperfekt handeln ist besser als gar nicht handeln.

»Just do it« ist nicht nur ein Werbespruch – es ist ein Lebensprinzip.

Natürlich gehört dazu auch: Einfach mal lassen. Lass die Zweifel. Lass die Ausreden. Lass die Vorstellung, dass es so oder so sein muss. Lass das Vergleichen. Lass dich selbst los und fang an.

Und wenn du das Gefühl hast, dass du gerade in einer Sackgasse steckst, atme durch. Geh einen Schritt zurück. Frag dich:
Was ist, wenn Sicherheit nicht bedeutet, alles im Griff zu haben, sondern den Mut zu haben, Kontrolle abzugeben?
Was ist, wenn ein Nein nicht egoistisch ist, sondern verantwortungsvoll?

Was ist heute möglich?
Was kann ich jetzt tun?
Was wäre ein erster kleiner Schritt?
Und was, wenn gerade die Momente, in denen ich denke zu fallen, sich zum stärksten Wachstumsfaktor entwickeln?

Niemand verlangt von dir, alles zu wissen. Aber fang an. Die Klarheit kommt durchs Tun, nicht durchs Grübeln.

Starte mit einem positiven Mindset und Morgenritualen
Bring dich schon mit dem ersten Gedanken, wenn du wach wirst, in eine dankbare Haltung. Danke dir und der Welt dafür, dass es dir gut geht.
Wie solltest du in den Tag starten, um deine Kinder, deine Familie oder deine Mitarbeiter von deinen Zielen und Wünschen für diesen Tag zu begeistern?

Wie du in den Tag startest, bestimmt, wie du ihn gestaltest.

Ob ein kurzes Journaling zur Ausrichtung des Tages, ein Spaziergang in der Natur, Atemübungen oder eine Espresso-Runde mit deinem Team: Schaffe dir einen Raum, in dem du bewusst ins Tun kommst – mit klarem Kopf und offenem Herzen.

Fokussiere dich, wie es die Geparden tun. Alle Störfaktoren beseitigen.
Blick nach vorn und konzentrierte Zeit nutzen. Pausen machen. Atmen.
Und weiter geht es.

1.0 Leading by Adventures

Sei ein verantwortungsvoller Abenteurer, der seine Stärken und Schwächen und die der anderen kennt und respektiert. Lerne, dir und anderen zu vertrauen, indem du kleine Kontrollstopps einlegst und ihr gemeinsam überprüft, ob ihr euch auf eure Fähigkeiten verlassen könnt.

Lassen wir uns von der Weisheit der Natur inspirieren, die uns zeigt, dass jedes Lebewesen seine eigenen Stärken hat, auch wenn es Schwächen gibt. Ein Nashorn ist ein perfektes Beispiel dafür: Es kann zwar schlecht sehen, aber dafür riecht und hört es hervorragend. Es nimmt Dinge in der Ferne nur verschwommen wahr, hat aber eine außergewöhnliche Fähigkeit, Gefahren durch den Geruchssinn zu erkennen und sich durch die Geräusche seiner Umgebung zu orientieren. Ein Nashorn vertraut seinen Fähigkeiten und kompensiert seine Schwächen.

Bevor du ein Projekt startest, erstelle einen (kleinen) Plan B und nimm passende Tools und Ressourcen mit. Betrachte deinen Worst Case, der häufig nicht wirklich schlecht ist, und relativiere dein Risiko, sodass du mutig vorangehen kannst.

2.0 Leading by Changing Perspectives

Die Giraffe, dieses majestätische Tier mit seinem schlanken Hals, erinnert uns an den Weitblick und Überblick, den wir inmitten unserer Aktivitäten behalten sollten (Satellitenperspektive). Unser Alltag bietet häufig viele Möglichkeiten, sich zu verzetteln oder die Prioritäten falsch zu setzen. Halte dir das Bild der Giraffe vor Augen und zoome von Zeit zu Zeit aus dem Geschehen heraus.

Habe ich den Überblick über das große Ganze? Sind wir noch auf dem richtigen Weg?

Welche Schritte sind die nächsten, die unsere Aufmerksamkeit brauchen? Welche können warten?

Nutze die Kraft von Ubuntu und suche die Perspektiven anderer Menschen, Kulturen oder der Natur.

Verändere deine Perspektive und du veränderst deine Haltung.

3.0 Leading by Dreams

Hör endlich auf, deine Mitarbeiter zu motivieren – begeistere sie, sodass sie Lust haben, mit dir gemeinsam in die gleiche Richtung zu gehen.

Echte Motivation kommt immer von innen. Jeder Einzelne sollte selbst die Begeisterung für seine Aufgaben fühlen. Wir sollten von der Vision des Unternehmens, von der Art und Weise, wie die Dinge angegangen werden, so begeistert sein, dass wir Teil dieses Ganzen sein möchten. Vielleicht planst du auch, dich immer mehr aus dem operativen Geschäft zurückzuziehen oder an anderen Orten zu wohnen und zu arbeiten. Vielleicht planst du auch schon, dein Unternehmen in gut vorbereitete Hände zu übergeben. All dies spricht dafür, dein Team schon heute zum High-Performance-Team werden zu lassen. Begleite deine Mitarbeiter auf dem Weg in die Eigenverantwortung, in die eigene Kreativität und Lösungsfindung zu gelangen. Mache sie zu Co-Unternehmern vom ersten Tag an.

Stell dir doch einfach immer mal wieder die Fragen:
Was kann ich, was will ich, was ergibt für mich Sinn?
Was kann ich für die Gesellschaft, Politik oder Wirtschaft tun?
Was ist der Sinn in meinem Leben?
Oder wie kann ich mich in soziale Projekte einbringen?

Viele Menschen fragen mich: »Wie kann ich mich aktiv einbringen, was kann ich tun?« Damit ist ein Engagement gemeint, das über unseren unternehmerischen Alltag hinausgeht. Lass uns gern gemeinsam darüber sprechen, was du tun kannst. Viele Tipps und konkrete Adressen findest du in unserem Workbook und am Ende dieses Buches.

4.0 Leading by Making Decisions

Die Methode FOR-DEC+I wiederum hilft dir, schnelle Entscheidungen zu treffen. Wir müssen meist nicht drei oder vier Tage über etwas nachdenken. Meine Erfahrung zeigt, dass die meisten Entscheidungen die gleichen bleiben, ob sie in fünf Minuten oder in drei Monaten getroffen werden. Also rufe Menschen an, wenn noch Informationen fehlen, warte nicht auf Mails. Handle proaktiv. Triff Menschen, mit denen du die Dinge im persönlichen Kontakt besprechen und beschließen kannst. All das gehört zum agilen Arbeiten und Gelingen dazu.

5.0 Leading by Ubuntu

Gemeinschaft und Wachstum – zusammen geht's leichter

Kläre deine konfliktreichen oder ungeordneten Beziehungen.
Sie rauben dir Energie, die du für deine gewünschten Ergebnisse besonders brauchst.
Mach den ersten Schritt, nimm dein Handy und telefoniere oder besuche deine Familie, Freunde oder Geschäftspartner.
Jede negative Denkweise raubt dir Energie. ▼
Jeder dankbare Gedanke schenkt dir Energie. ▲

Du musst das nicht allein tun. Tausch dich aus.

Such dir eine Community, deine positiven Unterstützer oder einen Sparringspartner. Gemeinsam geht's leichter.

Auch die stärkste Elefantenkuh läuft nicht für sich allein, sie nutzt ihre Herde, um schneller und weiter zu kommen. Und genauso ist es bei uns Menschen. Führung heißt nicht »vorangehen im Alleingang«, sondern »Verantwortung teilen«.

Ubuntu – ich bin, weil wir sind.

Es erinnert uns daran, dass wir wachsen, weil andere mit uns wachsen. Dass wir stärker werden, weil wir Teil eines Netzwerks sind.

Ob im Unternehmen, im Freundeskreis oder im Projektteam:
Kooperation schlägt Konkurrenz. Immer.

6.0 Leading by Results

Im Alltag deine Ziele greifbar machen

Erstelle dein 5D-LIFE Story Board und setze Reverse Engineering ein, indem du am Anfang ans Ende denkst und vom Ende zum Anfang planst. Beispielsweise über OKR (»Objectives and Key Results«), ein einfaches System mit großer Wirkung.
Formuliere ein bis drei mutige Ziele, fühle dich in die Ergebnisse tief hinein, und definiere erst dann messbare Schritte und Resultate, die dich dort hinführen.

So behältst du den Überblick – und dein Team weiß genau, worauf es ankommt.

Werde für andere die Persönlichkeit, die du selbst in deinem Leben so dringend gebraucht hättest.

Fehlerkultur: Mach's wie die Protea

Feuer gehört dazu. Fehler auch.
Nur wer ausprobiert, kann lernen. Und wer lernt, entwickelt sich weiter.

Etabliere eine Kultur, in der Fehler offen angesprochen werden – nicht, um Schuld zu suchen, sondern um gemeinsam besser zu werden. Beginne heute damit, auch über deine Fehler und Schwächen zu sprechen, und schaffe ein Umfeld der Innovationskultur.

»Du kannst das. Wenn du Fragen hast, bin ich da.« Diese Art der Unterstützung schafft ein Umfeld, in dem Menschen bereit sind, Risiken einzugehen, Neues zu versuchen und kreative Lösungen zu finden. Ermutige die Menschen um dich herum, einfach mal Dinge auszuprobieren. Zeige deinem Team, dass sie sich verletzlich zeigen, Fehler machen und scheitern dürfen – ohne Konsequenzen fürchten zu müssen. Veranstalte Innovationstage, an denen ihr bewusst über neue Ideen nachdenkt und erste Ansätze ausprobiert. Mit dieser Haltung bestellst du den Nährboden für wichtige Wachstumsprozesse.

Dies gilt im Übrigen auch für unsere Familien und Freundeskreise. Denn mal ehrlich: Welchen Wert haben unsere Freundschaften, wenn wir nur unsere schönsten Seiten zeigen und Fehler und Schwächen überschminken?

Verleihe einen Award für die meisten Fehler

Einmal kam ein Unternehmer auf mich zu und sagte: »Ich verleihe ab jetzt in unserer Firma einen neuen Award: Die Abteilung, die die wenigsten Fehler macht, gewinnt!« Ich dachte innerlich: »Er hat es nicht verstanden.« Denn es sollte genau andersrum sein: Die Abteilung, die die meisten Fehler macht, ist diejenige, die wirklich den Award verdient. Denn sie beschäftigt sich mit ihren Fehlern und Missständen, kehrt sie nicht unter den Teppich, sondern arbeitet an Lösungen. Die besten Teams sind nicht die, die keine Fehler machen, sondern die, die offen damit umgehen.

Uns allen ist klar, dass in Unternehmen häufig Fehler passieren – kleinere wie größere –, die allerdings häufig vertuscht werden. Geplante Budgets werden sinnlos ausgegeben, weil man sie ansonsten vielleicht im nächsten Jahr nicht mehr eingeplant bekommen würde. Sollten wir nicht auch darüber sprechen?

Transparenz schafft Vertrauen

Du willst, dass dein Team unternehmerisch denkt? Dann gib ihnen Einblick. Zeig ihnen, wie Erfolg entsteht – und lass sie daran teilhaben.

Ich spreche in meinem Team offen über Umsätze, Gewinne und Gehälter. Warum?

Weil Transparenz der wertvolle Nährstoff für echte Zusammenarbeit ist. Wenn Menschen wissen, woran sie sind, können sie sich mit Ideen, Verantwortung und ihrer ganzen Kraft einbringen.

»Jetzt blicke ich zuversichtlich in die Zukunft. Stillstand fühlt sich nicht mehr sicher an – Veränderung ist für mich auf dieser Reise der natürlichste Weg geworden.«

Teilnehmer LIFE Safari 2019

Die beste Zeit, einen Baum zu pflanzen,
war vor zwanzig Jahren.
Die zweitbeste Zeit ist jetzt.

Afrikanisches Sprichwort

Sei verlässlich und halte dein Wort

Dieser Aspekt scheint in unserer Gesellschaft etwas abhandengekommen zu sein. Halte dich an Absprachen und Termine. Halte Verträge ein – auch die Rahmenbedingungen, die nicht extra schriftlich festgehalten wurden. Kläre die unterschiedlichen Erwartungen und die Vorgehensweise bis zum Erfolg.

Vom Denken ins Handeln – Routinen, Tools und Durchhalten

Ideen sind großartig. Doch erst, wenn du ins Handeln kommst, wird aus einer Idee echte Veränderung.

Was dabei hilft? Routinen, Strukturen und Werkzeuge, die dich täglich unterstützen, deinen Fokus zu halten – auch dann, wenn's mal stürmt.

Du brauchst keinen Fünfjahresplan. Was du brauchst, ist ein klarer erster Schritt und ein System, das dich dranbleiben lässt.

Feiere deine und eure Erfolge, kleine und große!

Kennst du diese endlosen To-do-Listen, die nie fertig werden?
Probier's mal andersrum: Notier dir, was du schon geschafft hast – deine **»I've done«-Liste**: heute, diese Woche, in diesem Monat.
Das motiviert. Das erdet. Und es zeigt dir: Du bist längst unterwegs.

7²,2 Die Not-to-do-Liste

Sie ist das Gegenteil der »I've done«-Liste. Die Not-to-do-Liste funktioniert im Grunde genauso wie die klassische To-do-Liste: Notiere alles, was du von nun an NICHT mehr tun möchtest, weil es dich nicht weiterbringt – sei es das permanente Checken deiner E-Mails oder das Aufschieben ungeliebter Aufgaben.
Du bist dir noch nicht sicher, ob du eine Aufgabe wirklich nicht mehr machen willst?
Dann helfen dir die folgenden Fragen:

- Trägt die Tätigkeit zum Erreichen meiner Ziele bei? (Wenn ja: To-do-Liste, wenn nein: nächste Frage).
- Wenn ich diese Aufgabe nicht erledige, zieht es negative Konsequenzen nach sich? (Wenn ja: To-do Liste, wenn nein: nächste Frage)
- Muss ich diese Aufgabe persönlich erledigen? (Wenn ja: To-do-Liste, wenn nein: Not-to-do-Liste!)

Du willst gleich loslegen? Denn jetzt heißt es: NICHT quatschen – machen!
Mit der Kraft und Weisheit der Elefanten.

Jetzt loslegen! Du hast alles, was du brauchst.
Vielleicht fühlst du dich noch nicht ganz bereit. Vielleicht fehlt noch ein Puzzlestück, ein Plan, ein Zeichen.
Dann ist das hier dein Zeichen.

Du hast es gelesen, gespürt, mitgedacht. Jetzt kommt der Moment, in dem du vom Lesen ins Handeln kommst.

Die Natur wartet nicht. Sie startet im Jetzt.
Auch wenn es ruckelt. Auch wenn nicht alles klar ist.
Starte mit 60 Prozent. Und dann schau, was sich auf dem Weg zeigt.

Fang an. Mach einen Plan. Und geh los.
Nicht perfekt. Aber echt.
Dann reflektiere, verändere und geh weiter.

Du hast Tools, du hast Inspiration, du hast ein Netzwerk. Und du hast dich selbst – mit all deiner Erfahrung, deiner Intuition und deiner Kraft. Solltest du Unterstützung auf deiner persönlichen Safari benötigen, begleiten mein Team und ich dich gern weiter: mit unserem Workbook zum Buch, mit unseren Kursen, auf unseren LIFE Safaris® und mit unserer Community.

Auf der Seite 317 findest du den QR-Code, um dir das beigleitende Workbook zur Safari-Strategie herunterzuladen. Hier findest du konkrete Reflexionsfragen, Aufgaben und viele Tools, vom Morgenritual bis zur OKR-Formulierung. Es hilft dir, Schritt für Schritt deine eigene Umsetzungsroutine zu entwickeln. Ganz in deinem Tempo. Ganz in deinem Stil.
Zusätzlich erhältst du Reflexionsfragen, das 5D-LIFE Story Board sowie die 21-Tage-Challenge für ein Ubuntu-Selbstmanagement, um direkt loszulegen.

Jetzt bist du bereit.

Und wenn du zweifelst, denk an die Protea:
Sie blüht erst nach dem Feuer. Sie nutzt, was da ist. Und sie wartet nicht.

Jetzt bist du dran.
Endelea (Suaheli) – leg los! Egal womit oder an welchem Ort!

Das Workbook zum Buch

Mit Übungen, Reflexionen und Tools für dein persönliches Wachstum

Das begleitende Workbook zur Safari-Strategie vertieft die Inhalte des Buches mit Reflexionsfragen, Praxisübungen und Impulsen für deinen Alltag. Scanne den QR-Code und lade dir dein digitales Exemplar herunter.

***Jetzt herunterladen** und großartige Projekte unterstützen!*

Arbeiten kannst du überall!

You cannot get through a single day
without having an impact
on the world around you.

What you do makes a difference
and you have to decide
what kind of difference you
want to make.

Jane Goodall

Epilog –

Die Safari geht weiter

Am Ende einer Safari kehrt niemand als derselbe zurück. Auch du nicht. Denn wahre Führung beginnt nicht dort, wo wir anderen den Weg weisen, sondern dort, wo wir uns selbst begegnen. Innere Führung bedeutet, Verantwortung für das eigene Denken, Fühlen und Handeln zu übernehmen und darin die Balance zu finden, die uns trägt.

In der Wildnis lernen wir, dass Balance nicht Stillstand heißt, sondern ständiges Ausgleichen: zwischen Ruhe und Bewegung, zwischen Festhalten und Loslassen, zwischen Träumen und Umsetzen. Genau hier entsteht Transformation. Sie wächst nicht in den Momenten des Komforts, sondern dort, wo wir das Gleichgewicht neu suchen – und finden.

Die großen Fragen unserer Zeit lassen sich nicht mit noch mehr Geschwindigkeit oder noch mehr Technik beantworten. Sie verlangen nach Ethik. Nach Menschlichkeit. Nach gesundem Menschenverstand. Nach einem Bewusstsein dafür, dass wir nicht allein für unseren eigenen Erfolg hier sind, sondern Teil eines größeren Ganzen. Ubuntu: Ich bin, weil wir sind.
Jeder Mensch bringt Potenziale mit, die weit über das hinausgehen, was wir uns selbst oft zutrauen. In der Begegnung mit anderen – sei es in einem Team, einer Kultur oder einer Gesellschaft – erkennen wir, dass unsere Stärke nicht in Perfektion liegt, sondern in unserer Lernfähigkeit, in unserer Bereitschaft, Fehler zu machen, neue Perspektiven zuzulassen und miteinander zu wachsen.

Die Safari-Strategie ist deshalb kein Werkzeugkasten, sondern eine Haltung. Sie lehrt uns, dass wir inmitten von Unsicherheit, Geschwindigkeit und Komplexität unsere größte Ressource nie verlieren dürfen: unsere menschliche und emotionale Intelligenz.

Vielleicht ist das die wichtigste Erkenntnis: Wir führen nicht, weil wir die Antwort auf jede Frage haben. Wir führen, weil wir ein Umfeld gestalten, in dem andere ihre Antworten finden können. Wir führen nicht allein für den nächsten Quartalsbericht, sondern für die Generationen, die nach uns kommen.

Denn Veränderung und Transformation braucht Weisheit für eine wohlwollende, gemeinschaftlich weitreichend denkende Gemeinschaft. Sie braucht demokratische, gleichberechtigte Denk-, Sicht- und Verhaltensweisen.

Und so endet diese Safari nicht hier. Sie beginnt. In deinem Leben, in deinem Unternehmen, in deiner Familie, in unserer Gesellschaft. Die Wildnis hat dir ihre Spuren gezeigt. Jetzt liegt es an dir, ihnen zu folgen.

Denn am Ende ist Führung nicht die Kunst, Löwen zu zähmen.
Führung ist die Fähigkeit, selbst Teil des Rudels zu werden und die Chancen aller zu entdecken, um gemeinsam eine liebens- und lebenswerte Zukunft zu gestalten.
Nakuona – I see you.

Wer wäre ich ohne Euch? – Danke!

Dieses Buch ist aus vielen Herzen geboren, aus vielen Mitreisenden, die mein Leben bereichert und liebenswert gemacht haben. Es ist das Echo von Stimmen, das Leuchten vieler Augen, das Trommeln Eurer Herzen, das Vertrauen unzähliger Menschen, die mich begleitet haben oder die ich begleiten durfte – auf staubigen Pisten wie durch heftige Stürme in kalten oder stillen Nächten.

Danke an meine kleine und große Familie: An meinen Mann Axel, der seit mehr als 35 Jahren an meiner Seite ist und jedes noch so wilde »Vera in Action«-Projekt mitgetragen hat. An unsere Kinder Lorenz und Justus: Ihr seid meine härtesten Kritiker und Authentizitätsprüfer und dabei immer meine wundervollen, geliebten »Prachtkerle«. In Euch erkenne ich, dass Reisen unser aller Denken und Handeln positiv geprägt hat. Ihr seid mein größtes Abenteuer.

Was für ein Glück, in meiner Ursprungsfamilie einen so wundervollen, sicheren Start ins Leben geschenkt bekommen zu haben. Danke an meine Eltern und Geschwister von ganzem Herzen: unserem Vater, dessen Unternehmergeist auch nach seinem Tod noch durch mein Leben weht. Er hat mir beigebracht, an mich zu glauben und größer zu denken, als es die Grenzen erlauben. Unsere lebensfrohe Mutter hat mich gelehrt, dass Beruf und Familie, Pragmatismus und Liebe Hand in Hand gehen dürfen. Und wenn ich heute immer noch spüre, dass aus meinen Geschwistern vertrauensvolle Freunde und lebenslange, wertvolle Berater und Unterstützer mit gleicher abenteuerlicher Lebensfreude geworden sind, dann bin ich berührt, und mein Herz quillt über vor Dankbarkeit.

Der frühe Tod meines Freundes Rene hat mich jung erleben lassen, wie schnell das Leben zu Ende sein kann, und gleichzeitig gelehrt, das Schöne im Leben so intensiv wie möglich zu genießen. Ein starker, lebenslanger Freundeskreis hat mir das Fundament für Ubuntu eröffnet und mich in wilden, stillen und feurigen Zeiten in besonderer Weise begleitet. Danke Euch allen.

Danke an Art Reade, meinen ersten Mentor und Trainer mit Native American Wurzeln und Weisheiten. Er gab mir den tiefgreifenden Startschuss zu meiner inneren Reise, die noch immer andauert.

Danke an meine Kommilitonen in Aachen, Niederrhein, Berlin, Hagen, die mit mir gemeinsam das Unbekannte und Abgehobene ins Bodenständige gebracht haben. Wir hatten eine geniale, unvergessliche Studentenzeit, die mich ins kalte Wasser geworfen hat, aber Ihr habt mich gerettet.

Danke an »meine« Lufthansa, meine besten Chefs, außergewöhnlichen MitarbeiterInnen und KollegInnen – kein einziger Tag war wie ein anderer zuvor! Ich durfte täglich Neues lernen und mich als wilde Löwin in Großprojekten, in der Technik und im Flugbetrieb mit starken, diskutierfreudigen Teams auf der ganzen Welt austoben. Danke für Euer Vertrauen, und Euren Mut, mit mir immer wieder neue Wege durch den Businessdschungel zu gehen.

Danke an mein besonderes BusinessArt-Team in Deutschland, Kanada, Südafrika, Kenia und an all meinen anderen LIFE Safari-Abenteuerorten. Euer Vertrauen, unser Lachen und das tägliche gemeinsame Kochen in unserer Bürovilla im Rheinland waren schon immer Bestandteil meines Unternehmertraums. Ihr habt mir geholfen, diese Safari-Strategie aus meinem Herzen auf Papier zu tragen. Stellvertretend für alle und mit ganz besonderer Freude bedanke ich mich bei Moritz Quast, der meine täglichen Visions- und Gedanken-Explosionen gelassen erträgt und sie in geordnete Bahnen der Umsetzung lenkt.

Danke dem afrikanischen Kontinent selbst: Du bist seit Jahrzehnten mein bester Lehrmeister. Ich danke den Massai der Masai Mara in Kenia, die mir den Namen *Moyo Moto* (Feuerherz) gaben und meine Wertewelt – bis mir fast schwindelig wurde – drehten. Insbesondere danke an Amadou, Ole Ntowama und Jeff, die besten Guides, Begleiter, Freunde. Ihr habt eine meiner größten mentalen Veränderungen gestartet.

Danke an das Volk der San, die mich in die Kunst des Spurenlesens und der Stille einführten. Den Herero, die mir bedingungslos vertrauten. Den Samburu, die mit ihren Tänzen die Nacht erhellten. Und den besten Guides wie Joseph in Simbabwe, Brian in Gondwana/Südafrika, Captain am Chobe in Botswana und allen, die mich seit Jahren mit offenen Augen und Ohren sicher durch Busch und Steppe führen und mich den Reichtum der Wildnis erleben lassen.

Danke an den Highline Verlag, an Dr. Judith Hoffrichter und ihr Team, sowie an Karen Christine Angermayer (Buchberaterin, Bestseller-Autorin und mehr), die meine Erfahrungen in Gesprächen liebevoll begleitet hat, sodass sie in diesem Buch ihren Platz gefunden haben. »Die Safari-Strategie« hätte ohne Eure Unterstützung nicht den Weg von der Wildnis ins Bücherregal gefunden.

Danke an viele Experten, mit denen ich mich gern austausche und durch die ich jeden Tag weitere Perspektiven dazugewinne – stellvertretend und ganz besonders bei Dr. Kundri Böhmer-Bauer, die mich als Expertin für internationale und interkulturelle Zusammenhänge inspiriert und aufklärt. Ihr Buch »Weltweit gesund reisen« ist ein Muss für jeden Reisenden.

Danke an mein Leben – für die Chancen und Möglichkeiten, die ich erhalten habe, und danke an mich selbst, dass ich sie genutzt habe.

Und schließlich danke ich Dir, liebe Leserin, lieber Leser. Dieses Buch lebt, weil Du es wertschätzend in Deinen Händen hältst und nun das Beste daraus für Dich entnimmst. Mit Deinem ersten Schritt, Dich auf diese andersartige Reise einzulassen, wird die Safari-Strategie lebendig. Mögen Deine Wege auch voller Abenteuer, Klarheit, Freude und generationsverantwortlichem Denken gefüllt sein. Mit Deinem Teilen all dieser neuen Erfahrungen, Emotionen und inspirierenden Impulse wirst Du auch andere zum Nachdenken und in das Erlebnis von gelebtem Ubuntu und Fülle bringen. Ich freue mich darauf, von Deinen Erfolgen zu erfahren.

Am Ende ist wichtig, jeden Tag unser Lachen wiederzufinden

Über die Autorin Vera Peters

Vera Peters ist eine Pionierin in der Management- und Unternehmensberatung. Mit einem Diplom in Luft- und Raumfahrttechnik sowie Wirtschaftsingenieurwesen und als zertifizierte Master-Mediatorin bringt sie eine seltene Kombination aus technischer Brillanz und tiefem menschlichem Verständnis in ihre Arbeit ein.

Ihre Karriere begann beim Deutschen Zentrum für Luft- und Raumfahrt (DLR) und der Deutschen Lufthansa AG, wo sie über 25 Jahre Großprojekte leitete und ihre Fähigkeiten im Management und in der strategischen Planung verfeinerte.

Im Jahr 2000 gründete Vera Peters ihr Unternehmen BusinessArt, das sich der Entwicklung von Führungskräften und Teams durch transformative Lernreisen widmet. Ihr Flaggschiff, das LIFE Safari® Leadership & Change Programm, ist ein innovatives Konzept, das Abenteuer- und Erkenntnisreisen nach Afrika mit maßgeschneidertem Coaching kombiniert. Dieses Programm zielt darauf ab, Menschen zu starken, authentischen und resilienten Führungspersönlichkeiten zu entwickeln. 2020 wurde das LIFE Safari® Programm mit dem Excellence Award ausgezeichnet und Vera Peters 2022 als »Innovativste Unternehmerin« sowie 2024 in New York mit zwei Stevie Awards als »Best Female Entrepreneur in Business Services« und als »Thought Leader 2024« geehrt.

Veras Peters' Engagement für nachhaltige Praktiken und interkulturelle Zusammenarbeit zeigt sich in all ihren Projekten. Sie hat erfolgreich Strategien entwickelt, die komplexe globale Herausforderungen adressieren. Ihre Fähigkeit, andere zu inspirieren und zu motivieren, sowie ihr tiefes Verständnis für menschliche Dynamiken machen sie zu einer herausragenden Führungspersönlichkeit und Mentorin.

Vera Peters ist seit 30 Jahren verheiratet, Mutter von zwei Söhnen und Mehrfachunternehmerin. Sie setzt sich aktiv für ihren Verein Business 4 Needs & Dreams e. V. ein, der Menschen in die Eigenständigkeit begleitet. Als TOP 100 Speaker und Autorin steht sie regelmäßig auf großen Bühnen und teilt ihre Erkenntnisse zu Themen wie »Die Safari-Strategie für Leader« und »Mutige Entscheidungen, starke Lösungen«.

Sie inspiriert durch ihre Kreativität, ihr soziales Engagement und ihre Leidenschaft für nachhaltiges Wachstum. Sie setzt neue Maßstäbe in der modernen Führung und motiviert andere, ihre Visionen zu verwirklichen.

Kontakt

BusinessArt Vera Peters
Linzer Straße 10
53572 Unkel am Rhein

Für deine Kontaktanfrage wende dich bitte an unsere Medienstelle unter info@businessart.de.

Alle Links zu unseren Social-Media-Kanälen und aktuellen Themen findest du hier.

www.businessart.de/links

Speaking & In-House Events

Inspiration die bleibt

Ob Keynote, Impulsvortrag oder maßgeschneiderter Workshop – Vera Peters inspiriert Führungskräfte, Teams und Organisationen, Wandel mit Mut, Klarheit und Begeisterung zu gestalten.
Mit ihrer Erfahrung aus Luft- und Raumfahrt, Leadership-Entwicklung und über 20 Jahren Arbeit mit internationalen Unternehmen bringt sie komplexe Themen auf den Punkt – authentisch, praxisnah und berührend.

- Eine Gedankenrevolution für Führung, die Perspektiven verändert und zum Umdenken anregt
- Inspiration für die nächste Generation von Leadern und Changemakern
- Vera Peters – Thought Leaderin zwischen Hightech und Wildnis

Lass dich begeistern!

Buche Vera für dein Event.

Zum Anfrageformular

Business 4 Needs & Dreams e. V.

Wir begleiten Menschen in Ihre Eigenständigkeit

Unser Verein **Business 4 Needs & Dreams e. V.** steht für die Freude am Miteinander – und am Leben. Wir unterstützen Menschen auf der ganzen Welt dabei, in ihre unternehmerische Kraft zu kommen, ihre Potenziale zu entdecken und das Selbstbewusstsein zu entwickeln, an sich und die eigenen Fähigkeiten zu glauben. Gemeinsam schaffen wir die Basis für **tragfähige Existenzen über Generationen hinweg**: durch hochwertige Bildung, gemeinschaftliche, humanitäre und ökologische Projekte, die Menschen befähigen, ihr Leben dauerhaft aus eigener Kraft zu sichern.

Unser Anspruch ist Partnerschaft auf Augenhöhe.
Wir „helfen" nicht, wir erschaffen gemeinsam. Nicht aus Mitleid, sondern aus Begeisterung für Wirkung, lebenslanges Lernen und gegenseitige Bereicherung. Dabei lernen alle Seiten – fachlich, kulturell und menschlich. So entstehen Projekte, die Leben verändern: für die Beteiligten vor Ort ebenso wie für die Teams und Unternehmen, die sich engagieren.

Mehr Informationen und Mitmach-Möglichkeiten →

Workshops & Camps

Weil echte Veränderung nur durch Erleben entsteht

Unsere Workshops sind das Schwesterformat der LIFE Safari® – für alle, die Veränderung, Klarheit und neue Energie suchen, aber (noch) nicht in die afrikanische Wildnis reisen möchten. In inspirierender Umgebung vereint das Camp Reflexion, Strategiearbeit und erlebnisorientierte Praxis zu einer intensiven Lernreise. Hier gewinnst du neue Perspektiven, innere Stärke und den Mut, deinen eigenen Weg zu gestalten – im Beruf wie im Leben.

Business Camp

Unser Workshop für Unternehmer, die aus dem Hamsterrad ausbrechen wollen. Entdecke die 5 Schritte für nachhaltigen Erfolg – und werde zu dem Leader, den dein Team braucht!
Auch In-House möglich.

Deutschland

Women Camp

Weck' die Löwin in dir! Drei Tage voller Empowerment und Inspiration. Finde zurück zu deinem inneren Spirit, entdecke deine Vision und gestalte deinen persönlichen Zukunftsplan – für ein erfülltes Leben.

Deutschland

Young People

Unser Workshop für die nächste Generation von Changemakern. Entdecke, was dich antreibt und stärkt – und starte mit Klarheit und Selbstvertrauen in deine Zukunft!

Deutschland

Jetzt informieren

Bildnachweise:

Coverbild: Awid Safaei; bearbeitet von BusinessArt

Awid Safaei: Fotos Seite: 12-13; 16-17; 21; 48-49; 58; 70; 71; 73; 74; 80-81; 84; 86; 96; 110; 113; 114; 115; 119; 127; 131; 165; 171; 215; 216-217; 219; 221; 222; 223; 224; 250; 251; 262; 263; 286; 294; 309; 314; 316; 322; 326-327; 331; 340

BusinessArt: Skizzen und Grafiken Seite: 85; 92; 143; 232; 249
Fotos Grafik Seite 85: Ansie Potgieter, Chris Stenger, Keith Markilie, Nam Anh, Simon Reeve, (Unsplash)
Fotos Seite: 99; 201

Canopy Tours South Africa: Foto Seite: 316

Dr. Axel Peters: Fotos Seite 25; 71; 124; 159; 168; 231; 243; 244

Dr. Thomas Vasters: Foto Seite: 188

Fallschirm Sportclub Collibri e.V.: Foto Seite: 147

Gavin Webb: Foto Seite: 196

GBE Uganda GREEN BIO ENERGY: Foto Seite: 256

Hwange Horseback Safaris: Foto Seite: 250

Jeury Tavares: Foto Seite 67

Jörg Wicker: Foto Seite: 250

Kai Krause: Grafik Seite: 93

Katharina Miensok: Foto Seite: 40

Kärcher Team: Foto Seite: 195

KommTOGO gehweiter.e.V: Foto Seite: 200

Lorenz Peters: Foto Seite: 96

Maren Sköck: Fotos Seite: 32; 46; 74; 106-107; 136; 140-141; 142; 156; 161; 252; 314; 315

Markus Schrichten: Foto Seite: 279

Mechtild Bolder: Foto Seite: 72

Nicolas Wächter: Foto Seite: 206

Oldungoret Ole Temut: Fotos Seite: 100; 244

Prof. Dr. Martin Jörgens: Foto Seite: 250

Sebastian Höfflin: Fotos Seite: 3; 62; 105; 111; 116; Seite 138-139; 175; 220; 223; 334

Sina: Foto Seite: 194

Vera Peters: Seite 27; 37; 46; 50; 52; 55; 56; 68; 72; 74; 81; 90; 94; 95; 122; 128-129; 134; 137; 138; 142; 144; 146; 151; 162; 166-167; 173; 177; 198; 205; 206; 230; 236; 250; 256; 257; 264-265; 266; 288; 295; 296-297; 298; 310-311; 318-319; Skizze Seite: 147

Volker Hermeler: Fotos Seite: 64; 66; 69; 82-83; 104; 109; 126; 260; 279; 316

Fotos von Zeitungsartikeln: Seite 203-204: Ursprüngliche Artikel von: Bonner Generalanzeiger; Sauerlandkurier; Woll-Magazin; Rhein-Zeitung

Es gibt oft kein WIFI in der Wildnis,
aber eine viel bessere Verbindung.